CUANDO LOS
CRISTIANOS
PECAMOS

Beth Moore

CASA
CREACIÓN
Para vivir la Palabra

Para vivir la Palabra

MANTÉNGANSE ALERTA;
PERMANEZCAN FIRMES EN LA FE;
SEAN VALIENTES Y FUERTES.
—1 CORINTIOS 16:13 (NVI)

Cuando los cristianos pecamos por Beth Moore
Publicado por Casa Creación
Miami, Florida
www.casacreacion.com
©2002, 2020 Derechos reservados

ISBN: 978-1-941538-80-7
E-book ISBN: 978-1-941538-95-1

Desarrollo editorial: *Grupo Nivel Uno, Inc.*
Diseño interior: *Grupo Nivel Uno, Inc.*

Publicado originalmente en inglés bajo el título:
When Godly People Do Ungodly Things
por Broadman&Holman Publishers,
Nashville, Tennessee,EE.UU.
Copyright © 2003 por Beth Moore
Todos los derechos reservados

Nota de la editorial: Aunque la autora hizo todo lo posible por proveer teléfonos y páginas
de Internet correctas al momento de la publicación de este libro, ni la editorial ni la autora
se responsabilizan por errores o cambios que puedan surgir luego de haberse publicado.

Impreso en Colombia

21 22 23 24 25 LBS 9 8 7 6 5 4 3 2 1

A L. L.

Has sido una inspiración inestimable para mí, especialmente cuando, en ocasiones, me he sentido afligida por aquellos que se rehusaron a continuar hasta llegar a la meta y permitir que su Redentor les redimiera.

¡Qué derrota innecesaria! Me siento tan orgullosa de ti.

¿Puedes imaginar cómo debe sentirse Él?
Amado, una gran cosecha te espera.

¡Estoy ansiosa por ver lo que haces y celebrar contigo!

Reconocimientos

Aunque muchos han apoyado este mensaje y ayudaron a traerlo desde el corazón hasta estas páginas, hay Uno que merece recibir reconocimiento por encima de todos los demás. Padre mío, nunca entenderé la naturaleza asombrosa de tu gracia y tu misericordia. Tú sigues tomando las más terribles adversidades que he enfrentado en mi andar cristiano usándolas para bien. ¡Si alguien ha probado Romanos 8:28, ciertamente soy yo! Soy prueba de que eres fiel a Tu Palabra. Mi Señor y mi Dios, Amor de mi vida, te agradezco tanto por no avergonzarte de mí. Mientras viva seguiré proclamando cuán amoroso es tu cuidado. Te adoro.

Keith, Amanda, y Melissa, ¿qué habría podido hacer yo si ustedes se hubieran sentido demasiado avergonzados o me hubiesen privado de su consentimiento para usar públicamente mis propios testimonios, fracasos y experiencias con libertad? Los amo tanto a los tres. Keith, eres mi mejor amigo. Gracias por creer tan firmemente en este mensaje de advertencia, protección y completa redención. Hijas, no puedo dejarles como herencia una trayectoria intachable, sino en las palabras de Pedro en Hechos 3.6: «lo que tengo te doy». Lecciones aprendidas. Gracia recibida. Amor prodigado. Esas son las cosas que forman su herencia. Derrámenlos con humildad y abundancia sobre otros.

Susan y Sabrina, gracias por no descansar hasta que este mensaje fue divulgado. Nunca olvidaré cómo reaccionaron ustedes cuando Satanás me asaltó con dudas. Sus experiencias y testimonios fueron de inestimable inspiración a lo largo de estas páginas.

A toda la gente del Ministerio Living Proof , los amo mucho.

¡Cuidemos nuestras espaldas, señoras! Satanás va a estar furioso. Mis hermanos y hermanas de Broadman & Holman y Casa Creación, estoy tan agradecida por su asociación en este trabajo. Nunca había sentido tan fuertemente que el mensaje que tenía era dado por Dios. Tener un editor que no creyera en la completa restauración del arrepentido habría sido en mi caso una cómica ironía. Yo no estaría en el ministerio si Dios no fuera un Redentor dispuesto y capaz. Gracias por no haber tenido miedo de este mensaje y por dejarlo así, «intacto». Nosotros lo dijimos fuerte. ¡Ahora, que Dios lo haga claro!

Finalmente, agradezco a Dios por aquellos a quienes Él eligió para que se atrevieran a contarme sus historias. Ninguno de ellos tenía idea de que muchos otros estaban experimentando tormentos similares. Que Dios desenmascare al enemigo de nuestras almas, y pueda el Cuerpo de Cristo equiparse para enfrentarlo en esta era de seducción sin precedentes. El tiempo es ahora.

Contenido

Prefacio

Este libro representa una de las más singulares experiencias de escritura que he tenido con el Señor. Sin que yo lo supiera, durante varios años Él había estado escribiendo cada capítulo en mi corazón. Cuando el mensaje de este libro estuvo completo (¡en Su opinión, no en la mía!), Dios me obligó a ponerlo por escrito con una presión del Espíritu Santo sin paralelo en mi experiencia. Me raptó a las montañas de Wyoming, en un confinamiento solitario con Él, y en sólo unas pocas semanas escribí la última línea de este manuscrito. En estos momentos mi emoción dominante es el alivio. Mi alma descansa. Hice lo mejor que pude, según lo comprendí, lo que Dios parecía requerir de mí con una pasión sin tregua.

En nombre de todos los autores que buscamos la sola dirección del Espíritu Santo, permítanme decir que nosotros no escogemos nuestros temas.

¡Es más, a veces Dios nos asigna un mensaje más radical que el que hubiéramos elegido, y requiere una transparencia mayor que la que desearíamos usar! Soy honesta cuando digo que no escribí estas páginas por simple preferencia. Las escribí porque si no lo hubiera hecho, las rocas de mi patio habrían clamado y gritado. Lo que Dios haga con lo que Él exigió de mí, es asunto Suyo. Confío este mensaje enteramente a Aquel que lo entregó cuando yo no podía verlo.

¡Ciertamente, no tengo el atrevimiento de decir que este libro fue escrito bajo la misma clase de inspiración divina que las Sagradas Escrituras! La Palabra de Dios es nuestro único libro absolutamente verdadero. Nosotros, los mortales, manchamos todo lo que tocamos, aunque sea accidentalmente.

Lo que estoy diciendo es que escribí este mensaje lo mejor que pude, bajo la guía del Espíritu Santo, y que no creo que se aparte conceptualmente de los preceptos de la Palabra de Dios. Podría errar por desconocimiento en la interpretación o aplicación, pero el mensaje general de advertencia, redención y restauración, es consistente con un Dios tan misericordioso y valiente, que decidió usar un pobre instrumento como yo.

Entre mis manuscritos, sólo hay otro al que Satanás intentó estorbar o destruir con la misma decisión, es *Libre*. Él odia soltar a un cautivo. También odia ser puesto al descubierto como el fraude que es, y *esa* es una de las metas principales de este libro. Mi oración específica para este mensaje consta de tres partes:

- Que Dios use las páginas de este libro para hacer visible la campaña lanzada por Satanás, en todos los frentes, para seducir a los santos de nuestra generación y de las futuras.
- Que Dios use este mensaje para recordar al creyente abatido y magullado lo mucho que Dios lo ama, y cuánto anhela su Padre restaurarlo completamente. Nunca habremos ido tan lejos que no podamos regresar a casa. ¡Oh, gracias, Señor!
- Que muchos lectores aprendan sobre las artimañas seductivas de Satanás, y fortifiquen sus vidas antes de que él los atrape en algo que no es de Dios.

Este libro está escrito en tres partes. La parte 1 es la advertencia, tanto bíblica como experiencial, de que Satanás está avivando su ataque contra los creyentes devotos de Jesucristo. La parte 2 comprende maneras en las que podemos fortalecernos a nosotros mismos para afrontar el ataque, a escala total, lanzado por Satanás contra las vidas de los elegidos, en los últimos días. La parte 3 es el camino de regreso a casa para el que ha sido engañado por el enemigo, e inducido a una etapa de impiedad. Si estás totalmente convencido de que eres víctima de la seducción satánica, es importante que leas el libro en este orden: Parte 1, Parte 3 y Parte 2. Los demás deben leer el mensaje en el orden en que está escrito.

Cuando los cristianos pecamos nunca habría podido ser escrito sin la oración y el ayuno vigilantes de miles de guerreros espirituales, que construyeron un muro de fuego alrededor de mí durante varias semanas. Me siento indeciblemente indigna ante su provisión continua de oración protectora. Muchos recibieron «golpes» dirigidos a mí, que sólo pueden ser explicados en un contexto de guerra espiritual. Estoy asombrada y profundamente endeudada con ellos, por su disposición a luchar tan fielmente por este mensaje. Me permitieron escribir, sin experimentar un solo dolor u opresión, aunque estaba completamente sola, a muchos kilómetros de mi casa. Satanás sufrió una completa derrota.

Una de las particularidades de esta tarea es que Dios también me requirió que ayunara. No me permitía comer hasta haber completado la cuota de escritura de ese día. En ocasiones no me liberaba hasta el final del día siguiente. Nunca antes me había pedido que hiciera algo semejante mientras escribía un libro. Muchos autores ayunan antes de un proyecto, pero durante el proceso de escribir sentimos la necesidad de *alimentar el cerebro*. Esta vez Dios no me permitió hacerlo. Para decirles cuán estricto fue, les cuento que la única vez que me pareció bien desayunar, mis pensamientos se volvieron completamente deshilvanados y confusos hasta la media tarde. Los requerimientos de este mensaje eran tan inusuales e intrigantes para mí, que no podía comprender por qué. Finalmente Dios me dio entendimiento y comprendí que Él estaba aplicando el principio introducido por Cristo en Marcos 9.29. Este libro —escrito específicamente para exponer uno de los ataques más insidiosos del enemigo— debía cumplir con que «*Este género con nada puede salir, sino con oración y ayuno*». Lo que Dios nos requirió a miles de guerreros de oración y a mí, fue un indicio del odio con que el enemigo luchaba contra nosotros en los lugares celestiales.

Una vez más, encuentro que mi inseguridad necesita decir algo acerca de mi salud espiritual y mental. Realmente soy una persona normal. *Lo creo.* Puedo bromear con los mejores y sé reírme de mí misma. *Si realmente es una broma.* Soy una esposa y madre normal. (¿Recuerda alguien que uno de los últimos libros que escribí era un dulce, inofensivo libro maternal?) Amo a los perros y me gustan los batidos de chocolate. Me encanta la comida mexicana. Me gustan las siestas largas de los domingos por la tarde, y disfruto trabajando en mi jardín. Mis vecinos no huyen hacia su casa cuando salgo al jardín del frente. Soy una mujer como cualquier otra, por la gracia del cielo. No pedí escribir el tipo de mensajes que Dios me ha comisionado. Créanme, algunas de las tareas que Dios me ha asignado no se hicieron sin sacrificio. Mi madre marchó a su tumba preguntándose por qué yo no podía «ser divertida» como «solías serlo». Aunque siempre conté con su amor, nunca recibí su bendición respecto al rumbo que tomó mi ministerio de liberar a los cautivos. Elegir ser aprobada por Dios antes que por ella, fue para mí una prueba monumental. Ella no fue la única que se sentía más a gusto cuando yo hacía cosas mucho menos riesgosas. Es probable que algunos de mis profundamente amados hermanos bautistas se pregunten por qué tengo que estar tan en el límite, mientras que los hermanos y hermanas del otro extremo se preguntan por qué no avanzo y salto ese límite hacia su lado. No lo haré. No puedo escribir para complacer al hombre, aunque a veces quisiera poder hacerlo. Así pues, si al volver la última página no estás *complacido*, considera amablemente decírselo a Dios y no a mí. Mi autoestima es más inestable que la de Él.

Finalmente, quiero que sepas cuán honrada me siento de poder servirte, no importa quién seas tú o dónde hayas estado. Tú eres un hijo muy amado de Dios. Me humillo ante ti y ahora mismo me arrodillo para orar en tu favor.

Padre, estoy tan agradecida por la oportunidad de servir a este hermano o hermana en la fe. Estimo y valoro a Tu hijo(a) más que a mí misma. No deseo disponer de autoridad sobre ninguno de ellos. Deseo servir a los pies de todo aquel que me permita ese privilegio. Te ruego que Tus palabras caigan con poder sobre este hijo(a) y que las mías sean olvidadas. Repito la oración que hice a través de este viaje, rogándote que no me permitas hacer tropezar a nadie. Si, sin saberlo, he dejado en este manuscrito algo que no es Tuyo, te pido perdón, y ruego que la mente de él o ella no lo absorba. Te pido que le des a

Tu hijo(a) oídos para oír, ojos para ver, y una mente capaz de concebir cada palabra Tuya de este mensaje. Ayuda a mi hermano o hermana para que se acerque a estos conceptos con transparencia ante Ti. Incluso si él o ella está leyendo este libro delante de otra persona, te ruego que cada lector te oiga hablar directamente a su propio corazón. En el nombre de Jesús ato las intenciones del enemigo de inducir a algún lector desesperado a desarrollar ataduras hacia mí antes que hacia Ti. Tú eres nuestra única salvación. Dios, prohíbe que la carne sea glorificada en Tu presencia. Eres el único digno de un segundo pensamiento.

Jesús, Tú eres el amor de mi vida. Quiero que otros te amen con entrega absoluta. Aprópiate de nuestros corazones, Señor Jesús, y consume nuestras mentes con Tu verdad. De otra forma estamos en terrible riesgo de ceder a la seducción. Desenmascara ante tus hijos al depravado enemigo, y revela cualquier territorio que él o ella le haya entregado sin saberlo. Gran Guerrero, levántate y lucha a favor de tu amado(a) hijo(a). Redime cada golpe y cada herida causados por el enemigo de nuestra alma. Permite que cada precioso lector pueda completar este viaje. Tú serás fiel en terminar aquello que comiences en cada uno de ellos. Te doy gracias por adelantado, porque ninguno de quienes sigan Tu Palabra permanecerá sin ser cambiado. En el poderoso, vivificante nombre de mi Libertador y Redentor, Jesús. Amén.

Parte 1

La advertencia

Capítulo 1

Blancos predilectos

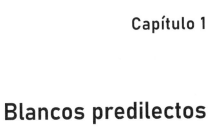

«Estoy aterrorizada...» No algo preocupada. Aterrorizada. Estoy convencida de que eso era lo que el apóstol Pablo quiso expresar cuando escribió: «*Pero temo que como la serpiente con su astucia engañó a Eva, vuestros sentidos sean de alguna manera extraviados de la sincera fidelidad a Cristo*» (2 Co 11.3).

Pese a ser una sociedad con muchos temores innecesarios, hemos ido aguando la palabra *temor,* al punto que puede deslizarse cómodamente en oraciones tales como: «Me temo que la lluvia frustrará el juego de pelota». Eso no es lo que el fogoso apóstol quiso significar.

El verbo griego «*phobeo*» expresa una gran alarma más bien que una moderada preocupación. Imagina el tono de la voz de Pablo, brotando de la pasión que sentía por la joven iglesia de Corinto. Pienso que estaba aterrorizado por ellos. Por cierto, él no temía a la serpiente. Pablo siempre predicó la vigilancia y la resistencia combativas, nunca la fobia. Pero lo aterrorizaba pensar que esta joven iglesia, inexperta y apasionada, pudiera caer por los ardides de la serpiente.

Probablemente viviré el resto de mi vida sin llegar a probar ni una pizca de la perspectiva espiritual de Pablo, pero he bebido una copa completa de su alarma profética en esta perturbadora Escritura. *Estoy aterrorizada.* Algo extraño comenzó a suceder poco después de que se publicaron mis libros *Libre* y *Orando la Palabra de Dios.* Probablemente porque admití tener un pasado tan ruin y pecaminoso, en mi escritorio comenzaron a apilarse cartas de cristianos que confesaban, a menudo por primera vez, las terribles y continuas derrotas que sufrían una y otra vez en manos del diablo. Puedes pensar: *¿Y eso qué tiene de nuevo? Satanás ha atacado al hombre desde su creación.*

Quiero sugerir que *hay,* en este fenómeno espiritual, algo que ha llevado el asalto demoníaco a un nivel completamente «nuevo». En el curso de este ministerio he leído incontables cartas, y he aprendido a discernir la diferencia entre evidentes relatos de agradecimiento por rebeliones perdonadas y los testimonios de los que hablo aquí.

Lo que me aterroriza es la creciente montaña de cartas escritas por cristianos que amaron a Dios y caminaron fielmente con Él durante años, pero que súbitamente se encontraron sobrepasados por una marejada de tentación y ataque impío.

Muchos cristianos están convencidos de que tales cosas no pueden suceder. «No a los *buenos* cristianos». Están equivocados. Y espero probarlo en el desarrollo de este libro.

Los escépticos preguntan: «¿Cómo sabes que esta gente no está mintiendo o tratando de hacerse pasar por víctimas inocentes?» Indudablemente porque, como estuve tan desesperada, y clamando por discernimiento, en los últimos años Dios ha aguzado en mi espíritu la capacidad para reconocer el engaño, a un extremo tal que llega a incomodarme.

No sé como explicarlo, pero a menudo el Espíritu Santo en mí advierte cuando algo no es lo que aparenta ser. Estoy convencida de la absoluta autenticidad de muchas de las historias de estas personas, antes puras, que ahora se encuentran sumergidas en el lodo hasta las rodillas. Ninguna de ellas se presenta a sí misma como víctima inocente. Están horrorizadas y desconcertadas por lo que han hecho y por lo que aparentemente son capaces de hacer. Una catarata de vergüenza se derrama abiertamente, como agua sucia que brota de un caño roto. (Esa es una de las formas en que puedes detectar quién está detrás del asunto. La vergüenza es una jugarreta de Satanás). Impresiona que sólo pocos de los que me contaron sus historias buscaran excusas. En general buscaban explicaciones. La diferencia es grande.

Otro escéptico puede preguntar: «¿Cómo sabes que están contando toda la historia?» No tengo dudas de que no pueden contarme toda la historia. No estoy segura de que ellos *conozcan* la historia completa. Estoy segura de que yo no conozco toda la mía. ¡Hasta el día en que me muera, tendré interrogantes sobre algunas de las cosas que me pasaron!

Uno de los principales propósitos de este libro es la esperanza de arrojar una pequeña luz sobre partes de nuestras historias que *no podíamos* conocer pero que, gracias a Dios, sí *podremos* conocer. Vez tras vez oigo variantes de esta declaración: «Por mi vida, no tengo idea de cómo pudo haberme ocurrido esto». Al volver la última página de este libro, aún no entenderemos por completo cómo gente de Dios puede apartarse y hacer cosas que no son de Él, pero oro para que sepamos más que en este momento.

Mi insaciable búsqueda de todas las respuestas casi me impide escribir este libro. Hay muchas cosas que aún no entiendo por completo, y cuando lleguemos a esos puntos lo admitiré abiertamente.

Estoy totalmente convencida de que una parte de la trama queda velada a nuestros ojos, y que mientras estemos de este lado del cielo no lograremos una cristalina comprensión de ella.

El mismo apóstol Pablo enseñó que el espíritu de iniquidad tiene un *poder misterioso* (2 Tes 2.7). Aunque yo prefería esperar a tener todas las respuestas para escribir este libro, Dios puso en mi espíritu tal urgencia que no pude retrasarme un segundo más. Estoy demasiado aterrorizada por el Cuerpo de Cristo.

Necesito dejar claramente establecido que son tres los cúmulos de evidencias que me conducen a las conclusiones presentadas en este libro. Mientras los vemos, te pido que consideres la significación de cada uno.

Ya les he hablado del primer cúmulo de evidencias: los testimonios de tantos cristianos. Ahora veamos el segundo. Sin importar cuántos testimonios haya recibido, nunca habría aceptado lo que ellos sugieren —que gente de Dios *puede* hacer cosas que no son de Él—, si no fuera porque la Biblia apoya completamente esa idea. Veamos, en la versión Dios Habla Hoy, lo que dice la Escritura citada al principio de este capítulo, incluyendo el versículo que la precede:

«Porque el celo que siento por ustedes es un celo que viene de Dios. Yo los he comprometido en casamiento con un solo esposo, Cristo, y quiero presentarlos ante él puros como una virgen. Pero temo que, así como la serpiente engañó con su astucia a Eva, también ustedes se dejen engañar, y que sus pensamientos se aparten de la actitud sincera y pura hacia Cristo».

—2 Corintios 11.2-3

De todo corazón. Sincera. Pura devoción a Cristo.[a] ¿Qué clase de persona te parece que está describiendo el apóstol Pablo? Pues esa misma clase de persona puede ser seducida por el enemigo, cuyo máximo delirio es llegar a corromper y descarriar lo verdadero. ¿Inquietante, verdad? Veamos otro alarmante versículo. En Gálatas 6.1, el apóstol Pablo escribió:

«Hermanos, si alguno fuere sorprendido en alguna falta, vosotros que sois espirituales, restauradle con espíritu de mansedumbre, considerándote a ti mismo, no sea que tú también seas tentado».

Incluso el que es espiritual, el «controlado por el espíritu»,[b] puede ser tentado por los mismos pecados que han alcanzado a otros. Uno puede argumentar: «Sí, el que es espiritual puede ser tentado, pero seguramente no caerá». ¡Ah! Me parece oír el eco familiar de 1 Corintios 10.12: «Así que, el que piensa estar firme, mire que no caiga».

No sólo *pueden* los piadosos caer súbitamente, desde un camino recto y sólido, en una zanja: creo que muchos han caído. Estoy convencida de que, a medida que del calendario del Reino caen las hojas de los días, semanas y meses, el número de víctimas aumenta, lamentablemente, en gran manera. Muchos no hablan porque están mortalmente asustados. No tanto de Dios como de la Iglesia. Decir que el Cuerpo de Cristo quedaría espantado al conocer cuán sangrantes y magullados estamos por la derrota, es dar una pálida idea de la realidad. Sin embargo, la parte buena de la noticia es que, seguramente, Dios no está sorprendido. Afligido quizás, pero no sorprendido. ¿Sabes?, Él nos dijo que esto iba a suceder.

Como dije, son tres los cursos de evidencia que me hicieron llegar a las conclusiones de este libro. El primero era el testimonio de los cristianos que han sido inducidos al pecado. El segundo es la advertencia de la Biblia de que cristianos llenos del Espíritu Santo pueden ser engañados. El tercer cúmulo de evidencias tiene que ver con el fin de los tiempos.

En el discurso de Cristo a Sus discípulos sobre las señales de Su venida y el fin de los tiempos, Él les advirtió enfáticamente que aumentarían el engaño, la iniquidad y la maldad. Indudablemente el Nuevo Testamento sostiene que el incremento de la maldad se irá poniendo al rojo vivo hasta que «... entonces se manifestará aquel inicuo, a quien el Señor matará con el espíritu de su boca, y destruirá con el resplandor de su venida» (2 Tes 2.8). Si el apóstol Pablo pudo testificar en su generación que «...ya está en acción el misterio de la iniquidad» (2 Tes 2.7), ¿quién puede calcular la aceleración que adquirió durante los últimos cien años?

El estudio bíblico llamado *escatología* versa sobre lo «último», es decir, la doctrina de «las últimas cosas». Diferentes estudiosos, sinceramente comprometidos con Cristo discrepan acerca de muchos detalles de la escatología. Algunos de ellos creen que hemos entrado o estamos a punto de entrar en el tiempo de una escalada del conflicto que nos introducirá en el proceso del retorno de Cristo, los últimos días. Otros estudiosos señalan que el tiempo de los últimos días bíblicos se extiende desde la época de los apóstoles hasta el retorno de Cristo. En cualquier caso, amado, nosotros estamos viviendo en el más próximo de los tiempos previos a los eventos finales de la historia cristiana. Jesús advirtió a Sus seguidores sobre un tiempo de persecución severa, un tiempo de «gran tribulación, cual no ha habido desde el principio del mundo hasta ahora» (Mt 24.21). Él advirtió: «Entonces os entregarán a tribulación, y os matarán, y seréis aborrecidos de todas las gentes por causa de mi nombre. Muchos tropezarán entonces, y se entregarán unos a otros, y unos a otros se aborrecerán. Y muchos falsos profetas se levantarán, y engañarán a muchos; y por haberse multiplicado la maldad, el amor de muchos se enfriará» (Mt 24.9–12). Estas advertencias de Cristo son aplicables a todas las edades, pero muchos estudiosos de la Biblia creen que apuntan específicamente a la guerra que se desatará en nuestro presente y en el futuro cercano.

Esto, combinado con los cúmulos de evidencias uno y dos, me convence de que debemos prepararnos para afrontar el ataque que ya está aquí y otro que viene en camino.

Gracias a Dios, no todas las noticias son malas. Cristo también profetizó que «será predicado este evangelio del reino en todo el mundo, para testimonio a todas las naciones» (Mt 24.14). El presidente de la oficina de Misión Internacional en Richmond, Virginia, me dijo que están viendo cifras sin precedente de personas que se convierten en las misiones foráneas, y que no puede explicarlo de ningún otro modo sino como el cumplimiento de esa profecía. Además, las Escrituras profetizan un inédito derramamiento del Espíritu Santo sobre los hijos e hijas de Dios en los últimos días. Tengo muy pocas dudas de que profecías favorables como estas también implican que Satanás está trabajando con más empeño que nunca para colocar minas y después atacar a los siervos de Dios.

Claramente, vivimos en los mejores y en los peores tiempos. Mientras los frescos vientos del Espíritu están soplando en muchas de nuestras iglesias, y muchos creyentes son ungidos con una doble porción, la Palabra, también sugiere fuertemente que estamos ocupando el planeta tierra durante el tiempo más espantoso que haya tenido la historia humana. No debes mirar más allá de tu propia comunidad para que 2 Timoteo 3.1–5 salte ante tu vista:

> «También debes saber esto: que en los postreros días vendrán tiempos peligrosos. Porque habrá hombres amadores de sí mismos, avaros, vanagloriosos, soberbios, blasfemos,

desobedientes a los padres, ingratos, impíos, sin afecto natural, implacables, calumniadores, intemperantes, crueles, aborrecedores de lo bueno, traidores, impetuosos, infatuados, amadores de los deleites más que de Dios, que tendrán apariencia de piedad, pero negarán la eficacia de ella; a estos evita».

—2 Timoteo 3.1–5

Mira bien las palabras «sin afecto natural». Con esa frase, la versión Reina Valera captura el significado del griego original. La palabra «*astorgos*» significa «sin amor familiar».[1] Ciertamente ninguna sociedad de épocas anteriores ha igualado el continuo incremento en los porcentajes de delitos dentro de la familia. Yo creo que ninguna generación anterior ha tenido tan estremecedoras estadísticas de padres que asesinan a sus propios hijos e hijos que matan a sus propios padres.

Quizás el extremo de esta edad se caracteriza bíblicamente mejor con la palabra *escalada*.ᶜ Cristo comparó las señales del fin de la edad presente con los dolores de parto (Mt 24.8), una analogía que muchas de quienes hemos dado a luz entendemos con sorprendente claridad. Con el tiempo, los dolores se hacen más intensos y mucho más próximos. No soy ni remotamente experta en escatología bíblica, pero los dolores de parto de una edad por venir se han incrementado e intensificado, particularmente en los últimos cincuenta años.

Muchos sostienen que, desde la ascensión de Cristo, cada generación de cristianos ha creído estar en los últimos días. Aunque eso pueda ser verdad, ninguna generación anterior ha poseído nuestros satélites ni dispuso de la internet, que configuran un «circuito» mundial. Ninguna generación anterior podía alardear de los asombrosos modos de viajar alrededor del mundo y de la capacidad de investigación que nosotros tenemos. El vigésimo siglo trotó a su manera, con caballo y calesa, hacia el calendario del Reino, y luego aceleró hasta la velocidad de la luz cuando salió flameando a través del ciberespacio.

Si hemos entrado en los últimos días, como creo que lo hicimos, aún no tenemos ninguna manera de saber cuánto tiempo pueden durar. Ponerse a determinar esa fecha es una pérdida de tiempo, pero aprender cómo hacer frente a la escalada de la crisis no lo es.

Nuestro actual propósito no es estudiar las crecientes estadísticas de la profecía cumplida. Lo que queremos es entender cómo personas piadosas pueden hacer cosas impías, y buscar los remedios bíblicos para ello.

¿Cómo puede influir el acercamiento de los tiempos finales para que personas piadosas caigan ante un ataque satánico? ¡Totalmente! Apocalipsis 12 dice que «la serpiente antigua, que se llama diablo y Satanás», ha «descendido a vosotros con gran ira, sabiendo que tiene poco tiempo» (Ap 12.9,12).

Si tú y yo tenemos razón al estar interesados en los sucesos del fin de los tiempos, ¡imagina lo que será para Satanás! Créeme, él conoce cada señal individual del fin, y la lee con el pánico de uno que está leyendo de antemano su propio obituario. Cuanto más se acerca la fecha del retorno de Cristo y de la aplastante derrota del diablo, más furioso se vuelve él.

¿Quiénes son los blancos predilectos sobre los que Satanás desata su furia? *Somos nosotros.* ¿Por qué? Yo creo que Satanás tiene dos motivaciones primarias: (1) para vengarse de Dios causando estragos entre Sus hijos y (2) para tratar de destruir la capacidad para vencerlo, dada por Dios a los creyentes.

Apocalipsis 12.11 dice: «Y ellos le han vencido por medio de la sangre del Cordero y de la palabra del testimonio de ellos, y menospreciaron sus vidas hasta la muerte». Una vez que somos cubiertos por la sangre del Cordero, Satanás no puede entrar en nuestra morada, como ocurrió con el ángel de la muerte durante la noche de la primera Pascua. Aquellos de nosotros que hemos recibido a Cristo como nuestro Salvador personal somos morada del Espíritu Santo (1 Co 6.19–20). Nuestro dintel está cubierto con la sangre preciosa de nuestro Cordero Pascual. Ni Satanás ni sus demonios pueden entrar en nosotros.

Cuanto más entendemos lo que la cobertura de la sangre de Cristo significa para nosotros, más prevalecemos sobre un enemigo que sería, de otra manera, demasiado poderoso para nosotros. La peor pesadilla de Satanás es estar siendo superado y, más aún, por despreciables mortales. Él sabe que la Biblia dice que superamos a nuestro acusador básicamente de dos maneras. Si no puede hacer nada respecto a la sangre del Cordero que cubre a los redimidos, ¿qué es lo que el diablo hará? ¡Va por la palabra de su testimonio! Satanás está abocado a destruir el testimonio del creyente en Cristo. El testimonio más influyente, el mejor. Su ojo asesino está sobre el gorrión, y no le queda mucho tiempo. Su estrategia es matar a tantos pájaros como le sea posible con una sola piedra.

No necesitamos ser científicos espaciales para deducir que la presa favorita de Satanás es una persona de influencia piadosa. Pedro habló desde la ventajosa posición de la experiencia personal cuando dijo: «vuestro adversario el diablo, como león rugiente, anda alrededor buscando a quien devorar» (1 P 5.8). Satanás casi lo había comido vivo. Pedro continúa: «al cual resistid firmes en la fe, sabiendo que los mismos padecimientos se van cumpliendo en vuestros hermanos en todo el mundo» (v. 9).

Permíteme adelantarme al tema que veremos con más detalle en nuestro estudio, diciendo que ciertamente, no estamos cazando patos. Después, en la parte 1, aprenderemos por qué algunas personas piadosas son más vulnerables que otras. Luego, en la parte 2, aprenderemos maneras de protegernos de ese tipo de vulnerabilidad.

Por ahora quiero que vuelvas tu mirada a una palabra del final de la última Escritura que cité, 1 Pedro 5.9. La palabra es *padecimientos*. No sé cuántas veces he repetido la declaración que estoy a punto de hacer, pero seguiré diciéndola hasta que por lo menos un escéptico oiga: *Bajo una andanada de pecado, no todos la pasamos bien*.

Muchas personas que, por la gracia de Dios, nunca han sido «engañadas» por el diablo, consideran erróneamente que todo alejamiento de la piedad no es sino obstinación, rebelión, y prueba de falsedad. Ellos no tienen idea del sufrimiento que se padece cuando alguien con un corazón genuinamente fiel a Dios resbala del camino.

Estar enredado con un león rugiente empeñado en devorarte constituye un sufrimiento real y auténtico. De hecho, yo nunca sufrí tanto como cuando las zarpas del león desgarraban mi carne.

Viví una parte de mi juventud en rebelión y en derrota, pero puedo decir sin vacilación que las veces en que el enemigo vino tras de mí ferozmente no fueron esas. Durante los tiempos de rebelión, todo lo que el diablo tenía que hacer era animarme y decirme que siguiera haciendo las cosas bien.

Las oportunidades de mi vida en que creo que los poderes de la oscuridad se enfurecieron más violentamente contra mí fueron aquellas en que yo más amaba a Dios. No estaba caminando en pecado ninguna de las veces en que libré mis más duras batallas contra el reino de la oscuridad. Al principio supuse que era la excepción. Puedo recordar bien el devastador fracaso de mis años de la universidad. Pensé que era la única joven de todo el mundo cristiano que había caído penosamente en pecado después de haber consagrado sinceramente su vida a la vocación ministerial. Estaba completamente destrozada. Totalmente avergonzada. No tenía idea de hacia dónde volverme. Sin ninguna ayuda ni una sola explicación para lo que había experimentado, hice lo mejor que pude para recomponerme.

Satanás esperó hasta que logré un mejor rumbo, adquiriendo más seguridad en un camino sólido y, viendo con recelo que Dios podía hacerlo aún más peligroso, entonces me pegó de nuevo. *Duro*. Esta vez Dios dijo: «¿Tuviste bastante, hija?» *Afirmativo*. «Bien. Entonces ahora voy a enseñarte cómo luchar».

Lo estuvimos haciendo durante años. Muchas de esas lecciones serán compartidas a través de estas páginas. No soy una experta, pero estoy deseosa de compartirte lo poco que sé. Creo con todo mi corazón que si Dios puede enseñar a esta ex cautiva cómo caminar en victoria y ganar horrendas batallas mediante el poder de Su Espíritu, puede enseñárselo a cualquiera.

Ahora que innumerables cartas, frenéticas llamadas telefónicas y testimonios cara a cara han encontrado su camino hacia mi oficina, comprendo que estoy lejos de ser la única verdadera amante de Dios a quien Satanás ha querido devorar. Aunque no me caracterizaría a mí misma como «piadosa», puedo decirte que amaba a Dios más que a nadie en la tierra cuando recibí el mayor ataque demoníaco.

Conozco muchos otros a quienes no dudaría en llamar piadosos, que súbitamente se encontraron siendo objeto de un repentino y aplastante ataque de impiedad. Oh, sí que puede pasar. De hecho, yo no puedo ayudar pero puedo pensar que las palabras de Pedro, en 1 Pedro 5.9, pueden aplicarse a nuestra generación como nunca antes: «sabiendo que los mismos padecimientos se van cumpliendo en vuestros hermanos en todo el mundo». Basada en de los descubrimientos que aterrizan en mi escritorio, estimo que aumenta el número de queridos hermanos y hermanas que *a lo ancho del mundo* están sobrellevando tremendos sufrimientos bajo las garras del león rugiente. Algo de él viene en una inesperada, aplastante sesión de tentación. Al igual que las tentaciones que Satanás le lanzó a Cristo, estas pueden variar en tipo, pero una cosa es segura: Están hechas a la medida para tomar desprevenido al creyente. Muchos cristianos sinceros caen antes de saber qué les pegó.

¿Puedes imaginar el horror y el aislamiento de devotos misioneros en el campo extranjero, que tropiezan en trampas bien disimuladas del diablo?

¿Qué pueden hacen ellos? ¿A dónde van? ¿Tendrán quién los ayude? ¿O los marginarán en su desgracia? ¿Qué hace un Cuerpo con gente de Dios, que inesperadamente se pone a hacer cosas que no son de Dios? Que podamos pensar muy seriamente las respuestas a estas preguntas cuando pasemos las páginas de este libro.

Charles Spurgeon proporcionó una conclusión digna a nuestro primer capítulo. Léela detenidamente:

«No hay cosa que Satanás pueda hacer para tu mal que deje de hacer. Nosotros podemos estar desganados, pero él nunca lo está. Él es la misma imagen de la incesante industria y de la diligencia incansable. Él hará todo lo que pueda hacerse, durante el tiempo en que su rabia está permitida. Podemos estar seguros de que él nunca desperdiciará un día».[2]

Amado Cuerpo de Cristo, es tiempo de que soltemos las cerbatanas de la iglesia de antaño. Satanás está desatando una guerra nuclear en todo el mundo.

Notas a la traducción

a.   La versión inglesa cita The Amplified Bible (AMP), que concluye diciendo: «una devoción a Cristo sincera, pura y de todo corazón».

b.   En el original, la AMP dice: «vosotros que sois espirituales —que sois responsables y controlados por el Espíritu—».

c.   Escalada significa, en el lenguaje político y militar, la acción de aumentar progresivamente la gravedad o repercusión de una situación o un conflicto.

Capítulo 2

La clase más concurrida de Satanás

Al estudiar las Escrituras a través de los capítulos de este libro, tal vez descubramos que Satanás es más poderoso, personal y convincente de lo que creíamos. Sin embargo, debemos cuidarnos mucho de no darle más crédito que el que se merece. Aunque es tremendamente potente y peligroso, y está bien armado, no es un igual del Dios Altísimo.

El Señor de los ejércitos mantiene su autoridad sobre todos los principados y potestades. Satanás es sólo un ser creado, pero esto no significa que no constituya una amenaza. Ni en nuestros momentos de mayor fortaleza seríamos rivales dignos de él. El único que puede vencerlo es el Trino Dios Todopoderoso. Y *sólo* podemos caminar en la victoria que Cristo obtuvo para nosotros si «nos fortalecemos en el Señor y en el poder de su fuerza» (Ef 6.10).

Ha llegado el momento de hacer un pequeño repaso de las características de nuestro enemigo. En Juan 12.31 y 16.11, el Señor Jesús se refirió a Satanás como el príncipe de este mundo. Además lo describió como un ser vencido (Lc 10.18). Entonces, ¿por qué un enemigo vencido trabaja tan activamente en el mundo posterior al Calvario? Tal vez la siguiente ilustración nos ayude a comprender.

En Estados Unidos, las elecciones presidenciales se realizan en noviembre, pero el presidente no asume su cargo hasta el mes de enero. Veamos si podemos explicar este paralelismo. Yo creo en el reinado literal de Cristo sobre esta tierra. Estoy plenamente convencida de que las Escrituras enseñan que Él volverá en forma visible para reinar con justicia por un periodo de mil años. También creo que el «rollo» descrito en Apocalipsis 5 es algo así como un título de propiedad de este mundo. Dios permitió que esa autoridad cayera en manos de Satanás por un tiempo, después de la salida forzada del hombre del huerto del Edén. Un día muy cercano, Dios devolverá ese título de propiedad a las manos de un gobernante justo. En el tiempo establecido por Dios, Cristo regresará a la tierra, conquistará a sus enemigos y se sentará en el trono de autoridad.

El periodo que ahora estamos viviendo culminará cuando Cristo se siente en Su trono. Hoy, Él es el Rey de reyes y Señor de señores, pero Su Reino todavía no está establecido en la tierra (ver Jn 18.6). Mas llegará el día en que la naturaleza del Reino cambiará. El Cristo que hoy reina en nuestros corazones, reinará en forma visible y absoluta, y recuperará todo lo que el enemigo ha robado. Como si Satanás necesitara otra razón para enfurecerse, su condición se torna aún más deprimente. Pedro describió la consumación de la era presente en los siguientes términos:

> «...los cielos pasarán con grande estruendo, y los elementos ardiendo serán deshechos, y la tierra y las obras que en ella hay serán quemadas [...] esperando y apresurándoos para la venida del día de Dios, en el cual los cielos, encendiéndose, serán deshechos, y los elementos, siendo quemados, se fundirán! Pero nosotros esperamos, según sus promesas, cielos nuevos y tierra nueva, en los cuales mora la justicia».
> —2 Pedro 3.10, 12-13

No pasemos por alto la importancia que tienen las palabras de Pedro desde la perspectiva de Satanás. Desde ese momento en adelante, todo ser humano estará en estado eterno —los redimidos, en la presencia de Dios, y los no redimidos, en el lago de fuego (Ap

20.15). Piensa seriamente en esas palabras: *no existirá otro lugar.* Satanás está enfurecido, porque sabe que su destino eterno se aproxima hacia él como un tren de carga, y no tiene alternativa alguna. De tan sólo pensarlo, el futuro de los no redimidos me causa escalofríos. No deseo que *nadie* vaya allí, ni siquiera el pecador más vil. ¡Mi oración es que *todos* se arrepientan! Si Dios quiso salvarme a mí, de la misma manera quiere salvar a todo aquel que se lo pida. Él no quiere «...que ninguno perezca, sino que todos procedan al arrepentimiento» (2 P 3.9).

En mi ilustración, el día de las elecciones tuvo lugar en la cruz. Cristo tiene el único derecho válido como máximo Soberano de toda la creación. Fue por esta razón que el apóstol Juan vio que

«...en medio del trono y de los cuatro seres vivientes, y en medio de los ancianos, estaba en pie un Cordero como inmolado [...] Y vino, y tomó el libro de la mano derecha del que estaba sentado en el trono».

—Apocalipsis 5.6-7

El que está en el trono es Dios, por supuesto. Él es el todopoderoso y máximo soberano en los cielos y en la tierra, y nada sucede sin que Su perfecta voluntad lo permita. Sí, Satanás ha sido «príncipe de este mundo», pero sólo porque la voluntad de Dios lo ha permitido para alcanzar Sus propósitos. Satanás fue completamente vencido por el sacrificio del perfecto y puro Hijo de Dios en la cruz del Calvario. Un día, Cristo asumirá totalmente el mando de este mundo, en el que Satanás ha hecho estragos inimaginables. Ahora, sin embargo, el mundo se encuentra en el periodo entre la nueva elección y el establecimiento del reino de Cristo en la tierra.

Supongamos que hubiera un presidente malvado que sabe que ya fue derrotado en las elecciones y que, por lo tanto, su recambio es inminente. ¿Te imaginas cómo podría este hombre usar y abusar de su poder en el escaso tiempo que le queda? Esto es precisamente lo que vivimos en estos tiempos, sólo que en una escala inmensa, incomprensible para la mente humana.

Satanás, que lee las señales de los tiempos como el *Washington Post,* sabe que el comienzo del reinado de Cristo está cada vez más cerca. Por eso, desata toda la furia de su poder hasta el límite que le permite la voluntad de Dios. El dragón se está yendo a pique, y ocasiona todo el daño que puede en el poco tiempo que le queda. Nada le causa más placer que atormentar a los Hijos de Dios, ya que, por sobre todas las cosas, está furioso contra Dios. De ahí nuestro conflicto presente.

El propósito de este libro es entender por qué el pueblo que se describe en 2 Corintios 11.2-3 como *total y sinceramente consagrado a Cristo de todo corazón*, pudo ser engañado por Satanás, y llegar a tener sus mentes *corrompidas y cautivadas.* Seguramente, nadie argüirá que un cristiano puede ser caracterizado como piadoso aunque practique cosas impías. Nuestra tarea consiste en comprender cómo una persona que ha caminado consecuentemente con Dios, puede ser tan fuertemente inducida a la impiedad.

Si tuviera que expresarlo en pocas palabras, diría que, en algún punto del trayecto, la persona devota se desvió hacia una mentira cuidadosamente planeada. Satanás hace acopio de mentiras. Él es «padre» de todo engaño (Jn 8.44) y seducción (2 Co 11.2-3), pero no lo hace personalmente con todos, pues no es omnipresente como nuestro Dios. Al contrario, sólo puede estar en un lugar a la vez.

Por eso, tiene a su servicio un gran número de huestes de maldad para cumplir sus propósitos. El Salmo 91.11-12 y Hebreos 1.14, hablan acerca de los ángeles que Dios asigna para que ministren a Sus hijos de ciertas maneras. El propósito de los ángeles no es desviarnos de la adoración a Dios, puesto que su actividad en nuestras vidas está legitimada bíblicamente. No olvidemos que Satanás es imitador por excelencia y que, por todos los medios, tratará de imitar lo que Dios hace.

Desde el principio ha intentado ser «como el Altísimo» (Is 14.14). No me sorprendería en absoluto que asignara demonios a cada cristiano, así como Dios asigna ángeles a cada uno de Sus hijos. En esa forma, nos convertimos en blancos perfectos para las tentaciones y las obras destructivas del maligno, aunque no siempre se encargue de realizarlas personalmente. Más bien, habitualmente debemos lidiar con los demonios enviados para cumplir sus órdenes. A menudo, la Palabra de Dios se refiere a los demonios llamándolos *espíritus inmundos*. Este es un dato revelador del objetivo de Satanás en la vida de los cristianos. Cuando recibimos a Cristo somos limpiados y, por increíble que pueda parecernos, la Palabra de Dios no se avergüenza de llamar *santos* a los redimidos por Cristo. Efesios 5.25-26 nos dice que

> «Cristo amó a la iglesia y se entregó a sí mismo por ella, para santificarla, habiéndola purificado en el lavamiento del agua por la palabra, a fin de presentársela a sí mismo, una iglesia gloriosa, que no tuviese mancha ni arruga ni cosa semejante, sino que fuese santa y sin mancha».

Satanás desprecia tanto la obra que Cristo hizo por los mortales, que uno de sus principales objetivos es lograr que los limpios se *sientan* sucios. ¡Cómo ansía estropear a la hermosa novia de Cristo!

Satanás no puede *obligar* a la novia a hacer algo; siempre debe inducirla a hacerlo. ¿Cómo logra esto? Procura corromper sus pensamientos para manipular sus sentimientos.

Él sabe que la naturaleza humana tiende a actuar según lo que siente, más bien que de acuerdo con lo que sabe. Una de nuestras más importantes defensas contra la influencia satánica, es aprender a comportarnos de acuerdo con lo que sabemos que es la *verdad*, más bien que según lo que sentimos. El deseo del enemigo es modificar la conducta humana para lograr sus malvados propósitos. En 2 Timoteo 2.26 nos dice que el objetivo de Satanás al tomar cautivo a alguien es conseguir que haga *su voluntad*. Si hemos recibido a Cristo como Salvador, Satanás se ve forzado a trabajar desde afuera y no desde adentro. Así, manipula las influencias externas para afectar los mecanismos de decisión internos del corazón y de la mente. Más adelante aprenderemos con mayor profundidad cómo reconocer sus maquinaciones.

Hemos llegado así a la principal razón por la cual Satanás usa la seducción sexual como una de sus armas más poderosas. Recuerda, él quiere hacer que los puros se sientan impuros, con la esperanza de que también actúen de manera impura. Pero no nos equivoquemos: no toda seducción se orienta a lo sexual. Ciertamente no. Los cristianos pueden ser seducidos por el poder, el dinero, la posición, la falsa doctrina o por un sinnúmero de otras cosas que alimentan la carne. Sin embargo, pocas de ellas logran tan completamente el objetivo de Satanás, de instigar sentimientos y acciones impuras en los puros, como la seducción sexual. De algún modo, Satanás se asegura que esto parezca todavía más sucio que el resto de la suciedad. También le gusta inducir caídas que provoquen efectos a largo plazo. El pecado sexual es, entonces, la opción perfecta para conseguir lo que quiere: puede ser altamente adictivo; provoca vergüenza como ningún otro pecado y tiene ramificaciones singularmente horrendas. En 1 Corintios 6.18-20 explica el porqué:

«Huid de la fornicación. Cualquier otro pecado que el hombre cometa, está fuera del cuerpo; mas el que fornica, contra su propio cuerpo peca. ¿O ignoráis que vuestro cuerpo es templo del Espíritu Santo, el cual está en vosotros, el cual tenéis de Dios, y que no sois vuestros? Porque habéis sido comprados por precio; glorificad, pues, a Dios en vuestro cuerpo y en vuestro espíritu, los cuales son de Dios».

En mi libro *Orando la Palabra de Dios*, el Señor me guio a tratar el tema del poderoso yugo de las ataduras de inmoralidad sexual. Deseo compartir algo de lo que Dios me reveló mientras investigaba las razones por las cuales las fortalezas sexuales son tan poderosas y tan satánicamente efectivas.

Satanás desea socavar la obra santificadora de Cristo y sabe que todo cristiano ha sido «apartado» de lo inmundo para ser limpio y de lo profano para ser santo. También sabe que cuando los cristianos actúan como la gente santa que son, Dios obra maravillas en medio de ellos (Josué 3.5). Sin pureza no hay poder. Con pureza, el poder no tiene límites. Satanás es loco, pero no tonto.

Él conoce muy bien los efectos devastadores del pecado sexual. Debemos evitar hacer una «jerarquía» de pecados, puesto que todo pecado nos hace errar el blanco y requiere de la gracia divina. Todo pecado es igual en términos de las consecuencias eternas, pero no todos son iguales respecto a sus consecuencias terrenales. Satanás sabe que el pecado sexual es singular en su ataque e impacto sobre el cuerpo del individuo cristiano... Dado que el Espíritu de Cristo ahora habita en el templo de los cuerpos de los creyentes, involucrar a un cristiano en pecado sexual es lo más cerca que Satanás puede llegar de un asalto personal a Cristo. Esto debería motivar en nosotros la determinación de vivir en victoria. El pecado contra el cuerpo tiene una manera particular de adherírsenos, y nos lleva a sentir que *somos* el pecado, y ya no que *hemos cometido* ese pecado.[1]

Robar es pecado, pero si yo robara cien dólares y luego, cambiando de opinión, arrojara el dinero en un cesto de basura, hasta cierto punto podría alejarme de ese «pecado», no llevarlo conmigo. Pero si cometo un pecado sexual, me costará mucho más deshacerme de la basura. ¿Por qué? Porque en términos espirituales, de algún modo eso se me adhirió. El pecado fue cometido contra mi propio cuerpo, y ejerce sobre mí un poder tan fuerte como resistente.

El pecado sexual puede ser arrojado, pero no en un cesto de basura. Únicamente Cristo puede eliminar los efectos «pegajosos» del pecado por medio del poder de Su cruz. El pecado contra el propio cuerpo se asemeja, en cierto modo, a la capa externa de la piel de una víctima de quemaduras. Debe ser desprendida, para permitir que la piel vuelva a crecer. Satanás no puede entrar en la vida de un cristiano, pero la seducción sexual es una de las formas más poderosas en que el fuego del infierno puede quemarle la piel. Dios perdona el pecado en el momento en que la persona se arrepiente, pero la sanidad de sus consecuencias puede llevar más tiempo.

Dios anhela sobre todas las cosas restaurar la pureza sexual de quienes han sido tentados sexualmente, pero renovar la piel de un carácter dañado llevará tiempo. El dolor inherente al proceso requerirá de ti mucha confianza en un Dios bueno y amoroso.

Amados, es absolutamente esencial que confiemos en el Señor si vamos a fortalecer nuestras vidas. A través de los capítulos de este libro y el coincidente estudio de las Escrituras, descubriremos que nuestra seguridad radica en no rehusarle a Dios absolutamente nada.

Si profundizáramos la búsqueda de la raíz de nuestras etapas de pecado, descubriríamos que toda cosecha desastrosa siempre comienza con una semilla de desconfianza profundamente enterrada. Todo pecado conlleva cierto grado de incredulidad. Es por eso que en Romanos 14.23 el apóstol Pablo pudo afirmar tan osadamente que: «Todo lo que no proviene de fe, es pecado».

En su libro *Ruthless Trust*, Brennan Manning escribió:

«¡Ay! Otra forma de corromper la confianza es ser deshonestos con Jesús. A veces albergamos un inexpresado sentimiento de sospecha de que Él no puede controlar todo lo que sucede en nuestra mente y en nuestro corazón. Dudamos que pueda aceptar nuestros pensamientos abominables, nuestras fantasías crueles y nuestros sueños extravagantes. Nos preguntamos cómo tratará nuestros deseos primitivos, nuestras ilusiones infladas y los exóticos castillos de nuestra imaginación. La fuerte resistencia a hacernos tan vulnerables, tan indefensos, tan desvalidos, es nuestra manera de decir implícitamente: «Jesús, confío en Ti, pero hasta cierto límite».

Cuando nos negamos a compartirle nuestras fantasías, preocupaciones y alegrías, estamos limitando el señorío de Dios en nuestras vidas y, al mismo tiempo, dejamos ver que hay áreas de nosotros que no deseamos someter a la conversación divina. Parece que el Maestro quería decir algo más que eso cuando dijo: «Confía en mí».[2]

Ladrillo a ladrillo, Dios construye una fortificación alrededor de nosotros, mientras aprendemos a traer a la luz (mediante un diálogo cara a cara con Él), aquello que, por nuestra humana naturaleza tendemos a mantener en la oscuridad. Amados, debemos aprender a confiar en Dios respecto a nuestra sexualidad. Las hojas de higuera no pudieron ocultar a Adán ni a Eva de Dios. Nuestras modernas formas de hoja de higuera no van a protegernos del enemigo. Ciertamente, no es mera coincidencia que las maquinaciones de Satanás logren mayor impacto en aquella dimensión de nuestras vidas que nos negamos a traer delante de Dios para recibir ayuda, sanidad y restauración.

Hemos tratado ya la proximidad del fin de los tiempos como una razón para el fenómeno por el cual un creciente número de personas piadosas es atraído e inducido a hacer cosas viles. En Mateo 24.12 Cristo señaló «la multiplicación de la maldad» como una de las señales del fin de los tiempos y de Su venida. No creo que haya una evidencia más contundente de que estamos entrando en los tiempos finales, que el vertiginoso aumento del pecado sexual. Según la nota de tapa de la revista *Online U.S. News* (Marzo 2000) titulada «A Lust for Profit» («Lujuria por las ganancias») «...en 1998, los internautas gastaron $ 970 millones en acceso a sitios con contenidos para adultos, de acuerdo con la investigación realizada por Datamonitor, y se estima que la cifra podría elevarse a más de $3 billones para el año 2003». El artículo también señala que «con la "internetización" casi completa de Estados Unidos de América, el menú de la lujuria sigue siendo la gran —y creciente— atracción del ciberespacio». De acuerdo con Nelson NetRatings, 17,5 millones de internautas ingresaron a sitios pornográficos desde sus casas en el mes de enero de 2000, lo que indica un aumento de un 40% con respecto a cuatro meses antes.[3]

En un artículo titulado «Devastated by Internet Porn» («Arruinado por la Pornografía de la internet») Steve Gallagher de Pure Life Ministries («Ministerio Vida Pura») reveló una estadística aun más preocupante: «Desafortunadamente, el porcentaje de hombres cristianos que está involucrado en esto no difiere mucho del de los inconversos. Según una encuesta realizada por *Leadership Magazine* («Revista Liderazgo») a pastores y a líderes laicos, un 62% mira pornografía en forma regular».[4]

Al considerar cómo la persona piadosa puede ser incitada a hacer cosas viles, no nos olvidemos de que la posición religiosa no es sinónimo de santidad. Y tampoco la una garantiza la otra. De hecho, podemos ocupar puestos de liderazgo en la iglesia sin tener una devoción pura y total a Cristo. La horrible tragedia es que tantos de los representados en esa estadística antes vivieron una vida santa. ¿Qué les ocurrió? ¿Y qué les ocurre ahora? Eso es lo que tú y yo estamos tratando de develar mientras nos abrimos camino a través de estas páginas.

En 1 Timoteo 4.1 Pablo formuló una afirmación pertinente al tema que nos ocupa: «Pero el Espíritu dice claramente que en los postreros tiempos algunos apostatarán de la fe, escuchando a espíritus engañadores y a doctrinas de demonios».

En los tiempos de Pablo y de Timoteo, una de las doctrinas demoníacas más comunes consistía en vivir un estilo de vida basado en prohibiciones estrictas de cosas tales como casarse o ingerir ciertos alimentos, que fueron creados por Dios para que los disfrutemos. El objetivo de Satanás era excitar la carne, negándole cosas que Dios mismo había establecido. No creo que Pablo haya querido que el lector pensara que las únicas doctrinas de demonios que existen son las mencionadas en su primera carta a Timoteo, sino que señaló las que prevalecían en esa época.

En la actualidad, Satanás comisiona a sus demonios con el propósito expreso de seducir, esperando inducir a muchos a desviarse de la fe. Estos demonios podrán «enseñar» un sinnúmero de falsas doctrinas pero, probablemente, las clases más concurridas sean aquellas en las que estos maestros demoníacos enseñen la diabólica doctrina de no abstenerse absolutamente de nada.

La seducción puede manifestarse bajo diferentes formas pero, sin duda, Satanás está trabajando arduamente para inducir a muchos santos a cometer pecados sexuales. ¿Puedes ver lo que ha logrado a través de lo que se ha dado en llamar *E-porn*? Como no era suficiente el número de cristianos que se le acercaban en busca de pornografía, él mismo se encarga de llevársela: entrega a domicilio y al alcance de un clic del mouse. Realmente es muy ingenioso. Pastores y líderes laicos que jamás hubieran comprado una revista ilícita, de

repente son arrastrados por una gigantesca ola de tentación a mirar
«sólo por esta vez» un sitio web pornográfico.

En el mencionado artículo, Steve Gallagher cuenta la historia de
un pastor llamado Jessie que cayó, sin haberlo premeditado, en una
abrumadora y opresiva adicción a la pornografía.

Historias como esta son comunes. Cuando terminó el Insti-
tuto Bíblico, Jessie ingresó al ministerio con un sincero deseo
de «agradar al Señor en su manera de vivir». Al principio,
mantenía una comunión saludable con Dios, ministrando a su
rebaño con la abundancia espiritual que provenía de su vida
devocional llena de vitalidad. Con el tiempo, más y más gente comenzó a congregarse en su iglesia. El sabor del éxito lo
aceleró y lo distrajo. Como sus crecientes responsabilidades le
demandaban cada vez más tiempo, su vida de oración comenzó a mermar. Cuando intentaba orar, sentía que el cielo se le
cerraba. Y, en vez de dedicar tiempo a la Palabra, procurando
el alimento espiritual que necesitaba personalmente, sólo lo
invertía en buscar material para sus sermones. En unos cuantos meses, la fuente de vida se secó para él. Es verdad que su
ministerio florecía, pero interiormente se volvía cada vez más
apático y frío.

Jessie no se dio cuenta, pero su apatía espiritual lo convirtió
en un blanco fácil para el enemigo. Durante ese tiempo, empezó
a tener pensamientos lascivos de vez en cuando. Al principio
los rechazaba pero, con el transcurso del tiempo, comenzó
a jugar con ellos. Un día, navegando por la internet, se le
ocurrió escribir una frase sexual en el motor de búsqueda. Con
una curiosidad cada vez más fuerte y una vida espiritual vacía,
finalmente cedió a la tentación… y pasó dos horas recorriendo
docenas de sitios con contenido para adultos. Jessie acababa
de entrar al oscuro reino de la pornografía.

Durante los meses siguientes, este hombre, que había sido
piadoso, se hundió más y más profundamente en una cloaca
de imágenes inmundas. Una y otra vez se repetía que dejaría
de hacerlo, sin percatarse de que cada visita a esos sitios

pornográficos lo hundía más y más en un pozo del cual sería muy difícil salir. El hecho de que su esposa lo sorprendiera fue tan sólo un comienzo del proceso de salida, pues para entonces, había desarrollado una adicción grave».[1]

Mi corazón se quebrantó al leer lo siguiente: «La expresión de horror y de traición en el rostro de su esposa al ver la imagen en la pantalla de la computadora, lo obsesionó por meses y meses». Jessie tiene más compañía de la que querríamos imaginar. La cantidad de cristianos que nunca habían mirado pornografía y que ahora sucumben bajo esta ola abrumadora, está alcanzando cifras que superan los límites de la imaginación.

Tal vez fue por curiosidad, o a causa de la soledad. Quizá para renovar la pasión o para hacer, en su imaginación, lo que muchos no se atreven a hacer físicamente; suposición totalmente ridícula que en reiteradas ocasiones demostró ser errónea. Satanás ha obtenido una victoria gigantesca de ambas maneras. Frecuentemente, «sólo por esta vez» pasa a ser «tan sólo dos veces». Luego serán tres, cuatro, y el cristiano, que antes caminaba con Dios en pureza, acaba desarrollando la adicción más feroz de su vida. Esto afectará todo. El matrimonio. Los hijos. El trabajo. El ministerio.

Satanás ya sabía esto, por supuesto. Todo salió exactamente como lo había planeado. Sin embargo, no tiene por qué ser así. Su objetivo principal es que las personas sigan a estos espíritus seductores lo más lejos posible, para que «apostaten de su fe» (1 Tim 4.1). Si esto te suena familiar y estás comenzando a darte cuenta de que la doctrina demoníaca de la perversión sexual te ha seducido poderosamente, ¡no te apartes de la fe! ¡Vuélvete! Finalmente, Jessie volvió, pero ahora tenía que luchar por su vida, y el camino de destrucción que quedaba tras él era realmente lamentable.

Una vez que Satanás pone un pie dentro de nuestras vidas, hace todo lo que esté a su alcance para quedarse. ¡No esperes un minuto más! Cuanto más tardes en pedir liberación y cooperar con Dios, tanto más opresivo se tornará el yugo. Si quieres ser libre pero Satanás te tiene encadenado, te digo que todo un tercio de este libro está dedicado a tu completo regreso y al regreso de muchos otros, no importa qué yugo los ate a ti o a ellos.

Al llegar al fin de este capítulo, siento nuevamente la obligación de gritar desde las azoteas lo mismo que he dicho en mis otros libros: ¡el Cuerpo de Cristo está siendo sexualmente asaltado por el diablo! Por lo tanto, debemos aprender a defendernos por el poder de la Palabra de Dios y por Su Espíritu.

Así como enseñamos a nuestras hijas a guardarse de toda impureza sexual, el Cuerpo de Cristo debe ser enseñado a guardar su virginidad. ¡Oh, si la iglesia comenzara a enfrentar abierta y honestamente los ataques contra el Cuerpo! Es tiempo de que dejemos de negarlo y que, tomando de una vez por todas la espada del Espíritu, aprendamos a pelear. *¡Oh, Dios! Por favor ayúdanos. Estamos sufriendo ataques. Demasiados cristianos que te eran fieles, han caído ahora a causa de los ardides del enemigo. Por favor, ¡abre nuestros ojos y muéstranos el camino! Escucha el clamor desesperado de Tus hijos.*

Capítulo 3

Lo que tienen en común las víctimas de la seducción

Si yo estuviera leyendo el presente libro, escrito por otra persona, sin duda estaría haciéndole más de una pregunta. Por ejemplo: ¿Sugieres que el enemigo puede inducir a una persona piadosa a hacer cosas impías? Entonces ¿nadie está seguro? Y, si eso es lo que estás queriendo decir, ¿por qué tanta gente es fiel a Dios durante toda su vida sin desviarse jamás? Muy buenas preguntas, diría yo misma.

Estudiemos cada una de ellas. Primero, ¿qué sucede con respecto a la vulnerabilidad? Aunque todos tengamos la misma capacidad de desviarnos hacia la maldad, no todos corren riesgo en el mismo grado. Afortunadamente, existen cristianos que han permitido que su cuerpo, alma y espíritu sean santificados por completo bajo la autoridad de Cristo, lo cual hará que desarrollen una defensa fuerte y eficaz contra los espíritus seductores. En la segunda parte del libro profundizaremos acerca de este proceso tan crítico, pero, ciertamente, quería dejar esto en claro antes de abordar ese tema: no, no todos van a caer en el engaño de los espíritus seductores y, sí, muchas otras personas serán fieles a Dios durante toda su vida sin apartarse jamás del camino.

¡Ay! ¡Cómo querría haber sido una de ellas! Pero no lo soy. A la edad de dieciocho años me entregué al ministerio vocacional con un genuino amor a Dios y el deseo de servirle fielmente todos los días de mi vida. Sin embargo, cuando cumplí veinte años, ¡ya había roto virtualmente cada una de las promesas que le había hecho al Señor! ¡Cuán agradecida estoy de que Dios no haya quebrado Sus promesas! Yo no planeé salirme del rumbo. Nada podía haber estado más lejos de mis pensamientos. Amaba a Dios con cada fibra de mi imperfecto corazón. Si hubiera sabido entonces lo que ahora sé, me habría dado cuenta de que yo, una joven piadosa, era un blanco perfecto para el espíritu de seducción. Estuve metida en unos cuantos enredos con el enemigo, antes de permitir al Señor que me enseñara a defenderme. Detesto algunos de los lugares donde estuve y la forma en que tuve que aprender, pero aquí estoy para declarar que ya no soy una presa fácil.

Si no me hubiera enredado con el enemigo en ciertos momentos de mi vida, seguramente hoy no estaría escribiendo este libro. Cada uno sigue viviendo con lo que tiene. Mi historia personal no es precisamente intachable, pero elijo experimentar la libertad de no fingir que lo es. Lo que sí tengo es experiencia.

Satanás espera que nuestras experiencias horribles nos hagan vivir en el pasado. ¡De ninguna manera! Soy una peregrina que sigue adelante, llevando en mi mochila esa experiencia, que me permite estar alerta en el camino y ayudar a algún otro. Creo que no leería un libro como este, si quien lo escribió no lo hubiera vivido. De no haber experimentado algunas de las cosas que estoy a punto de compartir, me inclinaría a pensar que mucho de lo que vamos a tratar aquí son —¿qué podría decir?—, puras tonterías.

En el capítulo 1 expresé la seria preocupación que experimenté al leer ciertos testimonios desconcertantes de personas que habían dedicado sus vidas a Dios y le habían sido fieles durante un tiempo, pero luego fueron inducidas a conductas impías. Sabía muy bien que, frente a mis ojos, tenía la esencia misma de 2 Corintios 11.2-3. Mientras leía esas historias con mucha atención, y cada vez más preocupada, pedía a Dios que me diera discernimiento. Y al reflexionar sobre mi propia vida, pensaba: *¿Sabes cuántos cristianos no creen que esto sea posible?*

Desde entonces, he llevado a cabo un estudio de varios casos, de los cuales logré extraer un sinnúmero de experiencias. Con la mayoría de estas personas me encontré cara a cara, *no* como consejera sino como investigadora. Les hice algunas preguntas difíciles y creo que las respuestas que me dieron fueron realmente honestas. No dejaban de sorprenderme las brillantes tácticas del diablo, y me sentía abrumada por su habilidad para sacar ventaja de debilidades bien escondidas. En este capítulo encontrarás una lista de declaraciones y de denominadores comunes extraídos de esas experiencias.

No intento sugerir que toda seducción tiene estas características comunes. No tenemos idea de la variedad de formas y grados en que puede manifestarse la seducción. Sin embargo, muchas de esas afirmaciones me impactaron fuertemente, y creo que vale la pena mencionarlas. Existen tres razones por las que considero de vital importancia compartir esto contigo:

1. Si amas a alguien o estás aconsejando a alguna persona que confiesa cosas similares, necesitas saber que muchos otros relataron esto. ¡Tal vez la persona que amas, o tu paciente, no están locos después de todo! ¡Es muy probable que hayan sido seducidos!

2. Espero, y clamo con todo mi corazón, que toda persona que esté siendo seducida pueda leer este libro y usar la siguiente lista a modo de examen personal. El reconocimiento puede ser la primera señal de luz en este oscuro enfrentamiento.

Si una o dos de estas características comunes no se cumplen, por favor no pienses que no estás siendo tentado. Estoy segura de que esta lista es incompleta. Si por mí fuera, hubiera continuado recopilando información, pero Dios me dijo muy claramente que ya era suficiente y que comenzara a escribir el mensaje de una vez por todas. Si muchas de esas características se cumplen, puedes estar casi seguro de que estás siendo seducido. ¡Clama a Dios con todas tus fuerzas! Recuerda que no puedes apoyarte en tus sentimientos y, si no «sientes» que «quieres» ser liberado, razona contigo mismo y reconoce que «necesitas» ser liberado. Por último, no olvides que algunas de las cuestiones que vamos a compartir ocurrieron como resultado de la seducción. Por lo tanto, si aún estás involucrado en esa fortaleza, todavía no las has experimentado.

3. Amado, si has pasado un tormento similar y no se lo has contado a nadie, llegó el momento de que lo hagas. Has sido seducido.

Una última aclaración antes de comenzar con la lista: no toda seducción está orientada a lo sexual. Después de leer el capítulo anterior tal vez te sientas inclinado a verlo por todos lados. Por favor, piensa más ampliamente e intenta captar el alcance de las artimañas de Satanás. Él busca usar en cada caso lo que dé resultado. De hecho, uno de los aspectos más curiosos que noté en las afirmaciones usuales, es cómo el enemigo varía sus estrategias de persona a persona. Lo que entrelaza a estas vidas, sin que lo sepan, es el testimonio de que durante algún tiempo caminaron firmemente con Dios y, de un momento a otro, comenzaron a tener un comportamiento atípico que consideraban impío.

Aquellos que, después de vivir vidas piadosas, fueron inducidos a hacer cosas que no son de Dios, compartieron muchas de las dieciséis declaraciones que veremos a continuación:

1. Una tentación tan repentina como violenta los tomó por sorpresa.

Ninguno de estos individuos planeó entrar en esta etapa. Prácticamente todos sintieron como si los hubieran golpeado con una fuerza y una velocidad tales, que el impacto los hizo rodar. Muchos otros, admitieron haber pecado aun antes de saber qué era lo que los había golpeado. ¿Suena descabellado? En realidad, esa posibilidad está considerada sin vacilaciones en las Escrituras, más precisamente en Gálatas 6.1: «Hermanos, si alguno fuere sorprendido en alguna falta, vosotros que sois espirituales, restauradle con espíritu de mansedumbre, considerándote a ti mismo, no sea que tú también seas tentado». Concentrémonos en la palabra "sorprendido". Una de las definiciones de la palabra griega «prolambano» describe la acción del pecado en los siguientes términos: «sin que la persona se dé cuenta, la toma por sorpresa de manera repentina, esto es, antes de que sea consciente de lo que ha sucedido».[1] De hecho, el prefijo pro en «prolambano» significa "antes".

No dejamos de lado la sana teología cuando afirmamos que esta clase de pecados puede tomar al cristiano por sorpresa, antes de que advierta lo que viene contra él para estar alerta. Otras versiones traducen *sorprendido* como *alcanzado*. Después de tomar a su víctima desprevenida, el enemigo hará todo lo que pueda para lograr que se sienta totalmente atrapada pero, como veremos, no puede mantener esa fachada indefinidamente.

La mayoría de los que hablaron conmigo no podían creer que hubieran sido capaces de cometer tales acciones. Sus testimonios muestran que no iban persiguiendo el pecado, en una rebelión proactiva, sino que reaccionaron de forma equivocada y pecaminosa a algo que yo creo que fue una *seducción*.

Al establecer la diferencia entre el pecado de rebelión y el pecado como resultado de la seducción, debemos tener presente que ambos son *iniquidad* y, por lo tanto, necesitan el perdón misericordioso de Dios. No olvides que, mientras otros libros hablan sobre el pecado de rebelión, este libro trata con el pecado resultante de la seducción. La misma gracia los cubre a ambos, pero el Cuerpo de Cristo no está tan bien informado acerca de la seducción como sobre el tema de la rebelión. Sabemos que los rebeldes pueden meterse en grandes problemas, pero necesitamos desesperadamente abrir nuestros ojos al hecho de que los piadosos también pueden verse en serias dificultades.

2. *Un periodo de tentación y seducción abrumadoras siguió a un tiempo de gran crecimiento espiritual.*

Esta gente piadosa que hizo cosas que no eran de Dios no estaba viviendo en pecado cuando la ola de seducción la sorprendió. Es más, me llamó la atención ver cuántos de ellos sentían que acababan de entrar en una nueva etapa de crecimiento en su relación con Dios —por no decir euforia espiritual—, cuando sucedió lo inimaginable.

Después de reflexionar un poco, esto se explica perfectamente. El enemigo quiere evitar a toda costa que el cristiano cumpla con el propósito establecido por Dios. También sabe que la mayoría de los cristianos, después de haber vivido una experiencia gloriosa con Dios, sienten que son casi invulnerables. De hecho, es en ese momento cuando somos realmente vulnerables, porque lo último que se nos ocurriría pensar es que vamos a caer en pecado. Entonces, es de esperar que después de experimentar tiempos de bendición vengan tiempos de prueba.

Recuerda: Jesús mismo soportó momentos de terribles pruebas después de haber recibido grandes bendiciones. Después de ser bautizado por Juan, escuchó las gloriosas palabras de Su Padre en los cielos: «Este es mi Hijo amado, en quien tengo complacencia». ¿Qué palabras siguen? «Entonces Jesús fue llevado por el Espíritu al desierto, para ser tentado por el diablo».

Por supuesto, Jesús sobrellevó ese tiempo de tentación sin pecado, pero la experiencia fue increíblemente cruel. Por favor, escucha esto: en Colosenses 2.9 dice que en Cristo habita corporalmente toda la plenitud de la Deidad. Si existe alguien que haya sido la más pura expresión de la santidad en semejanza humana, ¡es Él! Aun así, después de experimentar el apogeo espiritual de Su encarnación hasta ese punto, fue atacado ferozmente por su enemigo. Sabiendo lo que tendríamos que enfrentar, nuestro Dios hizo una provisión para nosotros, incluso para los momentos de tentación: «Porque no tenemos un sumo sacerdote que no pueda compadecerse de nuestras debilidades, sino uno que fue tentado en todo según nuestra semejanza, pero sin pecado. Acerquémonos, pues, confiadamente al trono de la gracia, para alcanzar misericordia y hallar gracia para el oportuno socorro» (Heb 4.15-16).

3. Todos experimentaron un bombardeo mental.

Otra manera de describirlo sería un *pensamiento obsesivo*. Esto no es nada difícil de entender. De hecho, es una de las señales más claras de que existe una feroz fortaleza demoníaca.

¿Recuerdas cuál era nuestro versículo clave? 2 Corintios 11.2-3 plantea en forma explícita que Satanás puede «corromper» y «seducir» la *mente* de un cristiano (o cristiana) aunque esté consagrado a Cristo de todo corazón. En el capítulo anterior de las Escrituras, más precisamente en 2 Corintios 10.3-5, el apóstol Pablo describe esa fortaleza:

«Pues aunque andamos en la carne, no militamos según la carne; porque las armas de nuestra milicia no son carnales, sino poderosas en Dios para la destrucción de fortalezas, derribando argumentos y toda altivez que se levanta contra el conocimiento de Dios, y llevando cautivo todo pensamiento a la obediencia a Cristo».

La naturaleza misma de una fortaleza consiste en que se levanta en nuestras mentes algo contrario al conocimiento de Dios. Para ser libres de estas fortalezas mentales obsesivas, tendremos que traer cautivo todo argumento que se haya levantado, sometiéndolo bajo la autoridad de Cristo. Este desafío no es cosa sencilla. El enemigo cree que no seremos capaces de enfrentarlo. Pero vamos a demostrarle que está completamente equivocado, porque tenemos *poder divino para derribar fortalezas*. La tarea nos excederá sólo si actuamos en nuestras propias fuerzas.

4. *Muchos de los engañados por relaciones de seducción (no todas lo son) manifestaron que Satanás logró acercárseles por medio de una persona cercana o íntimamente relacionada a ellos.*

Cuando Satanás intenta causar estragos en la vida de la gente piadosa, difícilmente logrará su cometido si se presenta con un engaño demasiado evidente. Recuerda que aquí estamos hablando acerca de la seducción, cuya naturaleza misma implica una tentación imprevista a la vez que bien disfrazada. Satanás busca la manera de acercársenos para ganar confianza.

No estoy sugiriendo que dejemos de confiar en la gente, pero debemos ser conscientes de que no todo el que parece ser confiable realmente *lo es*. Tal vez nosotros mismos, en ocasiones, no hemos sido personas dignas de confianza. Una vez más, necesitamos desesperadamente tener discernimiento y, gracias a Dios, Él está dispuesto a dárnoslo. En la segunda parte de este libro vamos a abordar el tema de cómo poner a salvo nuestras relaciones interpersonales. Parte de nuestro fortalecimiento contra la seducción, consistirá en asegurarnos de que no haya en nuestras vidas ninguna puerta abierta por causa de una relación malsana o enfermiza.

5. *Muchos manifestaron haber recibido tempranas señales de alerta.*
Por supuesto, no nos sorprende en absoluto. El Espíritu Santo nunca deja de hacer Su trabajo. Una y otra vez he preguntado: ¿No

vio alguna "bandera" de advertencia que le hiciera reflexionar que no debía continuar con esa relación o situación? Invariablemente, la respuesta fue «sí». Esa señal se presentó mientras caminaban fielmente con Dios. Luego les pregunté por qué no hicieron caso de esa advertencia, a lo que virtualmente todos respondieron que le habían dado una explicación racional.

Una mujer me dijo que pensaba que su propia naturaleza carnal se resistía a brindar ayuda a un necesitado, y concluyó que lo correcto era mostrarle misericordia. Pero lo que realmente sucedía era que el Espíritu Santo la estaba instando a que huyera para salvar su vida de una persona impenitente que, momentáneamente, estaba siendo manipulada por el diablo.

Una vez más, ¿ves cuánto necesitamos tener discernimiento? Hay momentos en que intuimos, sin explicación racional, que no debemos involucrarnos en determinada situación. Con frecuencia, esa intuición es la obra del Espíritu Santo. Tal vez en alguna oportunidad se nos censure por retirarnos de una situación o relación cuando algo indefinible nos dice que no está bien; pero es preferible que nos critiquen, a quedar atrapados en las garras del diablo.

6. Muchos describieron sus repentinos patrones de comportamiento como totalmente atípicos.

Incontables veces escuché decir: «Me preguntaba una y otra vez: *¿qué estoy haciendo? ¡Nunca actué así antes!*» Muchos mencionaron el hecho de que sus familias, amigos íntimos y otras personas relacionadas con ellos, también advirtieron la atipicidad de su conducta. Pero si alguien los confrontaba se ponían a la defensiva, o trataban de justificar su comportamiento con una explicación racional.

Puedo recordar con suma claridad algo que sucedió hace ya varios años, pero que aún me deja pasmada, y fue cuando, de repente, solté una serie de maldiciones. Lo peculiar es que yo no acostumbro a maldecir jamás. Créanme, he hecho cosas peores, pero nunca he sido propensa a tener una boca sucia o un carácter particularmente airado. No puedo olvidar cuando, más tarde, mirándome al espejo, pensé: *¿Quién diablos eres? Ni siquiera te conozco.* Era un sentimiento tan extraño. Por supuesto que era yo: no estaba poseída por el diablo, pero no me molesta decir que, temporalmente, estuve bajo la influencia opresiva más poderosa que haya enfrentado jamás.

7. ***Prácticamente todos manifestaron sentimientos y acciones tendientes al aislamiento.***
La tentación de Cristo no es el único ejemplo de aislamiento. El profeta Elías cayó en una terrible depresión al estar solo y aislado, después de haber tenido un poderoso encuentro con Dios.

A Satanás le gusta el aislamiento y quiere apartar al cristiano de toda relación sana para llevarlo a una situación de aislamiento. También quiere desviar al cristiano de las actividades sanas y agradables a Dios para conducirlo a otras, encubiertas y no sanas. Con este propósito, nos aleja de quienes podrían reconocer abiertamente la seducción y al que está detrás de ella. Tengamos cuidado de todo lo que nos quiera aislar de la gente piadosa.

Hebreos 10.24-25 no es sólo una Escritura para hacernos sentir bien. Lee los siguientes versículos en el contexto del tema que nos ocupa:

«Y considerémonos unos a otros para estimularnos al amor y a las buenas obras; no dejando de congregarnos, como algunos tienen por costumbre, sino exhortándonos; y tanto más, cuanto veis que aquel día se acerca».

¿A qué día se está refiriendo? ¡Al Día del Señor! En otras palabras, es exactamente a lo que Cristo se refería en su sermón sobre las señales de Su venida y del fin de los tiempos. ¿Por qué debemos animarnos unos a otros al ver que el tiempo se acerca? ¡A causa del engaño, la maldad y la seducción! ¡Nos necesitamos unos a otros más que nunca! Sabiendo esto, las razones de Satanás para tratar de aislarnos son más que obvias.

8. ***Sin excepción alguna, existe engaño y un cierto grado de encubrimiento.***
Una vez más recuerda que «ya está en acción el misterio de la iniquidad» (el poder secreto de clandestinidad ya está obrando). A

Satanás le gusta trabajar en secreto, y con frecuencia obra a través del encubrimiento y la simulación. Quiere que las cosas se mantengan ocultas pues sabe que, en el mismo instante en que las traigamos a la luz de Dios, estará arruinado.

El engaño está presente en toda fortaleza, pero la naturaleza del engaño *seductivo* consiste en que sus mentiras casi siempre se mantienen bien ocultas por un tiempo. Cuando advertimos que hemos empezado «a tener que mentir» para justificar nuestro comportamiento, estamos atrapados, sin dudarlo, en una fortaleza de engaño. Nos persuadimos de que otros no entenderían lo que nos sucede, pero la verdadera razón, es que llegará un momento en que los engañados comenzarán a engañar a otros.

9. Muchos describieron un abrumador sentimiento de impotencia.

Por supuesto ese sentimiento, que está siendo alimentado, es una mentira y un ejemplo perfecto de una doctrina demoníaca. Cuando los cristianos actúan en sus propias fuerzas, son totalmente incapaces de pelear solos; por eso, Dios ha provisto una vía de escape para toda tentación. No obstante, el poder de la seducción es indescriptible. No es inevitable ni totalmente irresistible. Pero sí es indescriptible.

Si nunca fuiste embestido por una oleada satánica, tal vez te inclines a pensar que para abandonar el pecado basta la decisión. Tal vez nunca te hayas sentido totalmente desvalido e indefenso. Una vez más, vemos que Satanás intenta inspirar un sentimiento muy fuerte de impotencia para eclipsar la verdad. En el próximo punto hablaremos sobre una de las principales razones por las que no es tan fácil alejarse de la seducción.

10. Muchos describieron algo que llamaremos «naturaleza adictiva» del pecado seductivo.

A decir verdad, muchos no pueden interpretar totalmente algunas cosas que sintieron en el calor de la batalla, más de lo que yo puedo explicar sobre mis sensaciones en mis momentos de lucha más intensos. Con esto no quiero decir que debería ser totalmente comprensible para todo el mundo. Sólo les pedí que intentaran describirlo. Y, lo que estoy poniendo sobre la mesa, fue extraído de *fuentes* completamente independientes, que ignoraban que otros hubieran contado una experiencia similar.

Hace poco tiempo escuché a una psicóloga cristiana decir que, en relaciones enfermizas, la gente puede ser adicta a otras personas. A esta altura, estoy cada vez más convencida de que esta «adicción» a una persona o a una conducta, como contrapuesta a una sustancia que crea hábito, podría ser la obra de un espíritu de seducción, y no simplemente un trastorno emocional. Satanás apunta a nuestras emociones porque nuestro corazón es engañoso por naturaleza (Jeremías 17.9). Con toda seguridad, cuando se trata de los cristianos, el padre de mentiras siempre está detrás de toda atadura emocional destructiva.

11. *Muchos detestaban lo que estaban haciendo.*

Es muy probable que, de alguna manera, esta característica esté relacionada con la anterior. Una persona a quien amo mucho ha luchado durante años con el alcoholismo, y finalmente está ganando la batalla. Ella detestaba lo que hacía pero, a la vez, se sentía sin fuerzas para dejar el vicio. La adicción era agobiante.

De modo similar, casi todas las personas que entrevisté manifestaron que aborrecían su conducta pecaminosa, pero que por entonces se sentían atraídos hacia ella como por un imán.

Parte de la táctica de Satanás es que sus víctimas se «sientan» adictas e indefensas. A veces, la seducción corrompe la mente y turba los sentimientos a tal punto, que el instinto puramente humano queda momentáneamente anulado. La persona que es seducida se lamenta de lo que hace pero, en medio de la batalla, se siente totalmente vencida por esa tentación. En ocasiones, algunos describen ese tiempo de rebelión con una sonrisa maliciosa, y aun admiten haberlo disfrutado. Pero nunca escuché a un cristiano piadoso, seducido por el enemigo, decir que podía recordar ese momento con una sonrisa. Todo lo contrario: me relataron que había sido su peor pesadilla, que había llenado sus vidas de vergüenza, y que los dejó hastiados.

12. *La seducción duró sólo un tiempo.*

De más está decir que el marco de tiempo varía, pero la persona que tenga un corazón genuino para Dios no puede permanecer en prácticas pecaminosas. Llegará un momento en que, desesperada, clame por liberación. Para los que han permanecido fieles a Dios, el deseo de volver a gozar de Su buena voluntad superará finalmente a la atracción de esa seducción. A la larga, Satanás no podrá sostenerla, porque en definitiva no puede seguir alimentándola. Los que han conocido la verdad, finalmente reconocerán la mentira.

En 1 Juan 3.9 dice: «Todo aquel que es nacido de Dios, no practica el pecado, porque la simiente de Dios permanece en Él; y no puede pecar, porque es nacido de Dios». Expresó algo similar en 1 Juan 5.18, y luego dice algo que, de acuerdo con la mentalidad anglosajona, parece contradecir las declaraciones mismas de este libro: «Sabemos que todo aquel que ha nacido de Dios, no practica el pecado, pues Aquel que fue engendrado por Dios le guarda, y el maligno no le toca». (En inglés, en la Nueva Versión Internacional, la última parte de este versículo se traduce como «...y el maligno no lo puede dañar».) En la versión Reina Valera dice: «...y el maligno no le toca». No estoy segura de cuál palabra, *dañar* o *tocar*, exprese adecuadamente el mensaje original. Voy a dejar que Charles Ryrie nos explique esto, en su excelente obra titulada *Teología básica*:

> Esto no significa un toque superficial sino que se adhiere o se aferra a la persona. Satanás no puede permanecer en un cristiano con el propósito de hacerle daño, porque ese cristiano pertenece eterna e irrevocablemente a Dios. Satanás (o los demonios) pueden afligir, y aun ejercer control por un tiempo, pero nunca eterna o permanentemente. [2]

Teniendo en cuenta esta explicación, tal vez la Versión Amplificada de la Biblia lo exprese mejor:

> «Sabemos [con absoluta certeza] que todo aquel que ha nacido de Dios, no practica el pecado [en forma consciente y deliberada], pues Aquel que fue engendrado por Dios lo cuida y lo protege —la presencia divina de Cristo en su vida lo guarda del pecado— y el maligno no puede tocarlo o tenerlo asido».

Satanás no puede tenernos asidos, ni tocarnos, hasta destruirnos por completo. Podremos sentirnos destruidos, pero no lo estamos. Cristo nos protegerá del objetivo primordial de Satanás: nuestra destrucción completa. Las siguientes tres declaraciones de los que fueron seducidos requieren una introducción. Como la mayoría de ustedes, prefiero estudiar los hechos antes que los sentimientos y soy consciente de que, a veces, en este capítulo fluctuamos entre lo objetivo y lo subjetivo y viceversa. Déjenme decir algo en nombre de muchas de las víctimas de la seducción. Cada uno de ellos, y ellas, se sienten como si fueran los únicos en este mundo que, pese a amar a Dios de todo corazón, igualmente cayeron en ese pecado tan atípico y espantoso.

El hecho de que Dios haya optado por proporcionarme tanta información sin que la pidiera, me permitió saber algo que quizás ellos ignoren: *No son los únicos*. Muchos han pasado por experiencias similares y han sentido las mismas cosas inexplicables. No están solos y necesitan saberlo. Por esa razón, quiero compartir los sentimientos que estas personas me confiaron, ya sea que el lector piense que son auténticos o no. No exijo que lo crea, sólo le pido que lo «escuche».

Si no estás de acuerdo en la mención de estas manifestaciones frecuentes, te ruego que no deseches todo el libro porque no puedes digerir una pequeña parte de él. Por favor, medita en oración sobre el mensaje completo. El hecho de que personas totalmente ajenas relaten experiencias casi exactas, al menos debería hacernos reflexionar. Respetémoslos lo suficiente como para escucharlos.

13. *Muchos experimentaron una especie de aturdimiento espiritual durante un tiempo.*

Dichas personas no experimentaron los sentimientos normales de desolación en ese mismo instante, porque se encontraban bajo un estado de conmoción y seducción muy fuertes. La mayoría comentó: «por un momento, me pareció que no era real». No estoy muy segura de cómo lo logra Satanás, pero creo que hace todo lo que se encuentra a su alcance para anular los piadosos sentimientos de tristeza. ¿Por qué? ¡Es muy sencillo! Porque la tristeza piadosa produce arrepentimiento (2 Co 7.10), y lo que él quiere es demorar el arrepentimiento todo el tiempo que sea posible. Como el diablo mantiene a sus víctimas agobiadas con tantos sentimientos confusos, muchos refieren que lo que sentían no era lo real. De más está decir que la víctima también ignoró las advertencias del Espíritu Santo y finalmente lo apagó, de manera que los sentimientos espirituales naturales se adormecieron por un tiempo. Satanás puede usar la confusión para demorar momentáneamente los sentimientos de arrepentimiento, pero no se saldrá con la suya para siempre pues, a su tiempo, surgirán, y cuando esto suceda, la tristeza será poco menos que insoportable.

14. Muchos utilizaron exactamente la misma palabra para describir lo que habían experimentado.

Una y otra vez escuché la palabra *telaraña* en boca de quienes intentaban hallar un término que describiera aquello de lo cual habían logrado escapar. Recordemos que ellos desconocían que otros hubieran usado la misma palabra. En la segunda parte vamos a examinar más detenidamente lo que significa este término, al tiempo que aprendemos a fortalecernos contra la seducción. También descubriremos una palabra del Nuevo Testamento que nos ayudará a caracterizar, visualizar y evitar situaciones confusas.

15. Muchos describieron el periodo subsiguiente como una toma de conciencia lenta y progresiva, antes que como un despertar súbito.

Soy consciente de que voy a perder a algunos escépticos en este punto. Pero no hay razón para detenerme, así que sigamos. Muchos describieron el periodo que siguió a la separación de la seducción, como si se recuperaran de los efectos de una droga. Tal vez pienses que sólo eran excusas para justificar su conducta, pero cuando estas personas se pusieron en contacto conmigo, ya habían asumido la responsabilidad total por su pecado, y no culpaban a nadie, sino a sí mismos.

No, no decían que el diablo los «hizo» hacer eso, sino que recuperarse de los efectos de eso, tan poderoso e indefinible, era como eliminar una droga de su organismo. Cuanto más tomaban conciencia, más desesperados y apesadumbrados se sentían. Me siento sumamente feliz de que muchos de ustedes no tengan la menor idea de lo que estoy describiendo. ¡Gloria a Dios! Al mismo tiempo, quiero decirte que creo que esto que muchos cuentan es fidedigno, aunque no pueda explicarlo adecuadamente con mis propias palabras.

No solamente he visto cómo Satanás logró doblegar mi mente por los efectos demoníacos durante tiempos realmente difíciles. He trabajado con muchos otros para guiarlos hacia la «salida» de la seducción. Aunque he tenido más experiencia con drogodependientes de la que quisiera, cuando me encontré con una joven mujer cristiana, cautivada por el diablo, quedé pasmada, porque se veía como si hubiera ingerido grandes dosis de estupefacientes. Tenía los ojos vidriosos y ojeras negras muy pronunciadas. Su piel presentaba un aspecto terrible, parecía un esqueleto y había perdido por completo el apetito. No obstante, su problema no se relacionaba con la adicción a las drogas. «Todo» lo que había hecho era enredarse con el diablo.

Por supuesto, creo posible que existan enfermedades causadas directamente por el pecado. Sea cual fuere la causa de la condición física tan debilitada de esta joven, la cuestión es que fui testigo directa de su recuperación. Con el tiempo, su belleza anterior no sólo fue restaurada, sino que fue completamente sobrepasada. Poco a poco, la confusión que había en su mente fue reemplazada por la verdad, volvió a Aquel que ama su alma, y hoy es una mujer de Dios en toda la extensión de la palabra.

¡Ya sé! ¡Ya sé! Queremos las Escrituras, no experiencias, y es correcto que así sea. Volvamos, entonces, a nuestro versículo original. En 2 Corintios 11.3 afirma: «Pero temo que como la serpiente con su astucia engañó a Eva, vuestros sentidos sean de alguna manera extraviados de la sincera fidelidad a Cristo». Esta Escritura muestra que la mente de los que vivían en sincera y completa devoción a Dios podía ser seducida y contaminada. No creo que esto difiera mucho del lavado de cerebro (con aguas cloacales, agregaría) o algo parecido. ¿Qué pensamos que está haciendo Satanás en la mente de quienes han sido seducidos por distintas sectas religiosas?

Alguien podrá argumentar: «Pero seguramente no eran cristianos o no habrían sido tan tontos». Por el contrario, muchos cristianos se han desviado hacia doctrinas extrañas que también usan el nombre de Cristo. Dios, en su gran misericordia, amplió mi concepto de lo que es la seducción y me enseñó que se manifiesta de muchas maneras. Siempre tendemos a pensar que la seducción es de naturaleza exclusivamente sexual, pero, como dijimos anteriormente, no es así. Tengo una amiga *muy* querida cuya familia completa fue seducida por una secta que predicaba a Jesús como Salvador, mientras los apartaba del estudio de la Palabra de Dios, interpretando las Escrituras según su conveniencia para apoyar sus prácticas. Cuando ella y su marido cayeron en los lazos de esa secta, e incluso llegaron a convertirse en líderes de esa «iglesia», eran tan salvos como Billy Graham. La secta los engañó para que invirtieran todo su dinero en falsos negocios de su iglesia y en otros relacionados con ella. De esa manera perdieron hasta el último centavo. Finalmente la abandonaron, pero pasaron meses y aún años, antes de que pudieran comprender lo que había pasado y la manera espantosa en que habían sido seducidos. Ahora el engaño resulta muy claro; pero entonces parecía muy convincente.

Me gusta mucho la traducción de 2 Corintios 11.3 de la Biblia del Jubileo: «Mas temo que como la serpiente engañó a Eva con su astucia, sean corrompidos así en alguna manera vuestros sentidos, de la simplicidad que es en Cristo». Fíjese en la palabra *simplicidad*. En el idioma original significa todo lo que la Versión Amplificada indica, pero asimismo denota lo opuesto de duplicidad. Santiago 1.8 nos da una excelente definición de lo que es la duplicidad o doblez: «El hombre de doble ánimo es inconstante en todos sus caminos».

La simplicidad en Cristo, significa que nos sujetamos a una única influencia fundamental. Cuando abrimos nuestra mente a la poderosa y casi hipnótica influencia demoníaca, somos tan inestables como un borracho que se tambalea. Así como nuestro organismo necesita cierto tiempo para eliminar otras toxinas, nos llevará tiempo eliminar el veneno que el diablo derramó en nuestra mente. De todas maneras, cuando nos damos cuenta creemos enloquecer.

Ignoro en qué consiste esa clase de susceptibilidad propia de los drogadictos que muchos describen, pero quisiera saber si tiene algo que ver con la palabra griega «*pharmakeia*», traducida como «hechicería» (Gl 5.20). La mayoría de los cristianos reconoce que el consumo ilícito de drogas es un tipo de seducción diabólica muy opresiva. Por eso, me pregunto si quizás Satanás puede «drogar» nuestra mente por medio de dosis regulares y cada vez mayores de engaño sutil. No tengo la respuesta, y no creo que podamos ser bíblicamente categóricos sobre cuán lejos permite Dios que llegue Satanás en sus intentos con el cristiano. Lo que sí sabemos, es que intentará llegar lo más lejos que pueda. Las Escrituras enseñan con especial énfasis que podemos ser engañados. A mí, esto me suena un poco inquietante.

Es muy probable que a los legalistas virtuosos les haya dado un ataque, y estén pensando: «Mujer, acabas de darle al pecador flagrante una excelente justificación para su rebeldía: "el diablo me hizo hacerlo". ¡Dios no lo permita! De hecho, si las víctimas —que se han vuelto temporalmente impías— no asumen la total responsabilidad de su pecado, no podrán hallar perdón y restauración. Tengamos presente que no debemos hacer la parte que corresponde a Dios. Él siempre conoce la verdad y, a la larga, todo cristiano que hace cosas que no son de Dios, también la conocerá. Es sensato de nuestra parte cumplir con esta Escritura: «Meditad en vuestro corazón estando en vuestra cama y callad» (Sal 4.4).

En otras palabras, debemos examinar nuestro corazón y acercarnos a Dios con total honestidad. Sería insensato mentirle al Espíritu Santo, que conoce la motivación de todas nuestras acciones. Afortunadamente, ambos pecados, tanto el que cometemos en respuesta a la seducción como el de rebelión, pueden ser perdonados por medio del pago que Cristo hizo por *todos* los pecados en la cruz. No obstante, debemos acercarnos a Su trono de gracia *con* la verdad y *en* verdad.

16. Finalmente, surgen un sentimiento de desolación y una tristeza indescriptibles, que resultan en un profundo arrepentimiento.

Este punto es clave para especificar el enfoque de nuestro estudio de casos. Los cristianos a medias —o nominales—, finalmente salen de un tiempo de derrota sin sentir demasiado pesar, pero aquellos que viven una «sincera fidelidad a Cristo» (2 Co 11.3), experimentarán en cierto momento una desolación tal que los hará sentir que no pueden dar un paso más. La tercera parte de este libro está dedicada el arrepentimiento y a la restauración.

Ahora bien, algunos lectores, que sienten como si alguien hubiera estado leyendo su correo, conocen demasiado bien todo lo que acabo de describir. Pero, ¿qué sucede con los demás lectores? ¿Todavía están ahí? Por favor, quédense conmigo hasta llegar al final del libro, aunque este capítulo les haya parecido un poco descabellado —No soy izquierdista. Soy bautista—, ¡por gritar demasiado fuerte! Amo los viejos himnos y también ofrendo para las misiones. Sigo creyendo en muchas cosas que entran dentro de los límites tradicionales. Admito que, normalmente, «nosotros» no creemos en cosas como estas, y no creo que en este preciso instante «ellos» quieran aceptarme.

Mi gran dilema es que he visto demasiado, vivido demasiadas cosas, y estudiado mucho como para descartar lo que me dicen personas totalmente lúcidas y que jamás se han visto entre sí. Satanás no parece actuar como un buen bautista imagina que debería hacerlo. Esto también me saca de mis casillas, pero me liberé de esa negativa hace ya demasiado tiempo como para fingir que no pasa nada, y que todo marcha bien en River City. Tal vez estos pensamientos no formen parte de mi sistema de valores pero, por lo que más quiero, no creo estar pensando fuera de los lineamientos de la Palabra de Dios. Esto sé: Dios no me dejará descansar hasta que cuente lo que he visto. Nunca he estado más segura de que Él me envió con un mensaje. Y le doy el crédito a Él.

En mi opinión, este es el único capítulo que se interna en el ámbito de las experiencias. De aquí en adelante, voy a sustentar todo lo que diga con la Palabra de Dios. ¿Por qué no vienes conmigo y ves? Seguramente sientes curiosidad por saber cómo una persona piadosa puede ser vulnerable a la clase de confusión que acabamos de describir. Eso lo dejamos para el próximo capítulo, así que mantente en sintonía.

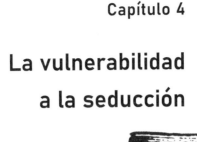

Capítulo 4

La vulnerabilidad
a la seducción

Hemos llegado a un lugar muy importante. Al final de nuestro capítulo anterior, prometí que hablaríamos sobre cómo es posible que un siervo de Jesucristo íntegra, sincera y puramente consagrado a Él puede ser vulnerable a una seducción demoníaca tan poderosa. Si estás pensando: «Seguramente tiene que haber en la persona algo de lo cual el enemigo se aferra», tienes toda la razón.

Quizás te sientas tentado a decir: «¡Ajá! ¡Ahí lo tienes! ¡Yo sabía que no eran inocentes!» ¡Ay, amados! Yo nunca dije que *ellos*... o *nosotros*... fuéramos inocentes. Ningún cristiano es forzado a entrar en un ciclo pecaminoso y, a la vez, quiero aclarar que la cosa de la cual Satanás se vale a menudo no es el *pecado*.

Recuerda que estamos hablando acerca de personas íntegramente consagradas, que fueron seducidas. Ninguno de nosotros está sin pecado, pero estas personas no estaban viviendo bajo el dominio de algún pecado en el momento en que fueron atacados. No, la mayoría de las veces no es el pecado el medio por el cual el enemigo gana terreno en los piadosos. Antes bien, como vamos a ver, en lo relativo a este tipo de víctimas, el enemigo con frecuencia se aferra de la debilidad —o tal vez, debería decir de un área vulnerable—. Por supuesto, Satanás sabe que la debilidad puede convertirse en pecado en un segundo cuando se la expone a la presión justa.

«Con arrogancia el malo persigue al pobre; Será atrapado en los artificios que ha ideado».

—Salmo 10.2

Después de realizar el estudio de varios casos que se me han presentado en estos últimos años, cada vez estoy más convencida de que las víctimas de la seducción tienen en común ciertos puntos vulnerables en el momento del ataque. Otra vez debo decir que esta lista no incluye todas las áreas de vulnerabilidad, así que ten por seguro que estoy muy lejos de saberlo todo. Además, no des por supuesto que no has sido seducido porque no todo sea aplicable a tu caso.

Ahora permíteme identificar a la más importante entre las personas que podrían leer este capítulo, y es aquella que jamás fue seducida pero que sí tiene en común estos puntos vulnerables. Hijo o hija de Dios, ¡permanece alerta! ¡Tú eres vulnerable a la que podría ser la pesadilla de tu vida! Por eso, ¡devora la segunda parte de este libro antes de que el león te devore a ti!

Esta es la lista de puntos débiles que muchos cristianos tienen en sus almas, en sus mentes y en sus corazones. Por favor, estúdialas detenidamente:

1. Ignorancia.

Sin excepción alguna, el elemento número uno que coloca a un cristiano en riesgo de ser seducido ¡es la ignorancia! Traté de encontrar una palabra más bonita, pero esa es la que usa la Biblia. No creas que la estoy usando del modo corriente, sino que la estoy empleando en su sentido más literal. ¡Lo que no sabemos puede hacernos daño!

En el resto de la lista encontrarás señales de ignorancia (cosas que las víctimas de la seducción no sabían). Obviamente, una de las formas comunes de ignorancia consiste en que ninguno de ellos sabía que este tipo de cosas podía ocurrirle. Por favor, medita en los siguientes pasajes de las Escrituras:

- Al referirse a los sumos sacerdotes que servían en el Antiguo Testamento, el autor del libro de Hebreos dijo: «... para que se muestre paciente con los ignorantes y extraviados, puesto que él también está rodeado de debilidad» (Heb 5.2). Presta atención a las palabras *ignorancia*, *extraviados* y *debilidad*. Estamos en peligro de extraviarnos por causa de la ignorancia y de la debilidad.

- 2 Corintios 2.11 nos dice que debemos perdonar «para que Satanás no gane ventaja alguna sobre nosotros; pues no ignoramos sus maquinaciones». Quizá el apóstol Pablo y su equipo bien adiestrado no ignoraban las maquinaciones de Satanás, ¡pero la mayoría de nosotros sí! No podemos darnos el lujo de permanecer en nuestra ignorancia, ¡especialmente sabiendo que el día se acerca! No podemos ignorar al diablo, suponiendo que al fin y al cabo se va a ir. La ignorancia es como una bandera que flamea sobre nuestras cabezas gritando: «¡Aquí estoy! ¡Aquí estoy!»

En sus epístolas, Pablo repitió cinco veces «No quiero que ignoréis». No puedo evitar compartir estos dos últimos pasajes, pues volví a recordar mis tiempos de derrota, derramando amargas lágrimas al leer allí la realidad de mi propia vida. El Salmo 73.22 declara: «Mas yo era ignorante, y no entendía: era como una bestia acerca de ti» (JBS). Luego, Agur confesó: «Soy el más ignorante de todos los hombres; no hay en mí discernimiento humano. No he adquirido sabiduría, ni tengo conocimiento del Dios santo» (Pr 30.2-3, NVI).

Al considerar algunas de las maneras en que permití que Satanás me derrotara en el pasado, ¡cuántas veces me he dicho: ¿Cómo pudiste ser tan tonta?

¿Es que no aprendiste *nada*? Una de las áreas de mi vida en las que Dios tuvo que trabajar con diligencia fue mi autocondenación. Aun mucho después de mi liberación, continuaba castigándome a mí misma sin compasión. Tanto es así, que esto se convirtió en una atadura en sí misma y Dios tuvo que tratar conmigo respecto a ella.

Lo último que querría hacer es darle otra satisfacción al enemigo, a quien he llegado a aborrecer con odio absoluto. Precisamente eso es lo que hace la autocondenación. ¡Seamos libres! En el próximo punto vamos a dar a conocer el área que drena nuestras fuerzas más que ninguna otra.

2. La pasión espiritual supera al conocimiento bíblico.

Volvamos una vez más a nuestro versículo base, leyéndolo cuidadosamente y teniendo presente esta cuestión: «Pero temo que, así como la serpiente [Satanás] con su astucia engañó a Eva, vuestras mentes sean desviadas de la sencillez y pureza de la devoción a Cristo» (2 Co 11.3, LBLA). Observa que las Escrituras dicen que la serpiente llega a nuestro corazón a través de nuestra mente. La persona descrita en este pasaje está totalmente consagrada a Cristo, pero su mente aún es vulnerable. La mayoría de nuestras mentes también lo son, hasta que nos llevemos un buen susto y aprendamos a amar a Dios no sólo con todo nuestro corazón, sino también con toda nuestra mente. La iglesia de Corinto tenía una gran pasión pero le faltaba el conocimiento que le proporcionaba un fundamento más sólido.

En el capítulo anterior, hicimos especial énfasis en la breve tesis sobre la destrucción de fortalezas formulada por Pablo en 2 Corintios: «...derribando argumentos y toda altivez que se levanta contra el conocimiento de Dios, y llevando cautivo todo pensamiento a la obediencia a Cristo» (2 Co 10.5). Si no tenemos conocimiento de Dios, no estaremos debidamente equipados para reconocer los argumentos que se levantan contra Dios. En esencia, eso es exactamente lo que decía el autor de Proverbios 30.2-3:

«Soy el más ignorante de todos los hombres; no hay en mí discernimiento humano. No he adquirido sabiduría, ni tengo conocimiento del Dios santo».

No basta sólo con tener conocimiento sobre cómo guerrear para vencer a Satanás. ¡Necesitamos urgentemente el conocimiento de Dios!, ¡la ciencia del Santo! Y la única manera de obtenerlo es por medio de una relación personal con Dios a través de Su Palabra. A decir verdad, en otra etapa de mi vida hubiera dicho que tenía un conocimiento bastante amplio de las Escrituras, pero al reflexionar, veo que sólo poseía un conocimiento fragmentado, sin una comprensión profunda de todo el consejo de Dios. Además, existe una gran diferencia entre una cabeza llena de conocimiento y el hecho de que la Palabra de Dios sea carne en nosotros.

De no haber leído la historia de Jessie en el capítulo 2, tal vez alguien desearía preguntar: «¿Cómo puede ser que haya tantos pastores consagrados que caen en la seducción de Satanás cuando están constantemente preparando sermones?» Por favor, permíteme hablarles a los que han sido perjudicados por esto. Sin saberlo, muchos cayeron en la trampa, dedicando tiempo a la Palabra de Dios con el único propósito de preparar sus mensajes. Este es, por supuesto, el objetivo principal de Satanás.

Satanás esta ansioso por destruir a todo aquel que mantiene su espada del Espíritu (la Palabra de Dios) bien afilada por el uso personal y diario, porque sabe que el arma se desafila si el cristiano comienza a usarla por mera costumbre. Muchos de los que estaban en el ministerio y cayeron en la seducción, habían estado tan ocupados haciendo la obra de Dios, que se apartaron de la pura y simple intimidad con Dios.

Todos los que hemos sido llamados a transmitir un mensaje al Cuerpo de Cristo debemos ser extremadamente prudentes, recordando que Dios no sólo quiere hablar *a través* de nosotros. Él también quiere hablarnos *a* nosotros. Íntimamente. A veces, de maneras que a otros no les concierne. Cuando ya no permitimos que Dios nos hable, no pasará mucho tiempo antes que Él deje de hablar a través de nosotros.

Antes de pasar al punto siguiente, por favor permíteme dar una palabra de advertencia desde el otro lado de este asunto de doble filo. Sí, la pasión espiritual que sobrepase al conocimiento bíblico es definitivamente una debilidad. Y lo mismo ocurre en la situación opuesta. Por favor, ¡ten cuidado! Una cabeza llena de conocimiento bíblico sin un corazón apasionadamente enamorado de Cristo es algo sumamente peligroso; es una fortaleza que tarde o temprano se manifestará. La cabeza podrá estar llena, pero el corazón y el alma aún no estarán satisfechos. Satanás sabe que anhelamos profundamente tener pasión y, si no nos entregamos a la pasión santa, seremos tentados por las imitaciones.

Totalmente apasionados y bíblicamente bien instruidos. *¡Oh Dios, concédenos ambas cosas!*

3. Falta de discernimiento.

Estoy convencida de que el discernimiento es uno de los elementos más importantes en la vida del cristiano consagrado, que lo protege contra la seducción. La mayoría de las víctimas de la seducción no se han caracterizado en particular por tener un gran discernimiento. Da un vistazo a las siguientes porciones de las Escrituras, relacionándolas con el presente tema:

- Proverbios 14.33: «En el corazón del prudente reposa la sabiduría; pero no es conocida en medio de los necios». ¡La sabiduría discierne cuando está rodeada de necios!
- Proverbios 28:11: « El hombre rico es sabio en su propia opinión; mas el pobre entendido lo escudriña». ¿Ves? ¡Un hombre con discernimiento perspicaz, puede incluso reconocer las mentiras que algunos se dicen a sí mismos!
- Proverbios 19.25: «Y corrigiendo al entendido, entenderá ciencia». Amados, ¿ven que quienes tienen discernimiento no se ponen a la defensiva ni tratan de buscar explicaciones racionales cuando se los reprende? En lugar de eso, alcanzarán mayor conocimiento.
- Filipenses 1.9-10: «Y esto pido en oración, que vuestro amor abunde aun más y más en ciencia y en todo conocimiento, para que aprobéis lo mejor, a fin de que seáis sinceros e irreprensibles para el día de Cristo».

Necesito con tanta desesperación ser pura e inocente. Cuando finalmente Dios logró llegar hasta mí y rompió ese ciclo de derrota, comencé a orar con todas mis fuerzas: «Dios, yo no puedo hacer nada para cambiar el pasado. No he sido pura y tampoco inocente, pero ¿podrías capacitarme para vivir en pureza, por el poder de Tu Palabra y por la llenura de Tu Espíritu Santo, cada día de los años que me concedas de vida? ¿Así como una novia virgen? Oh, amados, lo necesito con tanta desesperación que apenas puedo soportar. Si he de llegar a alcanzar ese profundo anhelo, voy a necesitar mucho discernimiento. Podría hacer una lista de muchas otras evidencias bíblicas, pero creo que puedes ver a dónde quiero llegar. El discernimiento es decisivo. ¿Ves cuán susceptibles a la seducción podemos ser sin él? Celebremos el hecho de que Dios honra la sincera petición de discernimiento y, en su misericordia, nos dará eso y más. ¿Recuerdas la petición de Salomón? «Da, pues a tu siervo corazón entendido para juzgar a tu pueblo, y para discernir entre lo bueno y lo malo [...] Y agradó delante del Señor que Salomón pidiese esto. Y le dijo Dios: [...] he aquí lo he hecho conforme a tus palabras; he aquí que te he dado corazón sabio y entendido [...] Y aun también te he dado las cosas que no pediste» (1 Reyes 3.9-13).

No pases por alto el hecho de que Salomón ya era lo suficientemente sabio como para saber que a veces puede ser difícil discernir entre el bien y el mal. Nosotros, como él, necesitamos tener discernimiento. En el próximo apartado, vamos a descubrir que necesitamos una clase particular de discernimiento, que no siempre tenemos en cuenta.

4. *Falta de autodiscernimiento.*

¡Este es muy importante! David fue un hombre que cayó en pecado después de haber vivido consagrado a Dios. Dejemos que él nos presente este tema a través de una oración muy íntima que escribió:

> «¿Quién podrá entender sus propios errores? Líbrame de los que me son ocultos. Preserva también a tu siervo de las soberbias; que no se enseñoreen de mí; entonces seré íntegro, y estaré limpio de gran rebelión».
>
> —Salmo 19.12-13

No puedo seguir avanzando sin escribir en papel lo que acabo de decirle a Dios en voz alta. ¡Cuánto amo la Palabra de Dios! ¡Cuán rica es! ¡Él sabe lo que necesitamos! ¡Y tiene todas las respuestas! Nada en este mundo es más emocionante que hacer lo que tú y yo estamos haciendo en este preciso momento: sumergirnos juntos en la Palabra de Dios. Esto me encanta. ¿Estás tan maravillado como yo con la pregunta del Salmo 19.12? Memoricé este salmo hace años, pero no me había percatado de su importancia hasta hace muy poco, cuando lo enseñé en la Escuela Dominical. «¿Quién podrá entender sus propios errores?» ¿De quién está hablando David en esta pregunta? ¡De él mismo! Búscalo en tu Biblia y estudia el contexto: cada uno de los últimos tres versículos del Salmo 19 se refieren al mismísimo autor, y al anhelo de que Dios lo ayude en forma personal y de que se complazca con lo que Él ve en lo profundo de su interior.

En este versículo en particular, la palabra hebrea que se traduce como «error» es «segihah». De acuerdo con el Apéndice del Léxico del Antiguo Testamento de la Key Study Bible, significa «error, transgresión, pecado cometido involuntariamente».[1] Esto contrasta con la petición del salmista de que también lo guarde de pecados intencionales. Podemos cometer pecados de manera premeditada y con osadía, o de forma accidental e involuntaria. En el primer caso, el pecado nace de la rebelión, mientras que en el segundo surge del error, la ignorancia y la debilidad. Todo esto es pecado, pero debemos saber que la rebelión no es la única forma de meterse en problemas.

La palabra «segihah» viene de «sagah». Ponte bien cómodo mientras te cuento lo que esta palabra significa en todas sus acepciones. Voy a escribir palabra por palabra tal y como aparece en este Apéndice del Léxico del Antiguo Testamento: «Sagah: vagar, desviarse, descarriarse (Ez 34.6); desviar (Job 12.16); dirigir erradamente (al ciego [Dt 27.18]), seducir, pecar por ignorancia, transgredir involuntariamente (1 S 26.21); tambalearse (como un borracho —Pr 20.1; Is 28.7). Hábitos perniciosos (Pr 20.1; Is 28.7), inmoralidad (Pr 5.20) y debilidad espiritual (Pr 19.27), hacer que un individuo se desvíe de los mandamientos de Dios (Sal 119.21, 118) muy similar a la manera en que la oveja se extravía de su pastor (Ez 34.6). La palabra sagah también se usa en referencia al hombre intoxicado de amor (Pr 5.19, 20)».[2]

Aquí hay un par de cosas realmente interesantes. Ten presente que el término original para errores en el Salmo 19.12 proviene de esta palabra. Estas definiciones muestran la íntima relación entre la ignorancia, la debilidad espiritual y el error (errar el camino). También encuentro interesantes las referencias que el término hace a «tambalearse» (como si se estuviera borracho) y a «estar intoxicado de amor», en relación con lo visto en el capítulo anterior. Más que ninguna otra cosa, espero que no hayas pasado por alto la repentina aparición de la palabra *seducir*. En este caso, creo que la inferencia tendría dos aspectos:

- Primero, nuestras debilidades y áreas de ignorancia son gigantescos puntos vulnerables para la seducción, pudiendo llevarnos a pecar involuntariamente.
- También veo otra posible implicancia: es un hecho que la seducción de Satanás es astuta, tiene un propósito determinado y está pensada para causar mal. Además, está bien planeada y con los tiempos cuidadosamente fijados. Nada es accidente o coincidencia. En los casos en los que esto se aplica, los humanos que él usa como agentes de seducción ¿son siempre malvados y actúan intencionalmente?

Veamos lo que las Escrituras dicen al respecto. De acuerdo con la Palabra de Dios, los agentes humanos pueden clasificarse en varias categorías diferentes. Una se encuentra en 1 Timoteo 4.1-2: «Pero el Espíritu dice claramente que en los postreros tiempos algunos apostatarán de la fe, escuchando a espíritus engañadores y a doctrinas de demonios; por la hipocresía de mentirosos, que teniendo cauterizada la conciencia». Una acusación mordaz a aquellos que se han puesto al servicio de las seducciones de Satanás.

2 Timoteo 3.1-7 describe a los que son poderosamente usados por el enemigo para seducir a otros. En esta referencia, notarás que el objetivo no está descrito en términos de *total, pura y sincera consagración*. Antes bien, la seducción apunta a un objetivo que está cargado de pecado. De más está decir que toda vez que estamos *cargados de pecado*, somos blanco seguro para la seducción.

«También debes saber esto: que en los postreros días vendrán tiempos peligrosos. Porque habrá hombres amadores de sí mismos, avaros, vanagloriosos, soberbios, blasfemos, desobedientes a los padres, ingratos, impíos, sin afecto natural, implacables, calumniadores, intemperantes, crueles, aborrecedores de lo bueno, traidores, impetuosos, infatuados, amadores de los deleites más que de Dios, que tendrán apariencia de piedad, pero negarán la eficacia de ella; a estos evita. Porque de estos son los que se meten en las casas y llevan cautivas a las mujercillas cargadas de pecados, arrastradas por diversas concupiscencias. Éstas siempre están aprendiendo, y nunca pueden llegar al conocimiento de la verdad».

—2 Timoteo 3.1-7

Otra denuncia mordaz a los que se introducen en la vida de los demás como un gusano. Por otra parte, las acciones de la mayoría de los seductores (y seductoras) mencionados en el libro de Proverbios eran intencionales. De la mayoría, pero no de todos. Reflexiona una vez más sobre la definición de *sagah*. Parte de la definición decía: «seducir, pecar por ignorancia, transgredir involuntariamente». ¿Podría suceder que algunos de los que son utilizados como marionetas o agentes de la seducción de Satanás no se ofrezcan voluntaria y premeditadamente? ¿Podría ser que a veces los agentes humanos de seducción usados por Satanás hayan sido ellos mismos seducidos? Creo que sí. De hecho, si no permiten que Dios trate profundamente con ellos, los seducidos pueden convertirse en seductores.

Algunos me han preguntado si creo posible que dos personas implicadas en una relación de seducción hayan sido ambas tomadas por sorpresa, sin que ninguna estuviera más dispuesta que la otra. Aunque no pretendo convertirme en la Ann Landers de las relaciones seductivas, la posibilidad parece razonable. Recuerda, la ilicitud de la obra de Satanás se mantiene en secreto (2 Tes 2.7), y aunque no podamos conocer todos los detalles, si aprendemos lo que podemos, estaremos protegidos contra lo que no sabemos.

Es de gran ayuda reconocer nuestros propios errores, así como nuestras transgresiones y las maneras en que hemos pecado involuntariamente. Somos muy rápidos para señalar los errores de otros. Sin embargo, nuestra mejor defensa será reconocer dónde hemos fallado y dónde están nuestros puntos débiles.

¡Debemos reemplazar la autocondenación por el autodiscernimiento! Señor, ¡ayúdanos! Ahora quisiera que estudiásemos otra causa de vulnerabilidad. Vamos a tener que tratar con las debilidades causadas por:

5. *Exposición a o experiencia con la adoración falsa o depravación en el pasado.*
Estoy convencida de que una de las razones por las que Pablo estaba tan preocupado por la iglesia de Corinto, era porque habían estado expuestos a tanta adoración falsa y a tanta depravación. De hecho, muchos de ellos venían directamente de realizar ese tipo de prácticas. Como en el pasado habían sido cautivados por esas falsas enseñanzas, Pablo temía que pudieran ser engañados otra vez: «...bien lo toleráis» (2 Co 11.4). Y no sólo eso, sino que intentaban vivir vidas piadosas estando rodeados de maldad.

Corinto era una ciudad vil, aun para los estándares de hoy. Como nosotros, ellos estaban constantemente expuestos a la adoración de falsos ídolos, al libertinaje sexual y a la desnudez. Ellos estaban literalmente expuestos en las calles o en el templo, donde había adoración «pervertida»; hoy nosotros estamos expuestos a las carteleras, las tapas de revistas, los espectáculos televisivos y, quizá aún peor, la publicidad comercial. Es obvio que el que anda en busca de pornografía podría aprovechar innumerables fuentes, pero nosotros no necesitamos ir demasiado lejos para ser vulnerables a la seducción.

Todo nivel de *sobreexposición* puede abrir en la mente una puerta que algún día Satanás podría aprovechar para sacar ventaja. Cuando éramos niños, algunos de nosotros estuvimos expuestos a cosas que, como niños, no deberíamos haber visto. No tenemos por qué desear arriesgarnos a estar expuestos. Por ejemplo, haber estado expuesto a la pornografía puede causar consecuencias nefastas en la vida, y Satanás quiere asegurarse de que así sea. He escuchado relatos de personas que, siendo jóvenes, habían encontrado revistas pornográficas entre las cosas de sus padres. Aunque luego lo descartaron sin darle importancia, un descubrimiento tal suele tener efectos impredecibles en esa vida, dándole a Satanás una carta de triunfo para más adelante.

De más está decir que *haber vivido una experiencia puede abrir una puerta aún más grande que haber estado expuesto.* Satanás sería un tonto si no tratara de aprovecharse de nuestras experiencias pasadas.

¿Cuántos hay que han sido salvos, perdonados y hechos nuevos y, no obstante, Satanás sigue acusándolos, burlándose, provocándolos y recordándoles pecados que cometieron en el pasado? Dios no lleva un registro de nuestros errores, pero puedes estar seguro de que Satanás sí lo hace. Él toma notas muy detalladas. Pero debemos comenzar a creer lo que Dios declara con respecto a nosotros, y no lo que el diablo dice. Muchas veces somos tan escépticos respecto a nuestra nueva identidad en Cristo, que prácticamente dejamos que Satanás triunfe en su intento de asesinar el nuevo concepto de nosotros mismos definido en la Palabra de Dios.

Quiero compartir parte de mi testimonio personal para que te des cuenta de cómo Satanás puede usar nuestro pasado contra nosotros mismos. Aunque he cometido muchos pecados intencionales en mi vida, las cartas de triunfo más poderosas que el diablo logró usar contra mí fueron las debilidades que subsistieron desde mi infancia. Siendo aún demasiado pequeña, estuve expuesta a cosas a las que no debería haber estado, y viví situaciones que ningún niño debería experimentar jamás. Cuando crecí, comencé a reprimir todos esos recuerdos hacia lo más profundo de mi subconsciente. Si mi mente intentaba traerlos a la conciencia, yo los enviaba de vuelta a su lugar. El problema era que Satanás había guardado esos recuerdos en su bolsillo para después. Casi no puedo evitar enrojecer de furia al recordar cómo esperó el momento justo para inundar mi vida con una oleada de ataques. Además de haber sido víctima, también había tomado algunas decisiones infortunadas. No creas que el diablo no usó esto en mi contra.

Hemos planteado la siguiente pregunta: «¿Cualquiera puede ser seducido?» Mientras sea posible, sigo sosteniendo lo mismo, pero para algunos es sumamente *improbable*. Tengo el privilegio de escribir para la misma casa editorial que el Dr. Henry Blackaby y T.W. Hunt, dos hombres a quienes no me considero digna de lustrarles los zapatos. Sabemos que Satanás desdeña a todo maestro que se atreva a instruir a los cristianos sobre la manera de usar la Espada del Espíritu, y haría todo lo posible para destruir a cualquiera de nosotros. Pero si estudiara las vidas del Dr. Blackaby, del Dr. Hunt y de Beth Moore, buscando a quién seducir, ¿cuál sería su candidato más vulnerable o susceptible de ser seducido? Bajen sus manos porque ¡con seguridad sería alguien muy parecido a *mí*! Ambos siervos de Dios vivieron vidas puras. Tanto uno como el otro tuvieron muy poca *experiencia* con la maldad y han estado poco *expuestos* a ella; y ambos gozan de una larga trayectoria de fidelidad. Gracias a Dios, para cuando comencé a escribir simultáneamente con estos dos hombres, Dios me enseñó millones de cosas y no fui más una presa fácil. Aprendí a devolverle los puñetazos al diablo; pero debo estar alerta, porque tengo un pasado que otros cristianos menos vulnerables no tienen.

Querido lector, si no permitimos que Dios trate con cada área de nuestro pasado, tales como nuestras heridas, nuestros secretos, nuestros juicios erróneos, nuestros errores, nuestros pecados o todo otro obstáculo, cada uno de estos puede llegar a ser como un oso en estado de hibernación. Satanás acecha como un león a la entrada de la cueva, esperando el momento «justo». Luego abre sus mandíbulas y deja escapar un rugido tan feroz que hace temblar al mismo cielo. Los humanos son los únicos que no pueden escuchar el rugido de este león. Entonces el oso se despierta. Los rugidos continúan. El oso se despereza de su sopor, se levanta y se da cuenta de que está hambriento. Finalmente el león se esconde mientras el oso te come vivo. He escuchado tantas veces historias como estas:

«No me importa haber sido abusado sexualmente cuando era niño. Eso nunca me molestó».

«Nunca conocí a mi padre. Cuando yo tenía tres años de edad, él nos abandonó y se escapó con una joven de diecisiete. No me importa. No le doy mucha importancia a ese miserable pretexto para no conseguir un hombre».

«Mi mamá vivió en un asilo la mayor parte de su vida. Era enferma mental. Sólo siento lástima por ella, es todo».

«Mi mamá me hizo bailar con el torso desnudo por dinero cuando aún era menor de edad. Qué clase de madre, ¿eh? Pero trato de no pensar mucho en eso».

«Vi cómo mi padre golpeaba a mi madre casi hasta matarla. Era el borracho más ruin que usted pueda imaginar. De hecho, creo que nunca me voy a casar».

«Mi papá era pastor y nosotros solíamos tener que sentarnos en la primer fila todos los domingos y escucharlo golpear el púlpito con violencia, condenando a la congregación por sus horribles pecados. Debería haberlo visto en casa. Me producía náuseas».

«Mi hermana murió de cáncer cuando tenía nueve años. Yo tenía cinco. Nuestra familia nunca lo pudo superar. Desde entonces, no recuerdo haber escuchado un solo sonido de risa en nuestra casa».

«Cuando éramos pequeños, mi hermano y yo quedamos atrapados en un incendio. Él murió quemado. Yo todavía tengo las cicatrices, pero sigo adelante. No puedes permitir que esa clase de cosas te afecten».

Ninguno de estos casos, o cualquier otro que podamos imaginar, queda fuera de la admirable capacidad sanadora de Dios. Y sabremos si hemos sido sanados, ya que Él requiere cooperación y honestidad de nuestra parte. Sin embargo, si nos hemos guardado algo, no seremos muy diferentes de Caín, cuando se negó a traer al altar lo que él sabía que Dios quería. «...el pecado está a la puerta; con todo esto, a ti será su deseo, y tú te enseñorearás de él» (Génesis 4.7). Por obligación, traemos al altar sólo unas pocas gavillas, mientras que lo que Dios quiere es que traigamos el animal que podría destruirnos.

Amado, escúchame con atención: Satanás juega al béisbol. El salmista se refirió a su poderoso enemigo y a sus adversarios con estas palabras: «Me asaltaron en el día de mi quebranto, mas Jehová fue mi apoyo» (Sal 18.18). Por alguna razón, albergamos la secreta esperanza de que Satanás, aunque es tan ruin, tendrá suficientes escrúpulos como para detenerse cuando la lucha no sea justa. *¡Satanás no tiene escrúpulos!* Cuando nos sobreviene algún desastre, podemos contar con que él se parará justamente frente a nosotros para atacar nuestro punto más débil y vulnerable. ¿Se aprovecharía de un niño indefenso? ¡Sí! ¿Caería sobre la vida de una madre afligida?

¡Sin duda alguna! ¿Podría capitalizar ese pasado que tanto luchamos por dejar atrás? *¡Cuenta con eso!* Simplemente, no podemos dejar atrás nuestro pasado. Debemos ponerlo *delante de Dios*. Satanás es increíblemente vil, y va a aprovecharse de toda situación no resuelta. En su libro *El evangelio de los andrajosos*, Brennan Manning escribió:

«Con frecuencia me han preguntado: "Brennan, ¿cómo es posible que te convirtieras en un alcohólico después de haber sido salvo?" Es posible porque fui golpeado y apaleado por la soledad y el fracaso, porque me dominaron el desánimo, la inseguridad y la culpa, y aparté mis ojos de Jesús».[3]

En su obra más reciente, *Ruthless Trust*, añadió a su testimonio la siguiente reflexión:

«El obstáculo más grande en mi sendero de fe ha sido el sentido de inseguridad, de insuficiencia, de inferioridad y de baja autoestima. No recuerdo que mi madre me haya tenido en brazos, abrazado o besado cuando era niño. Me decían que era una molestia y una carga. También me decían que me callara y que me quedara quieto. Mi madre quedó huérfana a los tres años —ambos padres murieron durante una epidemia de influenza en Montreal— y fue enviada a un orfanato donde vivió varios años hasta que finalmente fue adoptada. Luego, a la edad de dieciocho, se mudó a Brooklyn, Nueva York, para estudiar enfermería profesional. Al haber recibido una atención y un afecto tan pobres cuando era pequeña, tampoco era capaz de darlo».[4]

No pensemos que, después de que este hombre recibió a Jesús como Salvador y se dedicó al ministerio, Satanás desaprovechó las situaciones no resueltas de su pasado para intentar destruir un futuro que constituía una amenaza para el infierno. De hecho, el Cuerpo de Cristo ha resultado muy bendecido, no sólo porque Satanás no pudo llevar a cabo todos sus designios, sino también porque Dios le permitió realizar una parte de ellos, para que Manning pudiera ministrarnos con la riqueza de su experiencia. El Señor ha usado a Manning para traer un don incomparable a nuestra generación de cristianos tan contradictoria. Dios ha traído mucha gloria a través de sus sufrimientos y, sin duda, muchos de ellos fueron consecuencia de que Satanás manipuló su pasado sin piedad.

Si eres como yo solía ser, tal vez en este momento estés refunfuñando, y pienses: *¡Pero no es justo que mi pasado me haga más vulnerable! ¡No podemos hacer nada con nuestro pasado!* Oh amado, si esta última declaración no es una de las doctrinas de demonios más mortífera, ¡entonces no sé qué es! ¿No ves? Lo que Satanás usó contra mí fue precisamente que no había hecho nada respecto de mi pasado. Sí, podemos hacer algo con él, ¡y es entregárselo a Jesús! Podemos olvidarlo o ignorarlo, pero necesitamos que Él tome total autoridad, para que nunca más sea usado como terreno legal de Satanás. Jesús es nuestro Alfa y Omega; ha estado ahí desde nuestro «principio» y permanecerá fiel a nosotros hasta el «fin». Él quiere reformular nuestro pasado para que podamos verlo sobre el telón de fondo de su gloria. Nunca olvides que nuestro Dios es redentor. Celebra este cántico de esperanza en el Salmo 130.3-4,7:

«JAH, si mirares a los pecados, ¿Quién, oh Señor, podrá mantenerse?Pero en ti hay perdón, Para que seas reverenciado.

Espere Israel a Jehová, Porque en Jehová hay misericordia, Y *abundante redención* con él» (énfasis mío).

Amado, ¡permite que Él redima tu pasado! ¡Cada pedacito de él! No sólo las injusticias ¡sino también los pecados más evidentes! No solamente los pecados involuntarios, ¡sino también los intencionales! Y no tan sólo nuestros pecados, sino también nuestras dolorosas pérdidas. Durante treinta años Satanás usó mi pasado de diferentes maneras hasta que, finalmente, comencé a darme cuenta de que lo seguiría haciendo hasta que yo permitiera que Dios se lo arrebatara y lo usara para Él. No, no necesito alardear ni abundar en detalles. He aprendido a darle a Dios total autoridad sobre mi pasado y a depositar cada área bajo sus alas, como posesión Suya. Y le he dado permiso para llevar cautivo a Cristo cada uno de mis recuerdos.

Ya no veo mis pecados y abusos tales como eran, sino que los veo en esas manos perforadas por los clavos, en las manos sanadoras y perdonadoras de Jesús. Él lo limpia todo y lo transforma con misericordia. Antes Satanás usaba todo eso periódicamente, ¡pero ahora Dios lo usa cada día! En el ministerio, en la crianza de los hijos, en las amistades... Oh, amado, deja que Él tome el control, porque es digno de confianza y jamás abusa de Su autoridad. Y nunca nos avergonzará.

¿Recuerdas a la mujer del estanque? Después de su encuentro con Jesús, volvió a su pueblo, diciendo: «Me dijo todo lo que hecho» (Jn 4.39). ¡Y no fue avergonzada! ¿Sabes por qué? Porque cuando Cristo ejerce autoridad sobre nuestro pasado, y permitimos que lo confronte, que trate con él y que lo sane, nuestra vergüenza se transforma en dignidad. Estoy lista para exclamar un fuerte ¡Aleluya!

Al comienzo del capítulo dijimos que cuando Satanás apunta a un cristiano íntegra y sinceramente consagrado a Cristo, con frecuencia se vale de sus debilidades más que de sus pecados. ¿Qué sucede con los pecados de nuestro pasado? Amado, en una de las ocasiones que Satanás aprovechó, se me abalanzó ferozmente, acusándome de mis pecados pasados. Para entonces me había arrepentido de todos ellos, por lo que ya no podían ser esgrimidos como «pecados» contra mí. Pero aquí está la trampa: ¡todavía seguían siendo mis debilidades! ¿Por qué? Porque le había pedido a Dios que me perdonara, pero nunca le había pedido que me sanara integralmente, que redimiera mi pasado, que restaurara mi vida, que me santificara por completo o que me ayudara a perdonarme a mí misma. Mis pecados seguirían siendo puntos vulnerables de donde Satanás se podría aferrar, hasta que yo permitiera al Señor tomar completa autoridad. Gracias a Dios, mi pasado ya no es presa de Satanás, y el tuyo tampoco tiene por qué serlo. ¿Te dice algo esto? ¿Has estado en alguno de los lugares que describí? Dios es increíblemente fiel, y no hay nada que Él haya hecho en mí que no esté ansioso de hacer en ti. Escucha cómo te habla Su tierna voz: ¡Ten ánimo! Soy Yo, no temas.

¡Confíale a Él cada pedacito de tu pasado, de tu presente y de tu futuro!

Hasta que te resuelvas a hacerlo, serás vulnerable a la seducción.

Capítulo 5

La voluntad permisiva de Dios

¿Por qué razón podría permitir Dios que alguien *consagrado a Cristo íntegra, sinceramente y de todo corazón* cayera en la trampa de la seducción demoníaca? Hasta el cristiano más inmaduro se daría cuenta de que Dios desarrolla la fortaleza de sus hijos por medio de pruebas y tribulaciones, pero ¿por medio de la seducción? ¿Qué propósito podría tener? Además, ni siquiera parece justo, ¿o sí?

Como podemos ver, cuando se trata de seducir a los santos, no estamos hablando del tipo de tentaciones habituales. Diariamente solemos enfrentar toda clase de tentaciones y desafíos, algunos un poco más difíciles de superar que otros pero, en general, la gente caminará firmemente durante ese tiempo sin mayores problemas. No de modo perfecto, por supuesto; pero sí en *victoria*.

El tema que tratamos en este libro es algo que muchos cristianos no han experimentado. Con todo, ese es. Tal vez nunca lo experimenten. ¿No sería bueno? Por supuesto que sí; pero yo no estaría ciento por ciento segura. No, considerando la generación en la que estamos viviendo. Cualquier persona con una pizca de discernimiento espiritual puede sentir que la situación se pone difícil. Creo que deberíamos hacer todo lo posible para fortalecernos en caso de que seamos el blanco de un ataque.

La diferencia entre la tentación común y la seducción demoníaca, intencionalmente destructiva, es la misma que existe entre una bola de nieve y una avalancha. Incluso en diversos momentos de la vida terrenal de Cristo podemos observar cómo la tentación se intensificaba. Sin duda, Él enfrentaba tentaciones continuamente, pero ninguna con la magnitud de la prueba que debió afrontar en el desierto.

Hace poco escuché el testimonio de un pastor muy querido, de algo menos de sesenta años, que había caminado en integridad durante toda su vida cristiana. Aunque era un hombre profundamente compasivo, por ser alguien que nunca había experimentado el fracaso, no tenía un punto de referencia para comprender cómo algunos cristianos se metían en los enredos en los que él había tenido que aconsejar. Era un hombre muy piadoso, que no se jactaba de su intachable trayectoria y tampoco juzgaba a otros cuyas vidas no eran tan impecables como la suya. Pero, en lo más profundo de su alma, no alcanzaba a comprender.

Cuando este pastor alcanzó los cincuenta y pico, sucedió algo totalmente inesperado. De repente le sobrevino un periodo de tinieblas: un abatimiento indescriptible se apoderó de su espíritu, algo que ni él ni otros podían atribuir a causas circunstanciales o psicológicas. Como si esto fuera poco, comenzó a luchar con pensamientos de lujuria verdaderamente pornográficos, muy diferentes a todo lo que había experimentado. Ni siquiera en su adolescencia había tenido tentaciones tales como las que enfrentaba, con absoluto estupor, casi al borde de los sesenta. Literalmente, fue bombardeado por malos pensamientos.

Gracias a Dios, sobrellevó los meses de sufrimiento y tentación sin llegar a incurrir en el acto mismo de adulterio, pero, temporalmente manifestó un comportamiento extraño, y quienes lo rodeaban no escaparon a su influencia. Al cabo de ese periodo, totalmente abatido, se preguntaba lo mismo que otros antes de él: «¿Qué fue eso?» Eso, queridos hermanos y hermanas en Cristo, fue seducción. Si la intuición no me falla, los casos de esta naturaleza irán en aumento, por lo cual debemos fortalecernos y permanecer alertas.

Si reflexionamos sobre el capítulo anterior, lo que hace un poco inquietante la situación de este pastor, es el hecho de que no somos conscientes de las cuatro áreas de debilidad. Por esta misma razón quiero aclarar que, aunque tú no te encuentres incluido en el grupo de alto riesgo, no significa que seas inmune. Sin duda, el bajo perfil de riesgo de este hombre lo guardó de caer en pecados más lamentables, pero no estuvo exento de sufrir ese bombardeo mental.

Afortunadamente, este precioso hombre de Dios pudo experimentar la misericordia de Jehová Rafa, y sirve activamente al Señor como debe ser. La pregunta de este capítulo es ¿por qué habrá permitido Dios que un hombre de su carácter fuera atacado por el enemigo de la manera en que él lo fue? Aunque en Efesios 6 no se nos dice el porqué, sí se nos advierte sobre la realidad de un enemigo peligroso y de una guerra violenta. Sin importar cuántas veces hayas leído el siguiente pasaje de las Escrituras, voy a pedirte que lo leas detenida y reflexivamente, aunque te parezca que se ha gastado de tanto leerlo:

«Por lo demás, fortaleceos en el Señor y en el poder de su fuerza. Revestíos con toda la armadura de Dios para que podáis estar firmes contra las insidias [estrategias y engaños] del diablo. Porque nuestra lucha no es contra [seres de] sangre y carne, sino contra principados, contra potestades, contra los poderes de este mundo de tinieblas, contra las huestes espirituales de maldad en las regiones celestiales. Por tanto, tomad toda la armadura de Dios, para que podáis resistir en el día malo, y habiéndolo hecho todo, estar firmes».

—Efesios 6.10-13, LBLA

Algunas versiones de la Biblia usan las palabras «estrategias y engaños», mientras que la Nueva Versión Internacional emplea la palabra «artimañas». Ya sea que se traduzca como «estrategias», «engaños», «artimañas» o «asechanzas», todas provienen de la misma palabra griega: «methodeia». A continuación, damos una lista de diferentes definiciones propuestas por traductores expertos. Toma un momento para meditar sobre la magnitud de su significado:

- «La palabra significa maquinaciones, tretas, estrategias, trampa, engaño. También significa astucia, artificios, métodos y estrategias que el diablo usa para desatar la guerra contra el cristiano. La aplicación práctica: el enemigo es el diablo... Él va a hacer todo lo que pueda para engañar y cautivar al cristiano».[1]

- «[comp. "método"] esto es, "imitación o parodia (embuste), ardid, estar al acecho"».[2]

- «Método: llevar a cabo un procedimiento técnico y ordenado en el tratamiento de determinado asunto».[3]

No importa cuántas veces haya leído o compartido las definiciones de la palabra *methodeia*, en cada ocasión siento un hormigueo por toda mi piel. Espero que hayas asimilado el concepto seriamente. La palabra griega más obvia en nuestro idioma es «*método*». Si tan sólo pudiéramos entender que el diablo no trabaja al azar, sino cuidadosa y metódicamente, hilando y tejiendo, esperando el momento justo. A su locura le agrega el método, trazando sus planes y ejecutándolos en forma muy minuciosa. Pone sus trampas muy cuidadosamente con el propósito expreso de ocasionar destrucción en la vida de los santos.

Anteriormente dijimos que todo cuanto Dios hace, Satanás tratará de imitarlo. Uno de los primeros principios bíblicos que la mayoría de los creyentes aprende respecto a su nueva situación, es que Dios tiene un *plan* para sus vidas. Por favor, escucha esto con todo tu corazón: *Satanás también*. Considera las siguientes verdades y la imitación sugerida:

- «Yo sé los planes que tengo para ustedes, planes para su bienestar y no para su mal, a fin de darles un futuro lleno de esperanza. Yo, el Señor, lo afirmo» (Jeremías 29:11, DHH).

- «Porque yo sé los planes que tengo para ustedes», dice el diablo, «planes para perjudicarlos conducirlos a la bancarrota total, planes para quitarles la esperanza y destruir su futuro».

De algún modo, Satanás había trazado una estrategia para la vida del hermano que mencioné, para cumplir el objetivo general y probable que acabo de citar. Para la gloria de Dios, Satanás no logró destruir el futuro de ese pastor, pero sí le acarreó destrucción en ese «presente». Probablemente este hombre pensaba que, a la edad de cincuenta y tantos, no podía ser blanco de ataques de ese tipo; pero para el enemigo era el momento perfecto. Con frecuencia, los ataques nos sobrevendrán cuando menos los esperamos. Así que la pregunta es: ¿por qué Dios permite que nos suceda esto? Puesto que Sus caminos son más altos que los nuestros y Sus pensamientos están mucho más allá de nuestro alcance, no podremos responder totalmente a esta pregunta. Dios ha establecido que cierto misterio rodee la comprensión perfecta de Su Soberanía. En palabras más simples, no disponemos de los instrumentos para entender a Dios. Sin embargo, sí podremos descubrir algunas respuestas que *están* a nuestro alcance.

Primero, dejemos bien claro desde el comienzo que Dios no nos destina a que pequemos, y aunque prueba a Sus hijos, Su propósito es demostrar en ellos un carácter piadoso... o, tal vez, la falta del mismo. Si la prueba revela que existen deficiencias, el siguiente deseo principal de Dios es conseguir la cooperación de sus hijos para suplir lo que les está faltando. Dios *nunca* nos tienta para que pequemos y tampoco deja de proveer una salida, como promete en 1 Corintios 10.13. Las Escrituras dicen muy claramente que la tentación proviene de dos fuentes: (1) el diablo, también llamado el tentador (1 Tes 3.5) y (2) nuestras propias concupiscencias (Stg 1.14). De más está decir que son sumamente eficaces cuando operan en conjunto, razón por la cual Satanás intentará, por todos los medios posibles, despertar las concupiscencias de su víctima.

Tanto el Antiguo como el Nuevo Testamento sustentan la idea de que Satanás debe obtener la autorización de Dios para librar una guerra sin cuartel contra uno de Sus redimidos. En el Antiguo Testamento, podemos encontrar un ejemplo perfecto de esto, en el capítulo 1 de Job. ¿Sabes que muchos eruditos creen que Job es uno de los libros más antiguos de la Biblia? Esto es muy significativo puesto que se trata de un hombre, de Su Dios y de una guerra invisible.

Tal vez quieras volver a recordar la historia de Job. Cuánto más envejezco, más inquietante me resulta. ¿Te das cuenta de que Job soportó esta penosa prueba sin siquiera saber que estaba en medio de una contienda entre el Dios del universo y el dragón principal del infierno? Aun al finalizar el libro, Job no tenía idea alguna de todo esto; aunque había aprendido mucho acerca de la soberanía de Dios, no tenía noción de la fe que Dios había mostrado en él.

¿No crees que Job habría pasado mejor el trance si Dios le hubiese dicho algo como: «Escúchame, hijo. Sé que esto es terriblemente doloroso, pero algo mucho más grande que tú está en juego aquí. Tú eres un hombre verdaderamente justo en un mundo lleno de injusticia, y Satanás cree que desfallecerás si te quito algo de mi protección y de mi bendición. Yo quiero que vea que no. Así que, aunque sea duro, ¡mantente firme! Los ejércitos celestiales te están alentando y las huestes del infierno se están mofando de ti. Haz bien esta jugada y dale una alegría al equipo, ¿sí?»

Opino que una explicación de esta naturaleza habría hecho una tremenda diferencia. A ti, ¿qué te parece? ¿Qué podría ser más motivador que un fuerte espíritu de competencia? En este preciso instante, estoy recordando las imágenes de la escena culminante de la película *Rudy*. Todo lo que el personaje principal deseaba era jugar fútbol para Notre Dame. Rudy es aceptado en la escuela, pero no es lo suficientemente bueno para entrar en el equipo. Finalmente le permiten asistir a los entrenamientos. No pasó mucho tiempo antes de que los otros jugadores se dieran cuenta de que, aunque era de contextura física pequeña, demostraba tener ánimo. Es el último partido de su último año escolar, y finalmente se viste con el uniforme. El partido está casi por terminar y sus compañeros de equipo miran el reloj, esperando que el entrenador lo ponga en el juego. De repente, el equipo y los fanáticos comienzan a exclamar: «¡Rudy! ¡Rudy! ¡Rudy!». Es la última jugada del partido; el entrenador lo manda al campo de juego, y el diminuto jugador en su inmenso uniforme de Notre Dame, corre con toda su energía a lo largo del campo mientras su padre lo alienta desde las tribunas.

Cada vez que Keith y yo miramos esa película, gritamos a voz en cuello, quedándonos casi paralizados hasta que pasan los créditos.

Nuestra parte favorita es cuando aparecen en la pantalla las palabras que dicen que nadie más ha sido sacado en andas del campo de juego por el Notre Dame. No, ni uno. Sólo Rudy. Si sigo pensando en esto, voy a empezar a gritar otra vez. Así como nosotros, un número incontable de norteamericanos han mirado esa película una y otra vez. ¿Por qué? Vamos, admítelo. ¡Todos querríamos ser Rudy! ¿No sería lo máximo?

Si supiéramos que la apuesta es muy grande y que estamos en medio de una competencia muy importante, pondríamos todo de nuestra parte, ¿verdad? El hecho es que *estamos en esa competencia,* sólo que no nos damos cuenta. Y tampoco Job. Vez tras vez me he preguntado cómo se veía su rostro cuando llegó al cielo y le contaron lo que había estado sucediendo en el mundo invisible mientras él estaba allí abajo. Seguramente Dios tiene esa escena grabada en un video, porque quiero verlo algún día en el cielo.

¿Sabes? Job estaba muy agradecido de haber optado por confiar en Dios y permanecer fiel. ¿Puedes imaginar lo extraño que se habrá sentido Job al darse cuenta de que *él* había sido elegido por Dios para pelear una de las batallas terrenales más duras de la historia? De manera humanamente inexplicable, Dios permitió que Job fuera probado tan duramente porque Él, *Dios,* tenía fe en él, Job. Es realmente impactante.

No erraríamos a la doctrina al afirmar que alrededor de nosotros se produce la misma contienda que en los lugares celestiales. Esto es exactamente lo que dice Efesios 6.10-12. ¿Quién puede afirmar, cuando las cosas se ponen difíciles, que no hemos sido momentáneamente elegidos por Dios para ser probados y hallados fieles? Tú y yo no tenemos idea de lo que sucede en el mundo invisible cuando somos atacados. Si estuviéramos en una competencia de esa clase, ¿no querríamos ganar? Me apasiona saber que el equipo de Dios siempre va a ganar, pero *yo misma* quiero ser parte de esa victoria. El equipo de Rudy ganó muchos partidos, pero muchos de los compañeros del equipo habían fallado en sus jugadas.

Cuando veo que Satanás está encolerizado, me digo a mí misma algo así: *No tienes idea de lo que está sucediendo allí afuera, mujer. Esto podría ser realmente importante; así que, mantente firme y no*

les des a las huestes infernales ningún motivo para que se alegren.
Dios está contigo. Retrocede un segundo. ¿Te das cuenta de que
Dios está *contigo*? Sí, hay mucho en juego y la batalla es difícil y a
veces hasta parece insoportable, pero Dios está siempre *con y por*
nosotros. Entonces, ¿por qué permite que nuestros oponentes nos
golpeen tan duramente? Para demostrar que nosotros, simples mortales de carne y hueso, terriblemente egocéntricos, realmente somos
para Dios.

Quizá justamente ahora te entristece pensar: *Pero ya perdí la*
jugada. Fallé la prueba. Escucha, hermano, hermana: ¿quieres saber
de alguien que falló algunas jugadas? ¡Yo! Pero agradezco a Dios
que no me haya sacado del equipo. Sólo me llevó a los vestuarios,
me corrigió un poco, me dio mucho entrenamiento, un poco de ánimo y me envió otra vez al campo de juego. Su estrategia parecía
hacer la competencia cada vez más difícil. Era resistir o morir. Y,
para la gloria de Dios, puedo decir que desde entonces logré concre-
tar casi todas mis jugadas.

Algunas veces esas jugadas resultan torpes, a destiempo y no son
muy elegantes... pero los puntos valen.

¿Aún estás vivo? Entonces todavía queda tiempo. ¿Aún eres
cristiano? (Recuerda que Dios no abandona a Sus hijos [Flp 1:6].)
Entonces no has sido eliminado del equipo. ¡Levántate y pelea! Dios
quiere demostrarle al reino del infierno que tú *vas* a levantarte y *a*
probar que eres fiel a Él. ¡Debes hacerlo! Los que han vivido *consa-*
grados a Cristo íntegra, sinceramente y de todo corazón, no queda-
rán atrapados debajo de una montaña de jugadores adversarios, no
importa de qué manera hayan sido derribados. Invocarán el poder
de Su Dios y se levantarán. Entonces, verán huir a los jugadores del
infierno. Esta parte realmente me fascina, quizá porque les debo los
rudos golpes que recibí.

También me ayuda tener presente que la batalla entre el Reino
de Dios y el reino de las tinieblas se está peleando alrededor de mí
y que, en cualquier momento, me hacen entrar al campo de juego
para realizar una jugada. Es ahí cuando surge el viejo espíritu de
competencia y saca al Rudy que hay en mí. Estoy completamente
maravillada al ver el carácter de Job, que se mantuvo fiel aunque

jamás había visto la película *Rudy*. Entonces pienso una vez más que él escribió el libro.

Job nos ha legado la primera historia del Antiguo Testamento que revela la voluntad permisiva de Dios para que Satanás lance un ataque atroz contra los redimidos. ¿Y en el Nuevo Testamento? Ah, esa es fácil; es más, le sucedió a uno de mis mejores amigos.

Por lo general, cuando estoy escribiendo un estudio bíblico no acostumbro salir mucho. A veces paso más tiempo encerrada en el mundo de las Escrituras que en mi propio mundo. Tengo la sensación de que Dios cree que estoy más segura si permanezco adentro. Y me demostró que tiene razón. Con el paso de los años, algunos de estos personajes bíblicos y yo hemos llegado a ser muy buenos camaradas. Pedro es uno de ellos, puesto que me ha dado tanta esperanza a lo largo de los años. Pedro pasó la mayor parte del tiempo con Cristo siendo muy apasionado, pero muy poco perspicaz. Yo sé lo que es eso.

No obstante, tuvo sus grandes momentos, como por ejemplo cuando Jesús preguntó a Sus discípulos: «Y vosotros, ¿quién decís que soy Yo?» (Mt 16:15). Inmediatamente Pedro pasó al frente de la clase y dijo: «Tú eres el Cristo, el Hijo del Dios Viviente» (v. 16). Escucha esto con mucha atención y no te atrevas a arruinarlo, leyéndolo como si lo hubieras releído mil veces. ¡Recíbelo!

Entonces le respondió Jesús: «Bienaventurado eres Simón, hijo de Jonás, porque no te lo reveló carne ni sangre, sino mi Padre que está en los cielos. Y yo también te digo, que tú eres Pedro, y sobre esta roca edificaré mi iglesia; y las puertas del Hades no prevalecerán contra ella. Y a ti te daré las llaves del reino de los cielos; y todo lo que atares en la tierra será atado en los cielos; y todo lo que desatares en la tierra será desatado en los cielos».

—Mateo 16:17-19

¡Qué tal? No importa cuán distintas sean nuestras posiciones doctrinales, ciertamente esa doctrina es fundamental para todas y cada una de ellas. La iglesia está edificada sobre Jesucristo (1 Co 3.11) y sobre el testimonio que los discípulos predicarían acerca de Él (Mt

28.19). Tampoco hay duda alguna de que Cristo iba a convertir a Pedro en un jugador importante.

También sabemos que Pedro agitó un dedo admonitor frente a Jesús cuando les dijo que Él (Cristo) iba a sufrir mucho y que luego lo iban a matar. En ese momento, que espero poder ver en algún video celestial, Jesús se vuelve, diciéndole: «¡Quítate de delante de mí, Satanás! Porque no pones la mira en las cosas de Dios, sino en las de los hombres».

Avancemos rápidamente hasta el tiempo en que los hechos que Cristo había profetizado ese día comenzaron a cumplirse. Jesús y sus discípulos acababan de compartir la Pascua, y les dijo que uno de ellos lo iba a traicionar. Entonces todos comenzaron a preguntarse quién sería el que haría semejante cosa, para luego acabar discutiendo sobre *quién de ellos era el más grande*.

«Simón, Simón, he aquí Satanás os ha pedido para zarandearos como a trigo; pero yo he rogado por ti, que tu fe no falte; y tú, una vez vuelto, confirma a tus hermanos». Él le dijo: «Señor, dispuesto estoy a ir contigo no sólo a la cárcel, sino también a la muerte». Y él le dijo: «Pedro, te digo que el gallo no cantará hoy antes que tú niegues tres veces que me conoces».
—Lucas 22.31-34

Unas horas más tarde…

Pero una criada, al verle sentado al fuego, se fijó en él, y dijo: «También este estaba con él». Pero él lo negó, diciendo: «Mujer, no lo conozco». Un poco después, viéndole otro, dijo: «Tú también eres de ellos». Y Pedro dijo: «Hombre, no lo soy». Como una hora después, otro afirmaba, diciendo: «Verdaderamente también este estaba con él, porque es galileo». Y Pedro dijo: «Hombre, no sé lo que dices». Y en seguida, mientras él todavía hablaba, el gallo cantó. Entonces, vuelto el Señor, miró a Pedro; y Pedro se acordó de la palabra del Señor, que le había dicho: «Antes que el gallo cante, me negarás tres veces Y Pedro, saliendo fuera, lloró amargamente».
Lucas 22.56-62

Este relato, que puede sonar familiar para muchos de nosotros, es sumamente significativo para todo aquel que se considere un seguidor, aun un discípulo, de Cristo. Una vez más, vemos que Satanás debió obtener el permiso divino para salir de sus límites habituales y lanzar un ataque descomunal contra un hijo de Dios. «Simón, Simón, he aquí Satanás os ha pedido para zarandearos como a trigo» (v. 31). En mi opinión, las palabras de Cristo: «Y tú, *una vez vuelto*, confirma a tus hermanos» muestran muy claramente que Dios otorgó ese permiso (énfasis mío).

¿Qué principios básicos podemos extraer de la interminable pesadilla de Job y de este momento único en la vida de Pedro? ¿Cómo podrían esas verdades ayudarnos con el tema que nos ocupa?

Primero, vemos que Satanás puede pedir, y de hecho pide, permiso para desencadenar ataques extremos sobre los hijos de Dios. Segundo, vemos que Dios puede conceder, y de hecho en ciertas ocasiones concede, ese permiso a Satanás.

Espera un minuto. Yo creía que Cristo estaba siempre *con nosotros*. Si sabía que Pedro iba a fallar la jugada, ¿por qué permitió que la oposición se abalanzara sobre él de esa manera? Tanto Job como Pedro estaban *consagrados a Dios íntegra, sinceramente y de todo corazón*. ¿No es así? Pero nunca afirmamos que los que están *consagrados a Cristo íntegra, sinceramente y de todo corazón* fueran *perfectos*. Ningún mortal lo es. Es cierto que Pedro no tenía la madurez de Job, pero era un sincero seguidor de Cristo, que había dejado atrás su ocupación y su familia para ir tras el Señor. No vimos que ninguno de los otros discípulos caminara sobre el agua ¿o sí? Yo diría que Pedro manifestaba una consagración pura, íntegra y sincera.

Pedro era un hombre totalmente consagrado, aunque su carácter necesitara ser pulido. Era una excelente persona. Por supuesto que no soy totalmente objetiva, ya que él es un gran amigo mío.

Dejando de lado toda parcialidad, ambos hombres tenían en común algo muy importante: fueron probados *por* Dios *por medio de* Satanás. (La sola idea produce escalofríos ¿verdad?). Querría sugerir que el encuentro de Pedro con el maligno no consistió en una simple *prueba*. Las Escrituras nos aseguran que *todos* seremos probados para ser refinados como el oro. Si no me crees, compruébalo tú mismo en Job 23.10 y en 1 Pedro 1.7. ¿Crees que fue por mera casualidad que Dios inspiró a ambos a escribir la analogía de ser refinados como el oro?

Desde un punto de vista muy optimista, ningún otro hijo de Dios tendrá que soportar totalmente un infortunio como el de Job, pero ninguno de nosotros estará exento de pasar algún tipo de prueba. La de Pedro era de una variedad específica de prueba: un *zarandeo*. Amado hijo de Dios, esto es de vital importancia. Sólo existe una razón por la cual Dios permitiría a Satanás que zarandeara a un discípulo amado y consagrado a Jesucristo: porque tiene algo que *necesita ser zarandeado*.

No sigas leyendo sin haber asimilado completamente esa declaración: estoy plenamente convencida de que si en Pedro no hubiera habido nada que necesitara ser sacudido, Dios le habría negado a Satanás el permiso para zarandearlo como trigo. Si volvemos a Mateo 16, vemos que Pedro tenía un maravilloso llamado de Dios en su vida. Jesús mismo lo llamó por su nuevo nombre: *Petros*. De tal palo tal astilla. Pero antes de que el polvo se asentara y pudiera contarle a su esposa lo que Cristo había dicho, el mismo Jesús dijo abruptamente: «¡Quítate de delante de mí, Satanás!» ¿Acaso Cristo *había* cometido un error al escoger a Pedro? ¿Se había arrepentido de haberlo hecho? Difícilmente, porque no se había equivocado: Pedro fue el primero en ser llamado discípulo y el primero en ser nombrado apóstol (Mr 1.16-18, 3.14-16). Todo lo contrario, Cristo sabía muy bien lo que estaba haciendo y también sabía que Pedro reaccionaría con una increpación cuando se enterara de que Jesús iba a morir. También sabía que, en la última cena, Pedro y los otros discípulos caerían en la vergonzosa disputa sobre quién de ellos sería el más grande. Cristo conocía las posibilidades de cada discípulo... y lo que era capaz de hacer.

Esta es la parte más maravillosa: Cristo se obligó a Sí mismo a hacer de Sus seguidores lo que Él los había llamado a ser. Y aún lo sigue haciendo. Cuando le dijo a Pedro que sería la fuerza impulsora de la iglesia primitiva, lo decía en serio; y también sabía que Pedro no tenía medio alguno de llegar a ser la persona que Dios lo había llamado a ser, pues era demasiado débil en su ser natural (Ro 6.19).

Me gustaría que leyéramos detenidamente el pasaje de 1 Tesalonicenses 5.23-24, que será crucial para la segunda parte del libro; no obstante, querría preparar el camino para lo que vamos a aprender aplicándolo a la vida de Pedro.

«Y el mismo Dios de paz os santifique por completo; y todo vuestro ser, espíritu, alma y cuerpo, sea guardado irreprensible para la venida de nuestro Señor Jesucristo. *Fiel es el que os llama, el cual también lo hará*» (énfasis mío).

Jesús llamó a Pedro conociendo todas y cada una de sus fallas, y a ese discípulo imperfecto le asignó una nueva tarea y un nombre nuevo acorde a la misma y, ¡cielos!, el llamado se cumpliría aunque Cristo mismo tuviera que hacerlo. Creo que el Señor amaba la pasión de Pedro, pero su discípulo amado tenía algunos ingredientes que no resultaban compatibles con su llamado. Podríamos sugerir que todo lo que se interponía entre Simón el pescador y Pedro la Roca debía ser quitado.

Satanás tenía un tamiz. Cristo tenía un propósito. Los dos chocaron: Satanás fue utilizado y Pedro fue zarandeado. «Simón, Simón, he aquí Satanás os ha pedido para zarandearos como a trigo». Por razones que sólo un Dios confiable y sabio conoce, la manera más eficaz y duradera de expulsar al Simón que había en Pedro consistía en que Satanás lo zarandeara. Y tenía razón. ¿Ves? Aquel que nos llamó es fiel y hará todo lo que sea necesario para santificarnos, para que podamos cumplir con nuestro llamado. Esto es lo que importa. Sólo recuerda que a veces suceden cosas que, sencillamente, no entendemos.

En mi opinión, puede compararse fácilmente, y según la sana teología, a un violento ataque de Satanás contra los que están *consagrados a Cristo íntegra, sinceramente y de todo corazón*. En cierto sentido, la situación de Pedro no era individual sino que involucraba al Cuerpo, considerando que él era una columna de la flamante iglesia judeo-cristiana.

Por otro lado, Cristo nos ama a todos con todas sus fuerzas. Es verdad, no estamos entre los primeros discípulos, pero tú y yo hemos sido llamados a ser discípulos o seguidores de Cristo, cada uno en nuestra propia generación. Aún hoy, Él permanece alerta y continúa protegiéndonos a *nosotros* como lo hizo en los tiempos de Pedro.

Creo que Dios concede a Satanás ejercer cierto grado de control respecto a los cristianos, pero estoy convencida de que, si el diablo quiere salirse de esos límites permitidos, debe obtener la autorización especial correspondiente. Ninguno de nosotros es para Cristo menos importante que Pedro, Juan o el apóstol Pablo. Él nunca toma a la ligera un ataque de Satanás contra Sus seguidores.

Para que Satanás pueda lanzar un masivo ataque de seducción sobre alguien que sigue a Cristo de modo *íntegro, sincero y de todo corazón*, creo sin la menor duda que debe haber obtenido ese permiso especial.

Volvamos a la pregunta que hicimos al comienzo del presente capítulo: ¿Por qué razón podría permitir Dios que alguien consagrado a Cristo íntegra, sinceramente y de todo corazón, cayera en la trampa de la seducción demoníaca? Sin duda ahora estás listo para responder a esa pregunta. Porque, al igual que Pedro, hay *algo* que debe ser quitado, sacudido o cambiado; efecto que sólo se lograría mediante un intenso encuentro con el reino del infierno. Yo lo creo con todo mi corazón; primero, porque está de acuerdo con las Escrituras y, segundo, porque estoy plenamente convencida de que me sucedió a mí.

En mi libro *Orando la Palabra de Dios*, compartí más detalladamente algunos pensamientos sobre el momento de mi vida en que yo misma fui zarandeada; pero creo que un breve resumen de esa experiencia sería oportuno aquí. En comparación con los cánones normales, a lo largo de mi vida he enfrentado desafíos bastante difíciles, pero nada se iguala a la intensidad y a la abrumadora sensación de tinieblas que experimenté durante esa sacudida.

Hace algunos años, las mujeres de mi clase bíblica semanal comenzaron a insistirme para que escribiera un estudio bíblico. Para ese entonces, sólo preparaba clases semanales, y jamás había considerado algo semejante. Rehusé en el acto y les dije que asistieran a un grupo de estudio bíblico o a un estudio guiado. (A propósito, *aún* sigo diciendo lo mismo a las personas). Insistieron tanto que finalmente cedí a la presión.

Pero cuando me presenté ante Dios sentí Su bendición, por lo que decidí intentarlo. Hasta ese entonces nunca se me había cruzado por la mente publicar algo. Realmente me encantó hacerlo, pero simplemente le estaba dando a esta pequeña parte del Cuerpo de Cristo lo que pedía. Al recordarlo, me asombro de mi propia ingenuidad, porque tenía tanta pasión como David cuando danzaba por las calles de Jerusalén, toda la pasión... pero ninguna muralla protectora alrededor de mi templo. Un fanático de Jesús virtualmente sin armadura es lo mismo que una bandera roja que flamea ante un toro endemoniado.

Aun a pesar de mí misma, Dios bendijo ese recorrido que hicimos juntas a través de la Palabra de Dios. El que realmente se enfureció fue Satanás. Creo que él tenía la certeza de que me había cuidado durante mucho tiempo y estaba casi seguro de que alguien como yo, con tanta mugre encima, no le causaría demasiados problemas pero, como podrás ver, la Palabra de Dios desata poder hasta en el más débil de nosotros.

Deberíamos abrir los ojos y darnos cuenta de que Satanás odia la Palabra de Dios más que ninguna otra cosa, porque es la Espada del Espíritu. Desde la perspectiva del maligno, sólo hay una cosa peor que el hecho de que alguien se consolide en la Palabra de Dios, y es que esa persona convenza a otros de que necesitan hacer lo mismo. Por supuesto, en ese entonces era demasiado ingenua para darme cuenta de la amenaza que esto me significaba.

Al reflexionar, creo que Satanás pidió a Dios permiso para atacarme, pero Él lo detuvo hasta que terminé de escribir ese estudio. Exactamente veinticuatro horas después de haber puesto el punto final de la última oración, el enemigo comenzó a ejecutar su artero plan para destruirme; no viví nada semejante en mi vida. En pocas palabras, durante varios meses mi mente fue bombardeada con escenas horribles, y un torrente de recuerdos de mi infancia. Satanás comenzó a inducirme a que creyera terribles mentiras acerca de mí misma y virtualmente de cuantos conocía. Acabé por enfermarme físicamente; sufría frecuentes pesadillas, y me hundía en la depresión. Me engañó al punto de convencerme de que estaba perdiendo la razón. Esta fue una terrible etapa de derrota. Si no hubiera amado tanto a mis hijos, le habría pedido al Señor que me llevara con Él, librándome del dolor de tener que seguir viviendo. Sin duda, algunos de ustedes saben de lo que estoy hablando.

Satanás también me había perseguido la primera vez que me dediqué al ministerio, a la edad de dieciocho años, pero esta segunda vez estaba mucho más enfurecido. La primera vez que me sucedió esto, yo ni siquiera sabía que se trataba de *él*; pero esta segunda vez pude *sentir* las tinieblas. Estaba sirviendo a Dios con todas mis fuerzas, también intentaba ser una esposa piadosa y estaba criando a mis hijos para que amaran a Dios. ¿Por qué Dios iba a permitir que me pasara algo tan vil? Oh, amados, porque en esta mujer había algo que necesitaba ser zarandeado.

Permítanme referirme una vez más al Dr. Henry Blackaby y a T. W. Hunt, con quienes hemos escrito varios estudios bíblicos. Los tres pasaremos diferentes pruebas porque cada uno de nosotros necesita ser refinado. Y este proceso no acabará hasta que estemos conformados a la imagen de Cristo. Pero aunque los tres necesitamos ser refinados, tal vez no todos hemos necesitado ser *zarandeados*. Según parece, el apóstol Juan no necesitó ser tan duramente zarandeado. Y tampoco Santiago. Pero Pedro sí. *Y yo también.*

Si el pastor del que hablamos anteriormente tuviera que decir si sintió que Dios había sacudido y removido algo de su vida, estoy segura de que diría que sí; aunque sólo fuera el simple hecho de no entender las tentaciones que sufren otros.

Sin lugar a dudas, sé lo que Dios tenía que sacudir de esta sierva: *la víctima.* Toda mi vida he sido víctima, de una u otra forma, ya sea por causa de otros o por mí misma. Esa mujer debía morir para ser liberada de su infortunio. Dios permitió que llegara a estar tan totalmente victimizada por las tretas del diablo y por mi propia, bien escondida, falta de salud emocional, como para dejar que Él hiciera *cualquier cosa que fuese necesaria* para rehacerme por completo.

Mi recuperación llevó un tiempo, y no me molesta tener que decirte que fue un trayecto bastante doloroso, pero por nada del mundo cambiaría lo que Él hizo por mí. Tal como estaba, y aunque me empeñara en disimularlo, de ninguna manera podría haber llegado a los lugares de ministerio que Dios había previsto para mí.

Lo peculiar era que yo no tenía idea alguna de cuán enferma estaba. Había cubierto todo eso con un manto de actividad, pero nada en la creación está oculto a los ojos de Dios. En su justa y amorosa misericordia, y de maneras que nunca llegaré a entender por completo, Dios usó las tinieblas para echar fuera mis propias tinieblas, y luego llenó este vaso vacío con Su luz. No interesa cuántos años hayan pasado desde entonces, cada día tengo este pensamiento: *Entonces, así es como se siente ser libre.* Lo que Satanás planeó para mal, mi fiel Dios lo planeó para bien.

Amado, ¿estás siendo zarandeado? ¿Ha permitido Dios que el enemigo lance un perverso ataque contra ti? Dios sabe lo que está haciendo. Él no se hace el distraído ni mira para otro lado. Y tampoco está siendo malo contigo. Pero tal vez esta sea la única manera de lograr que resuelvas lo pasado para que Él pueda hacer algo nuevo. ¡Aférrate a Dios para salvar tu vida! Y dale autorización para que eche fuera de ti cuanto deba ser quitado. Acelera el fin del proceso. Zarandéate, amado. *¡Déjate tamizar!*

Parte 2

El vigía

Capítulo 6

Vidas a prueba de seducción

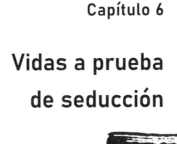

El propósito central de la segunda parte de este libro es aprender, en la medida de nuestro conocimiento bíblico, cómo hacer que nuestras vidas no sean vulnerables a la seducción. Esta sección del libro se aplica a todo cristiano, sea cual fuere su grado de madurez espiritual. También se aplica aunque su consagración a Cristo sea *íntegra, sincera y de todo corazón*. Tal vez descubras, a través de estas páginas, por qué razón no has conocido hasta aquí ciertas riquezas y cumplimiento de promesas de la fe cristiana. No olvides que el objetivo primordial de toda seducción es atraernos a los falsos amores de dioses inferiores que luego nos traicionan alegremente.

No necesitaremos ir más allá de este capítulo para descubrir el secreto para vivir una vida a prueba de seducción. Los capítulos subsiguientes nos enseñarán modos específicos de llevar a la práctica lo que sugiere un particular pasaje de las Escrituras. Ni por un momento se me ocurre pensar que lo que presento en estas páginas es concluyente. Sólo tengo la esperanza de que, tanto escritores como hombres y mujeres de Dios mucho más sabios que yo, puedan profundizar esta investigación, para enseñarnos a los miembros laicos que buscamos aprender más. ¡Dios quiera que otros con mayor conocimiento nos enseñen tanto más!

El pasaje clave de las Escrituras para la primera parte del libro es 2 Corintios 11.2-3. Espero que a esta altura lo hayas memorizado. En el capítulo anterior aludí al pasaje central de esta segunda parte, que es 1 Tesalonicenses 5.23-24. Estos versículos contienen la llave que traba la puerta por donde se cuela la seducción. Léelos con sumo cuidado; e incluso sugiero que los memorices en los próximos días. Si dejamos que Dios escriba esa porción de las Escrituras con tinta indeleble en nuestro corazón, aunque nuestro barco llegue a desviarse de su ruta hacia el océano de la vulnerabilidad, esa Palabra será un faro que nos guiará de regreso a puerto seguro.

«Y el mismo Dios de paz os santifique por completo; y todo vuestro ser, espíritu, alma y cuerpo, sea guardado irreprensible para la venida de nuestro Señor Jesucristo. Fiel es el que os llama, el cual también lo hará».

1 Tesalonicenses 5.23-24

En estos versículos los términos *espíritu, alma* y *cuerpo* comprenden cada área de nuestra vida. De hecho, estoy segura de que la esencia misma de la integridad es cuando nuestro espíritu, alma y cuerpo están santificados por completo. Tal vez te preguntes: «¿Y dónde se hace referencia a la mente y al corazón?» En este versículo, ambos están comprendidos en el concepto de alma. Nuestros espíritus nos capacitan para conocer a Dios, escucharlo y tener comunión con Él. El alma, cuando se la diferencia del espíritu, comprende todo lo inmaterial de nosotros.

Por fe, comienza a pensar en estos dos versículos como el corazón de cuanto necesitamos para estar protegidos contra la seducción. Dedica tiempo a copiarlos en tarjetas, de modo que los puedas memorizar. Hacia el final del capítulo, descubriremos por qué son vitales. Pero hasta ese momento, quiero que veas este mismo corazón, con los ligamentos y tejidos que lo rodean.

En este poderoso capítulo vamos a ampliar nuestra visión, considerando 1 Tesalonicenses 5.16-25. En esos versículos encontramos una de las porciones más concentradas de las Escrituras de todo el Nuevo Testamento, que describe lo que tú y yo estamos buscando: un cristiano a prueba de seducción. Para lograr un efecto más completo, situemos a este cristiano bien protegido en el amplio contexto de la paráfrasis a continuación. Analiza cuidadosamente la siguiente descripción, ya que tú y yo queremos llegar a ser así, tarde o temprano.

«Estén siempre gozosos [en su fe]. Oren sin cesar. Den gracias [a Dios] en cualquier circunstancia, porque esto es lo que Dios espera de los que pertenecen a Jesucristo. No apaguen el fuego del Espíritu Santo. No desprecien las profecías; examínenlo todo, pero retengan sólo lo bueno.

Apártense de toda clase de mal. Que el Dios de paz los mantenga perfectamente limpios, para que en espíritu, alma y cuerpo sean ustedes fuertes e irreprensibles hasta el día en que el Señor vuelva. Dios, que los llamó a ser hijos suyos, lo hará conforme a su promesa. Amados hermanos, oren por nosotros».

BREVE PERFIL DE UN CRISTIANO A PRUEBA DE SEDUCCIÓN

Este poderoso pasaje de las Escrituras nos brinda la descripción de una vida a prueba de seducción. ¿Cómo es? Vamos a considerar cada elemento de esa descripción. Primero, observe que el cristiano a prueba de seducción...

1. *Se goza en su fe.*

¡Quiero gritar aleluya contigo, aun antes de poder explicar por qué razón tenemos que gritar! Amado, ¿cuándo fue la última vez que alguien afianzado en las Escrituras te dijo que esto de la fe no consiste solamente en sacrificios y en una gratificación continuamente diferida? El apóstol Pablo parecía estar diciendo: «Por amor de Dios, ¡gócense en su fe! ¡Esa es una razón por la que la tienen!» Aprovechemos esta oportunidad para exponer otro claro ejemplo de una doctrina de demonios. Demasiados de nosotros hemos llegado a creer que nos falta madurez porque deseamos que la vida cristiana no se limite a ser tan buena como comer un plato de cereales, ¡sino que a veces nos dé alegría, como beber una malteada de chocolate! Pero esa voz ha estado mintiéndote en tu oído todo este tiempo. ¿Sabes una cosa? Tú cuentas con total aprobación bíblica para gozarte en tu fe, y hasta para hacer lo impensable: ¡tener el valor de preguntar *por qué*, si aún no te estás gozando!

Algunos de nuestros hermanos y hermanas de todo el mundo son terriblemente perseguidos por causa de su fe cristiana, y tal vez para ellos gozarse en la fe sea un desafío más arduo. Muchos de ellos viven y mueren como mártires y *luego* entran en «el gozo de su Señor». Sin embargo, si tú tienes libertad para leer un libro cristiano como este, significa que eres suficientemente libre como para poder *gozarte en tu fe* casi todo el tiempo. De hecho, una de las razones fundamentales por la que somos vulnerables a la seducción después de haber recibido el Espíritu de Cristo, es porque no entendemos lo que se nos dio, y continuamos buscando la felicidad fuera de Cristo.

Vamos a descubrir que esta felicidad característica del cristiano a prueba de seducción está ligada a otro elemento de la lista. Así que voy a sacarlo del orden en que aparece en las Escrituras para exponerlo a continuación.

2. Se aparta del mal.

¿Ves? La mayor fuente que tú y yo tendremos del poder dado por Dios para *apartarnos del mal*, será *gozarnos en nuestra fe*. Ciertamente muchas otras cosas pueden añadir gozo a nuestras vidas, pero para que resulten seguras y no tóxicas para el cristiano, él debe tener su fe en Jesús como principal fuente de felicidad. Si no podemos ser felices en Cristo, toda otra fuente de gozo podría convertirse en un instrumento de seducción.

Yo crecí pensando que ser cristiano e ir a la iglesia consistían solamente en lo que «no se debe hacer». La serpiente me engañó de la misma manera que lo hizo con Eva, y me indujo a pensar que para llegar a sentirme viva debería hacer lo que se suponía que no debía hacer. Recuerdo mis años de juventud y me pregunto cómo escapé sin que alguien me arrancara los pelos. Cuando iba a la escuela primaria, mi familia vivía enfrente de un colegio secundario. Mi hermana mayor y yo éramos tan traviesas que, cuando queríamos jugar a la maestra, nos metíamos en ese edificio y jugábamos allí. El sólo hecho de que estuviera cerrado con llave hacía que tanto Gay como yo quisiéramos entrar.

Pensemos en esto: en todo el Huerto del Edén sólo había un árbol que estaba prohibido para Adán y Eva. Y, en vez de tomar cuenta de todo lo que Dios les había dado, y maravillarse diciendo: *¡Todo esto!*, la serpiente indujo a Eva a pensar: *Quizá sería mejor cambiar todo esto por la única cosa que Dios me dijo que evite. Tal vez Él me está ocultando algo.* Cristianos, la serpiente nos vendió una gran mentira y la hemos pagado muy cara. En comparación con todo lo que Dios nos ha dado para disfrutar en nuestra vida terrenal con Cristo, aquello de lo cual nos ordenó abstenernos es apenas un miserable árbol en todo el jardín. El problema es que ni siquiera hemos empezado a probar los frutos de las interminables arboledas de nuestro huerto. ¡Efesios 1.3 dice que hemos sido bendecidos con *toda bendición espiritual* en Cristo!

Y tratamos de tomar el fruto del árbol prohibido porque nos estamos aburriendo de esta dieta restringida a bananas y manzanas. Muchos de nosotros no hemos ampliado nuestros horizontes espirituales desde hace décadas. Hoy seguimos alimentando nuestra fe cristiana exactamente con las mismas cosas que años atrás, y sin salir nunca de la rutina. La rutina, el acostumbramiento espiritual, es suelo fértil para la seducción. ¡Es tiempo de despertar y sentir el aroma de las guayabas! Aún no hemos llegado a probar los mangos y las papayas. Pero cuando comencemos a disfrutar de todo lo que Cristo hizo posible para nosotros, nos gozaremos tanto *en nuestra fe*, que *apartarnos del mal* no constituirá ningún sacrificio.

Cuando era adolescente me resultaba sumamente difícil apartarme del mal, ¡y no deseaba hacerlo! Un alma insatisfecha, un abismo vacío, son fortalezas al asecho. Pero cuando realmente aprendemos a disfrutar de nuestro Dios y de Sus bendiciones inagotables, se desvanece el ansia enfermiza de placeres carnales, porque nuestra necesidad ha quedado satisfecha. Nada te proporcionará una felicidad tan duradera como una relación de plenitud con Jesucristo, una llenura de Él que satisfaga todo tu ser.

Tengo una gran amiga que fue criada en un hogar extremadamente estricto. Su padre era pastor, y prohibía a su familia que celebrara esas «niñerías» de Navidad o de Pascuas. Y jamás les permitía ir al cine o a ver una obra de teatro. Y sólo el cielo sabe el terrible destino que les aguardaría si se hubieran atrevido a asistir al baile escolar de fin de año. Les prohibió todo lo que fuera agradable, supuestamente para «apartarse del mal», pero no les dio nada en cambio. Casi puedo imaginar a Cristo inclinándose desde su trono allá arriba y gritando: «¿Qué es lo que estás haciendo?»

Para ellos, Jesús se convirtió en el Dios del Gran No. El apóstol Pablo escribió además:

«Mas, como Dios es fiel, nuestra palabra a vosotros no es Sí ni No. Porque el Hijo de Dios, Jesucristo, que entre vosotros ha sido predicado por nosotros, por mí, Silvano y Timoteo, no ha sido Sí y No; mas ha sido Sí en él; porque todas las promesas de Dios son en él Sí, y en él Amen, por medio de nosotros, para la gloria de Dios» (2 Co 1.18-20).

¡La razón por la cual estamos tan inclinados al «No» es que no hemos llenado nuestras vidas hasta desbordar con el «Sí»! Seguro, también existe el No: *Apártate del mal*. Pero la tentación no nos resultará tan grande cuando estemos contentos, gozosos y felices con nuestra fe. Tenemos un Dios de «Sí» que sólo dice «No» a las cosas que no son dignas de sus hijos y que no encajan en nuestros «1 Corintios 2.9» personales. (No voy a decirte lo que dice. Tendrás que buscarlo y, cuando lo halles, escribe tu nombre al lado. Esta es exactamente la realidad que Dios quiere para tu vida). Después de esta breve digresión, toma nota de otra característica de un cristiano bien protegido:

3. Ora sin cesar.

No te enfades conmigo ahora. Cuando comprendamos lo que significa cabalmente esta frase, veremos que no está fuera de nuestro alcance. Hemos sido adoctrinados por ciertas definiciones de la oración tales, que las palabras «orar sin cesar» significan para nosotros que el predicador perdió la cabeza y llamó al hermano Huberto para que ore despidiendo la reunión. Y a la mitad de esa interminable y monótona palabrería, hasta Dios mismo se quería ir a la cafetería. Cuando Pablo hablaba de «orar sin cesar», no estaba pensando en nuestras fórmulas repetitivas y aburridas. Se refería a una línea de comunicación con Dios que permanece abierta todo el día. Por naturaleza, no somos propensos a tener ese tipo de actitud, así que estoy convencida de que debemos aprender *cómo* orar sin cesar. A decir verdad, esta será una búsqueda constante y tal vez nunca lleguemos a dominarla a fondo, pero ¿acaso la oración no es precisamente eso, una *búsqueda*?

He adoptado la terminología del Hermano Lawrence, quien denominó a la oración incesante, *la práctica de la presencia de Dios*. De hecho, ella ha sido mi meta número uno durante el último año. La práctica de la presencia de Dios significa sencillamente desarrollar una constante conciencia de la presencia de Dios en todo momento. Cuando vivimos con esta conciencia, naturalmente podemos entablar conversación con Dios en cualquier instante del día, como lo haríamos con alguien sentado a pocos metros de nosotros. Tal vez el siguiente ejemplo nos ayude: una amiga perdió a su esposo, con quien había estado casada durante muchos años. Ella me cuenta que a veces se descubre hablando con él. La diferencia es que, cuando hablamos con Dios, Él *siempre* está allí. Eso se llama omnipresencia.

Una relación de oración incesante significa ver todas las cosas sobre el telón de fondo de Su presencia. En otras palabras, una lluvia nos hace pensar en Él; una dificultad en el trabajo hace que volvamos nuestros pensamientos hacia Él; el primer mordisco de pastel de nuez hace que demos gracias al Dios que nos dio el sentido del gusto y un tanque de gasolina casi vacío nos mantiene aferrados a Dios hasta que lleguemos a la gasolinera. Cualquier cosa y cada cosa. Aun escuchar un poderoso himno de adoración mientras pones los platos en el lavaplatos es orar sin cesar. Es una comunicación constante. A veces diremos mucho, otras veces, muy poco, pero viviremos cada momento de nuestra vida como si Él estuviera precisamente ahí. Después de todo ¿no lo está?

Entonces, ¿qué tiene que ver esa comunicación incesante con nuestra necesidad de protegernos del enemigo? Ah, ¿cuántas veces la soledad y la inseguridad predisponen a un alma a la seducción? Nuestra próxima exhortación, sin embargo, nos ayudará en gran manera a combatir la soledad y la inseguridad.

4. Es agradecido y expresa las gracias.

La gente a prueba de seducción vive una vida de gratitud activa. Si algo anhelo que hayamos aprendido de memoria cuando terminemos de leer la última página de este libro, es que el descontento es una fortaleza que se manifestará tarde o temprano. Un alma insatisfecha no debe ser ignorada jamás. El sentimiento de insatisfacción progresivo o crónico es como unas banderas rojas ondulantes, a las que se debe prestar atención de inmediato: pueden significar que nos está faltando algo vital, y que debemos buscar a Dios sin demora.

En otras ocasiones, esos permanentes sentimientos de insatisfacción pueden ser la consecuencia de vivir en una sociedad demasiado indulgente. Piénsalo: se gastan millones y millones de dólares por año en publicidad con el único propósito de convencernos de que aún no estamos satisfechos. Y como nuestros corazones son engañosos por naturaleza, a veces nuestros sentimientos nos hacen creer que estamos menos satisfechos de lo que en realidad estamos.

¿Cómo podemos conocer la diferencia? Aplicando la frase que nos proveyó Pablo: «Dad gracias en todo». La gratitud activa nos curará de la insatisfacción, ya sea inducida por nosotros mismos o por la sociedad en que vivimos. Con frecuencia sabemos cuál *es* el problema; incluso sabemos cuál podría ser la *solución*.

Pero si queremos aprender a llevar vidas a prueba de seducción, apenas comenzamos a sentirnos espiritualmente decaídos debemos empezar a tomar la medicina que la Palabra nos prescribe.

La mayoría de las veces no se trata de un problema de conocimiento, sino de obediencia. *Dad gracias en todo.* ¿Escuchaste lo que está diciendo Pablo? Limitarse a sentir gratitud no es suficiente. *Sé agradecido en forma activa.*

Cuando me siento un poco decaída o como una mocosita, suelo escuchar que Dios habla a mi corazón: «Dilas, hijita». Ni siquiera tengo que preguntarle a qué se refiere. Él quiere decir que comience a nombrar unas veinte o treinta de los miles de formas en que me ha mostrado su bondad. Él ha derramado tanta gracia sobre mi vida, que debería contarme entre las personas más agradecidas del mundo; y eso es exactamente lo que anhelo ser.

Dios me ha enseñado otra manera activa de ser agradecida. En incontables ocasiones, me mostró Su bondad a través de otras personas. Lo oigo decirme: «Dame gracias a Mí primero por sobre todas las cosas, Beth, pero quiero que seas una de las personas más sinceras y verbalmente agradecidas que la gente conozca. Hice que muchos fueran bondadosos contigo y te ayudaran a cumplir tu llamado. Agradéceles continuamente». Estoy segura de que esto mismo se aplica a tu vida. Dios me ha enseñado que no solamente debo estar agradecida por el amor y el apoyo que recibo de mi familia, de mi equipo de colaboradores, de mis amigos y de mi iglesia, sino también *expresarles verbalmente* mi agradecimiento.

Si nuestros corazones egoístas quieren hacernos experimentar un falso sentimiento de insatisfacción, una buena dosis de acción de gracias será suficiente para curarnos del dolor que nos aqueja. Si eso no lo cura, entonces tenemos un problema más grave y deberemos buscar diligentemente la sabiduría y la medicina de Dios.

5. No apaga al Espíritu.

Nada puede ser más importante para protegernos de la seducción, que vivir una vida llena del Espíritu Santo, o *controlada* por Él. Vamos a descubrir que somos absolutamente incapaces de lograr una victoria permanente con nuestras propias fuerzas. *Medio lleno* significa *medio vacío*. Si no tenemos la llenura del poder del Espíritu Santo, no tenemos defensa alguna contra las maquinaciones del enemigo.

¡Tenemos que hacer frente a los principados y a las potestades demoníacas! ¡Los malvados de la categoría peso pesado! Permítanme decirlo en términos comunes: lo que tratamos aquí no es poca cosa. El único espíritu que puede vencer a los espíritus seductores es el Espíritu de Dios; si lo contristamos, estaremos parados frente a Goliat y Dios susurrará a los oídos de nuestras duras cabecitas, diciendo: «¿Te diste cuenta de que estás prácticamente solo? Si necesitas ayuda, dímelo».

No puedo evitar compartir la traducción de la DHH de esta exhortación: «No apaguen el fuego del Espíritu». ¿Me permites decir que el Espíritu Santo no tiene la culpa si nuestras iglesias son aburridas? Él derramará su fuego en abundancia si dejamos de entrenar a nuestros líderes para que sean bomberos voluntarios. Para ser justos: hay muchos líderes de almas ardientes, pero hay otros que están listos para usar la manguera. Nos demos cuenta o no, Dios nos formó a cada uno con una mecha que espera ser encendida. ¡Fuimos creados para el fuego del Espíritu Santo! Si apagamos ese fuego, buscaremos alguno en otra parte, exponiéndonos a ser quemados. No me estoy refiriendo únicamente a las pasiones sensuales; el enojo, la ira y toda forma de lascivia son pasiones engañosas, o fuego encendido por nosotros mismos.

Piensa por un momento en esa escena descrita en Éxodo capítulo 3. Me encanta saber que Moisés escuchó la voz de Dios que provenía de una zarza ardiente. No era el fuego en sí lo que llamó la atención de Moisés. Un incendio no era algo infrecuente; un rayo podría haber encendido fácilmente esa llama. Éxodo 3.3 especifica por qué Moisés se acercó un poco más: «Entonces Moisés dijo: "Iré yo ahora y veré esta grande visión, por qué causa la zarza no se quema."»

Lo que resultaba extraño era que el fuego no consumiera la zarza. En Hebreos 12.29 dice que nuestro Dios es «fuego consumidor». ¿Ves? El fuego de Dios es el único que puede arder en un objeto sin consumirlo. *El enojo destruye, la ira destruye y la lascivia también destruye.* Pero el fuego de Dios no es destructivo. Dios no se «alimenta» de nosotros. El es el Yo Soy, el Único que existe por sí mismo. Y nos invita a nutrirnos de Él. Ninguna otra pasión que arda en nuestras almas nos protegerá de ser quemados. Ahora, presta atención a la siguiente exhortación.

6. No menosprecia la enseñanza, la exhortación y la advertencia.

Este punto es *crucial.* El cristiano a prueba de seducción no sólo es oidor y hacedor de la Palabra, también es un hombre (o una mujer, claro) que no desecha la instrucción, la exhortación ni las advertencias de los que Dios pone en su camino.

Odio tener que lamentarme, ¿y tú? Lamento recordar algunos errores que he cometido y saber que hubo advertencias que decidí ignorar. No solamente yo. Recordemos: una de las características comunes de las víctimas de la seducción es no haber hecho caso a las tempranas señales de alerta.

Ten presente que esas instrucciones, exhortaciones o advertencias no siempre nos serán dadas cara a cara. Pueden venir de un sermón, de un programa radial cristiano o de un libro que Dios ha puesto en nuestras manos con ese propósito. Y también pueden venir a través de otra fuente menos agradable a nuestro paladar.

No intentes fingir que no tienes idea de lo que quiero decir. ¿No te sientes realmente molesto cuando alguien que no te agrada para nada *tiene razón*? No sólo elijo qué consejo aceptar, ¡también pretendo elegir quién quiero que me lo dé! Dios no siempre nos envía a nuestros mensajeros favoritos con Sus exhortaciones bien pulidas. Debemos aprender a escuchar todas las formas en que nos hable. Necesitamos imperiosamente buenos consejeros, pero también necesitamos desesperadamente humildad para admitir la instrucción.

A veces podemos recibir, de una fuente piadosa, una palabra de alerta o de exhortación que nos guía a renunciar a lo que parecía ser una maravillosa oportunidad. Más adelante podemos encontrarnos turbados por resentimiento, y preguntándonos si deberíamos haber desoído ese consejo. Por supuesto, será prudente de nuestra parte orar con diligencia durante el conflicto, para estar absolutamente seguros de que cualquier consejo humano que recibamos esté alineado con el de Dios. Pero si creemos que es así, aunque no nos guste, debemos *descansar en él* y no estar buscando segundas opiniones. Tal vez hasta llegar al cielo no tengamos idea de la calamidad que hemos evitado.

Si el consejo de los sabios está en armonía con el sentir que el Espíritu Santo pone en tu corazón después de mucho orar, ¡sigue adelante, sin importar que tu carne quiera todo lo contrario!

7. *Examina y prueba todas las cosas hasta reconocer lo que es bueno.*

Esta característica es la continuación perfecta de la que abordamos anteriormente. Si aprendemos a examinar y a probar todas las cosas, también estaremos de acuerdo con la exhortación o advertencia enviada por Dios. No se me ocurre una característica tan fundamental como esta en el perfil de un hombre o una mujer a prueba de seducción.

Si de una vez por todas vamos a comenzar a vivir vidas bien fortalecidas, debemos admitir que el músculo representado por este punto suele ser débil en muchos de nosotros. Por esto, necesitamos pedir a Dios que lo fortalezca. Ten presente que probablemente Dios lo haga de la misma manera en que se ejercitan los músculos: *por medio del ejercicio y la repetición*. Desarrollar esta característica ha sido un gran desafío para mí.

Mi aturdida naturaleza, demasiado impaciente e impulsiva, sumada a mi pobre discernimiento, agravaba aún más mi situación. A mi personalidad natural, prácticamente todo lo «positivo» le parecía una idea excelente. ¿Te suena familiar?

Ahora sé que el bien y el mal no siempre aparecen en blanco y negro en nuestro mundo en tecnicolor. Además, un gran abismo puede separar la buena voluntad de la voluntad de Dios. Poco a poco voy aprendiendo a examinar y a probar todas las cosas *hasta* que puedo reconocer lo que es bueno. Y en ocasiones, todavía me resulta agudamente doloroso.

La falta de discernimiento, sumada a la impaciencia y a la impulsividad pueden formar un trío verdaderamente desastroso, y más de una vez tuve que pagar por su trabajo en equipo. Ahora estoy tratando por todos los medios de deshacerme de ellas; no me han servido para nada. Espero que, a medida que aprendamos a reconocer las debilidades que tenemos, echemos fuera todo lo que no nos ayuda. Antes de abordar las últimas características de nuestro breve perfil de una vida a prueba de seducción, pregunto: ¿alguien necesita un respiro? Tal vez justamente ahora alguien esté pensando: «*¡Por amor de Dios! ¿No hay nada en la vida que podamos obtener por nosotros mismos? ¿Debemos ser «consumidos» por Jesús?*»

No, no tenemos por qué ser «consumidos» por Jesús: también podríamos ser devorados por el león rugiente. Y, por lo que he visto, creo que podemos hacer nuestra elección, porque con seguridad sucederá una de esas cosas. Fíjate, guiándonos por el calendario del Reino, sabemos que el engaño (que significa aumento de las fortalezas) y la maldad (que siempre significará aumento de las tentaciones) aumentarán vertiginosamente alrededor de nosotros.

Y, aunque los cristianos de doble ánimo no van a perder su herencia eterna, sí van a ser comidos vivos aquí en la tierra. En efecto, *estoy* sugiriendo que seamos «consumidos» por Jesús pero si esto te parece excesivo, espero que me des la oportunidad de mostrarte lo que significa, en el desarrollo de esta segunda parte del libro. En realidad, el camino de Dios puede ser el mayor desafío de tu vida. Tú todavía puedes experimentar una conmoción. Puedes descubrir que no tienes por qué ser desdichado o reprimido para estar seguro.

Es muy triste que para muchos la verdadera espiritualidad sólo signifique ir a la iglesia o sentarse inmóviles en sus cuartos de oración. Amo la iglesia, y ciertamente no podría vivir sin la oración. También creo en la conveniencia de practicar disciplinas tan vitales y saludables como la meditación y el estudio bíblico, la oración, la adoración y el ayuno. Pero además de la buena, fuerte columna vertebral que esto provee, también creo en un montón de costillas que salen de ella. Pienso que Dios se siente muy a gusto en un partido de fútbol infantil. También creo que siente gran placer en las carcajadas de alegría de Sus hijos. Creo que asiente con aprobación cuando leemos una novela buena y de sanos principios, y que canta suavemente sobre nosotros cuando tomamos una larga y agradable siesta el domingo por la tarde. Él es el Dios de la *vida*. De cada parte de ella. Por eso, cuando compartimentamos a Dios, podemos ser tan nobles y religiosos como para ponerlo en el primer cajón, pero sin Él todos los demás cajones serán un objetivo fácil para el enemigo.

A lo largo del presente capítulo, hemos estado delineando el perfil de un cristiano a prueba de seducción. Ahora hemos llegado a la característica que distingue a este cristiano y lo protege (o la protege, por supuesto) de innumerables asechanzas. Todas las demás características del perfil son la manifestación de que este cristiano hace lo siguiente:

8. *Permite a Dios que lo santifique por completo.*
Ahí lo tienes. *Por completo.* Espero que para cuando lleguemos al final de este libro, estas palabras suenen una y otra vez en tu

cabeza como un disco rayado. Nuestra seguridad, nuestro gozo y nuestra plenitud consisten en permitir que Dios invada nuestro ser por completo. Sin reservas. Sin ponerle límites. Sin guardarnos nada. Ninguna parte de nuestra vida, desde el nacimiento hasta la muerte; ningún área de nuestro ser, desde el consciente hasta el subconsciente; ningún rincón de nuestra mente y ningún área de nuestras emociones. *Por completo.*

¿Por qué en el pasado caí en algunas trampas de Satanás? Porque había algo en mi ser que no estaba totalmente consagrado a Dios. Y con esto no quiero significar perfecto, tan sólo quiero decir rendido y bajo la custodia de Su dominio. Santificarse básicamente significa ser apartado. Toda área de nuestras experiencias, inquietudes o debilidades que no entregamos voluntariamente al cuidado del dominio de Cristo, será una presa fácil bajo la nariz misma del león.

A medida que fui compartiendo mi testimonio, dije que Satanás pudo atacarme porque yo no había rendido mi pasado a Dios. Sí, según entiendo, estaba *consagrada a Dios íntegra, sinceramente y de todo corazón,* pero no estaba *santificada por completo.* Cerré el sótano con llave. ¿Puedes imaginar la escena? Si no, está bien. En los capítulos que siguen esto va a resultar mucho más claro. Cada uno te irá dando más lápices de cera para que puedas pintar el dibujo en el que Jesús, con tanta alegría y cuidado, llena *por completo* la vida de un ser de carne y hueso.

Antes de poder continuar, hay otros dos elementos para extraer de 1 Tesalonicenses 5. Presta atención, entonces, a la novena característica que anhelo para mi vida:

9. *Todo su ser, espíritu, alma y cuerpo, es guardado irreprensible.*

¡Me gusta como suena eso! A lo largo de la segunda parte del libro estaremos estudiando cómo protegernos contra la seducción pero, antes de dar un paso más, quiero que escuches algo: si tenemos que ser perfectos (y con eso quiero decir *sin pecado*) para estar protegidos, entonces podemos arrojar la toalla en este preciso momento. Si eso fuera cierto, podríamos cantar a una voz: «¡Señor Jesús, ven pronto!»

En esta vida *jamás* podremos alcanzar la perfección. De todas formas, aunque tú no lo creas, no pienso que la perfección haya sido la principal protección que Jesús tuvo contra la seducción. Su protección fundamental era que estaba lleno del amor, de la presencia y de la voluntad del Padre. No se espera que los seres humanos alcancen la perfección aquí en la tierra, pero te voy a decir cuál *puede* ser nuestra meta: ¡*Ser irreprensibles!*

Pablo escribió: «Y todo vuestro ser, espíritu, alma y cuerpo, sea guardado irreprensible» (1 Tes 5.23).

Hace poco tiempo enseñé varias porciones del Libro de los Salmos en mi clase de Escuela Dominical. Los salmistas hablan en reiteradas oportunidades de esa anhelada condición que describen como «integridad». Proverbios 28.18 dice algo tremendamente pertinente a nuestro tema en cuestión: «El que en integridad camina será salvo».

¡Bingo! Eso es exactamente lo que estábamos buscando. ¿Cómo podemos estar *a salvo* de la seducción? Desarrollando la integridad. Ahora, no cierres el libro. Ya sé que estás cansado de escuchar un sueño imposible tras otro de la gente de la iglesia, pero este realmente está a nuestro alcance. Dios me reveló un pasaje de las Escrituras que define una clase de *integridad* que podemos practicar en nuestra propia vida. Ya hemos estudiado el contexto de este pasaje en uno de los capítulos anteriores:

«¿Quién podrá entender sus propios errores? Líbrame de los que me son ocultos. Preserva también a tu siervo de las soberbias; Que no se enseñoreen de mí; Entonces seré íntegro, y estaré limpio de gran rebelión».

Salmo 19.12-13

¿Cuál es la definición de integridad que utiliza David? Cuando ningún pecado intencional *se enseñorea* de nosotros. Vivir fuera del dominio del pecado no sólo es posible; es también nuestro derecho dado por Dios, nuestra realidad controlada por el Espíritu Santo y la voluntad absoluta de nuestro Padre celestial.

Sé que esta clase de integridad es posible, porque si yo puedo vivir durante un largo periodo con ella, ¡*entonces cualquiera puede!* Todavía sigue siendo un desafío ya que, en ocasiones, mi naturaleza carnal tiende a querer volver al temor y a la preocupación; pero la integridad no es algo que esté frustrantemente fuera de nuestro alcance.

Sí, en efecto. «*El que en integridad camina será salvo*». Entonces, ¿cómo podemos comenzar a ser íntegros e irreprensibles? ¡Permitiéndole a Dios que nos santifique por completo! Nuestras relaciones, nuestras formas de diversión, nuestros pasatiempos y todo lo demás. Nuestra seguridad reside en que invitemos a Cristo para que sea parte de todo cuanto hacemos. Y Él no es para nada aburrido, lo aseguro. Él sentirá gran placer al verte jugar al tenis. Jesús no quiere que en ninguna parte de nuestra vida haya carteles que digan: *Prohibido pasar*, porque si Él está allí, Satanás no la puede tocar. Ahora demos un vistazo a las dos características que nos quedan del perfil de un hombre o mujer a prueba de seducción.

10. Sabe que el que lo llamó es fiel, y también lo hará.

El hombre o la mujer a prueba de seducción no confía en su propia carne. Tampoco piensa que una lista de características, o la práctica de una serie de disciplinas espirituales, serán medios eficaces para protegerlo. Sólo sabe que Dios es fiel y que *Él lo hará*.

El cristiano a prueba de seducción sencillamente se da cuenta de que la obediencia lo coloca en el lugar en que Dios se deleita en bendecirlo. La obediencia invita a Cristo a mostrar Su fuerza incomparable en nuestra humana debilidad.

11. Sabe que necesita oración.

En las primeras traducciones de la Biblia, 1 Tesalonicenses 5.25 tiene solamente cuatro palabras, ¡pero cuán poderosas! «Hermanos, orad por nosotros».

¡Oh, Dios! ¡Casi paso esto por alto! ¡Qué tremendo error hubiera sido! Hermano y hermana, necesitamos oración. Eso es todo. ¡Especialmente cuanto más se acerca el *Día*!

¿Cuánta gente intercede activamente por ti en forma regular? Si no puedes nombrar por lo menos varios, entonces comienza ya a reclutar algunos. Y, asimismo, comprométete a ser un intercesor eficaz de otros, porque necesitamos urgentemente orar unos por otros. No supongas que no corres ningún peligro porque todo ha ido bien aunque no tenías a nadie que te apoyara regularmente en oración. En estos días la maldad se ha multiplicado más y más. Observa a tu alrededor. Dios nos dejó el mandamiento de que oremos unos por otros, y esa es una de las maneras en que Él logra la unidad del Cuerpo de Cristo. Por esto mismo, aprovechemos al máximo a nuestros intercesores confiándoles peticiones personales o pidiéndoles, con toda humildad, que oren para que nuestros músculos espirituales débiles sean fortalecidos. Toma en cuenta la posibilidad de equiparlos con pasajes de las Escrituras que anhelas que se hagan realidad en tu vida. Al orar unos por otros declarando las Escrituras, se libera un poder sin igual.

Al concluir este capítulo, ¿podríamos poner en práctica lo que Pablo nos predicó con su ejemplo? Quiero que sepas que estoy orando por cada persona a quien Dios permita leer este libro. Él conoce tu nombre, la motivación que te llevó a leer y también conoce la obra que quiere hacer en *ti*, aunque estés leyendo esto para ayudar a otro. Quisiera pedirte que hagas dos cosas que estoy segura Dios ha puesto en mi corazón y que serán de gran bendición. Primero, detén la lectura ahí donde estás y ora por alguien que alguna vez estuvo *consagrado a Cristo íntegra, sinceramente y de todo corazón,* pero que hoy se encuentra atrapado en una maraña de la seducción. Él o ella tiene una necesidad urgente, de modo que, junto con algún otro motivo de intercesión que el Espíritu Santo ponga en tu corazón, voy a pedirte que declares estas Escrituras en la vida de esa hermana o hermano:

«...haciendo memoria de vosotros en mis oraciones [...] alumbrando los ojos de vuestro entendimiento, para que sepáis cuál es la esperanza a que él os ha llamado, y cuáles las riquezas de la gloria de su herencia en los santos, y cuál es la supereminente grandeza de su poder para con nosotros los que creemos; según la operación del poder de su fuerza».
—Efesios 1.16a,18-19

Ora, de acuerdo con lo que dice Efesios 5.8-15 para que esta persona que está «dormida» se «despierte» y que Dios, en Su misericordia, revele las obras de las tinieblas en su vida y saque esa preciosa vida a la luz, para que pueda comenzar a ser sanada. Finalmente, ¿orarías una vez por mí? No puedo evitar llorar al pedirte que hagas algo tan personal. Amado, aún no puedo imaginar que Dios me haya llamado a hacer algunas de las cosas a las que me llamó; nunca voy a alcanzar a entender Sus caminos. He sido una vasija rota y he reconocido que existían fortalezas en mi vida. El hecho de que Él quiera usarme es para mí algo asombroso. Te pido que ores para que pueda seguir postrándome delante de Su trono, dejando atrás todo otro dios y la aprobación de los hombres, para que mi vida sea *a prueba de seducción,* para que no guíe a otros al error y para que ame a Su Hijo más que cualquier otra cosa en la vida. Gracias, amados.

Capítulo 7

El seguro refugio del amor

Hoy comencé a escribir un poco tarde. Hacia el final del servicio de alabanza y adoración al que asistí (sola) en el escondite de mi cabaña, escuché la voz de Dios que decía a mi corazón: «Ven y juega». Me encanta que haya dicho «Ven y no ve». «Ven». Eso quería decir que Él ya estaba allí.

Por el dulce tono de aquella voz silenciosa que susurraba a mi espíritu pude darme cuenta de que Él estaba sonriendo. Sabes, puedes reconocer ese tipo de cosas en las voces de aquellos que realmente conoces. Yo puedo saber con certeza la expresión del rostro de mi esposo o de mis hijos cuando hablo con ellos por teléfono, con sólo escuchar su tono de voz. Así fue esa mañana. Podría haber dibujado Su expresión con mi dedo.

No siempre lo escucho hablarme de esa manera. Desearía que así fuera, pero no. A veces, tenemos que apartarnos de las exigencias ensordecedoras de nuestras vidas caóticas para respirar la Suya.

He estado escribiendo desde la mañana temprano hasta muy tarde por la noche. Mientras escribía, desde mi ventanal observaba maravillada cómo la nieve de abril caía danzando desde el cielo. Miraba el cuadro de la ventana y escribía. Temo haber estado demasiado preocupada por lo que mi madre llamaba «catarro» como para salir y juguetear en la nieve. Pero hoy no. «Ven y juega». Y así lo hice. Construí un muñeco de nieve. Para hacer los ojos utilicé uvas, y un bocadillo de sesamo en forma de medialuna logró la sonrisa perfecta. Decidí no ponerle nariz, ya que la mía basta para los dos. Luego le puse mi sombrero y mi bufanda, esperando que no se mojaran. Como iba entrar a la casa, decidí prestárselos. Me reía con Dios y Él reía conmigo. Pero ahora, por razones que sólo el Hacedor de mi alma puede explicar, estoy llorando.

Estoy tan enamorada de Él. *Estoy tan enamorada de Él.* Nos empeñamos ansiosamente en busca ansiosa lo que ya está allí. La nieve ya estaba allí. Sólo que no la había tomado para mí. Querido buscador, la brisa ya está allí; la puesta del sol ya está allí; la marea de la mañana ya está allí; la tímida liebre ya está allí y la lluvia de verano ya está allí. ¿Los has hecho tuyos?

He vivido tanto tiempo sin tener idea de que un corazón cuyos ojos están ciegos al objeto de su mayor deleite, podría estar herido por este amor inmortal. Y no descansaré hasta que haya contado, a todo el que quiera oír, de este amor admirable y maravilloso. Estoy celando con celo santo que cada hijo e hija del Dios viviente conozca y experimente un amor vivo, palpitante que exceda a toda sombra terrenal del verdadero amor.

Durante la alabanza y la adoración de esta mañana, subí la escalera del pequeño desván y abrí la ventana. Luego comencé a cantar estas palabras a mi Dios mientras tomaba copos de nieve:

Mi Cristo, te canto
No hay nadie como Tú.
Quiero adorar, siempre exaltar
Las obras de tu gran amor.
Consuelo, refugio,
Roca de mi salvación.
Toda creación, todo mi ser
Siempre den la gloria a Ti.
Clama al Señor, la creación cante a Él.
La majestad y el poder

Sean al Rey.
Póstrense montes y brame el mar
Al escuchar tu nombre.
Canto con gozo
Por tu obra en mí.
Siempre te amaré y viviré por Ti.
No hay nada que se compare
A vivir en Ti.[1]

¿Conoces la canción? Y, lo que es aún más importante: ¿conoces ese amor? ¿Has descubierto —y no te apresures a contestarme—, que nada se compara a Su amor? ¿Absolutamente nada? ¿Puede Él penetrar en tu corazón como nadie más puede hacerlo? ¿Puede hacerte sentir algo que nadie más te haría sentir? ¿Está herido de amor tu corazón? ¿Ha cortado Dios las amarras de tu corazón como un globo aerostático, elevándolo por encima de tu temor a amar sin recibir nada a cambio? ¿Te ha capacitado Dios para amar a otros con más libertad y vulnerabilidad que nunca antes? ¿Aunque ese amor no se compare con el Suyo?

Por favor, escucha: podría llegar hasta los confines más lejanos del lenguaje humano y aprender las lenguas de cada nación para ver cuál lo expresa mejor, y aun así, mi esfuerzo quedaría frustrado por este afecto divino que escapa a toda descripción. Ese admirable amor es para toda criatura cuyos pies encallecidos han caminado kilómetros y millas, buscando un afecto carnal que los satisfaga.

Dios aguarda, mira y espera que, al llegar al término de nuestros días, el sol no se esconda sin que antes nos pongamos en pie y clamemos: «¿Esto es todo lo que hay?»

«Ah, sí mi amor. Hay mucho más».

Oh, amados, semana tras semana cantamos de este amor dentro del tiempo que el programa destina a la alabanza, mientras los ejércitos celestiales observan con gran curiosidad cómo una gran multitud humana canta a una voz acerca de un amor que no conoce. Los rostros de los ángeles se vuelven a Dios y, una vez más, a Sus hijos. Y sus ojos, que no sufren de cataratas como los humanos, contemplan la sustancia misma del amor divino:

Tan húmedo como el agua,
Pero no es agua.
Tan cálido y abrigado como un saco de lana,
Pero no está hecho de lana.
Tan concreto y liviano como un copo de nieve,
Pero jamás es frío.
Es derramado en abundancia sobre esos mismos mortales
Que no lo conocen.

En lo profundo, mi alma se siente airada y alza un puño amenazante. Con toda seguridad, la más vil de todas las doctrinas demoníacas es que el amor por Dios —el cual es, por esencia, invisible e impalpable— no es algo que pueda ser sentido. ¡Mentira!

Piensa qué le dirías a una madre, cuyo cordón umbilical fue cortado de su propio cuerpo sólo semanas atrás, que te confiesa lo siguiente: «Después de haber esperado tanto, estoy tan feliz de tener a mi beba. ¡Es tan perfecta! ¡Tan hermosa! Estoy agradecida de que sea mía. Realmente me ha liberado de mis sentimientos de inutilidad y de falta de identidad. Pero yo pensaba que sentiría algo. Me dijeron que sentiría amor; ¿está bien si no lo siento? ¿Es normal?»

¿Qué le responderías? ¿Acaso le dirías: «¡Por supuesto que tus sentimientos son normales, querida mamá! Acuna a tu beba en brazos, diciéndole una y otra vez Te amo». Cántale canciones de amor; si insistes lo suficiente, ese sentimiento se hará real. Cántale y tal vez logres sentir algo. Será amor por la canción más que por tu beba, pero al menos, sentirás algo»? ¿O le dirías: «Sí, eres perfectamente normal. El amor por un bebé es así. No es algo que se sienta realmente. Puedes sentir amor por tu vecino o por tu jardín, pero el amor por tu beba no es algo que puedas sentir. Quienes dicen que se siente, sólo están inventado tonterías»?

¡Por supuesto que no! ¡Le diríamos que vaya al médico! Que hay algo que no es normal. Tal vez esté sufriendo de depresión post-parto. Nos sentiríamos desolados al ver las lágrimas corriendo por sus mejillas, y darnos cuenta de que su corazón tiene libertad para sentir culpa pero, extrañamente, está impedido para experimentar amor. La abrazaríamos mientras llora; lloraríamos juntas mientras oramos clamando a Dios por ella, y luego la convenceríamos de lo que sabemos que es verdad: «Querida mamá: tu corazón fue hecho para el amor. Aunque todavía no puedas sentirlo, no te inquietes. Ya está allí. Dios no te hizo madre sin darte amor. Hiciste bien en confiarme esto. Ahora, debemos descubrir por qué no estás percibiendo lo que tienes». Y la ayudaríamos a buscar la puerta de su prisión. Años después, caminado por el parque, nos gozaríamos al escuchar risas de niños y nos detendríamos a mirar. En ese momento, nuestros ojos se posarían en una joven mamá que hamaca a un pequeño bulto lleno de rulos y de moños. Al contemplar esta escena, sonreiríamos mientras la niña, desbordante de emoción, grita tan alborozadamente que su madre se dobla de risa. Les notaríamos algo vagamente familiar y, cuando finalmente nos diéramos cuenta, las lágrimas se agolparían en nuestros ojos al comprender que aquel amor había sido hallado.

«Oh, gálatas insensatos! ¿Quién os fascinó?» (Gl 3.1). ¿Quién nos ha hecho creer que todo amor terrenal o humano, mera sombra del amor Verdadero, puede sentirse, mientras que el amor más grande, para el cual nuestro corazón fue creado, no puede ser experimentado? Se limita a existir. Cantamos acerca de él. Hablamos acerca de él. Pero no lo experimentamos.

A riesgo de ofender a muchos, una vez más voy a decir lo que el Espíritu de Dios grita en mi alma: la Esposa de Cristo adolece de falta de amor por su Esposo. Lo admira y lo respeta. Está agradecida. Ha sido salva por Él. Es intelectualmente estimulada por Él. Ama sus ropas nuevas. Está fascinada con las joyas. Pero ella esperaba sentir amor. ¿Está bien que no lo sienta? ¿Es normal?

«¡Claro que sí! Sigue cantando. Háblale de él a todos los que conoces. Percibirán que algo indefinible parece faltar, pero si lo dices muchas veces, lograrás que sea real».

La Esposa está sufriendo de depresión post-parto. Ella esperaba sentir algo, pero ¿está bien si no lo siente?

«Acercándose uno de los escribas, que los había oído disputar, y sabía que les había respondido bien, le preguntó: ¿Cuál es el primer mandamiento de todos? Jesús le respondió: El primer mandamiento de todos es: Oye, Israel; el Señor nuestro Dios, el Señor uno es. Y amarás al Señor tu Dios con todo tu corazón, y con toda tu alma, y con toda tu mente y con todas tus fuerzas. Este es el principal mandamiento. Y el segundo es semejante: Amarás a tu prójimo como a ti mismo. No hay otro mandamiento mayor que estos». Entonces el escriba le dijo: «Bien ... has dicho...».

—Marcos 12:28-32

En efecto, bien dicho; pero tú y yo ansiamos escuchar las palabras: «Bien hecho» Multitud de cristianos no son conscientes de que el amor de Dios es algo que realmente puede sentirse. Siendo así, estamos trágicamente expuestos a aceptar una imitación.

No quiero decir que en todo momento debamos sentir por Dios esa efusión de amor, más de lo que la siento por mi esposo y mis hijos. Mi amor por ellos es una realidad más grande que mi propio cuerpo. Sin embargo, hay momentos en que me ahogo en esa corriente de amor divino y me maravillo de que algo tan completo y perfecto pueda surgir de algo tan imperfecto como yo.

Cada vez que brota vino dulce de una jarra de barro llena de agua, volvemos a experimentar el primer milagro, el de las bodas de Caná. Pero ¿correremos el riesgo de que ese vino se evapore en nuestra generación?

«Y estando él [Jesús] sentado en el monte de los Olivos, los discípulos se le acercaron aparte, diciendo: Dinos, ¿cuándo serán estas cosas, y qué señal habrá de tu venida, y del fin del siglo? Respondiendo Jesús, les dijo:

Mirad que nadie os engañe. Porque vendrán muchos en mi nombre, diciendo: «Yo soy el Cristo; y a muchos engañarán. Y oiréis de guerras y rumores de guerras; mirad que no os turbéis, porque es necesario que todo esto acontezca; pero aún no es el fin. Porque se levantará nación contra nación, y reino contra reino; y habrá pestes, y hambres, y terremotos en diferentes lugares. Y todo esto será principio de dolores... *y por haberse multiplicado la maldad, el amor de muchos se enfriará*. Mas el que persevere hasta el fin, este será salvo. Y será predicado este evangelio del reino en todo el mundo, para testimonio a todas las naciones; y entonces vendrá el fin».

—Mateo 24.4-8, 12-14, énfasis mío

Una de las enfermedades más insidiosas de los últimos días serán las almas frías. En el pasaje de las Escrituras que acabo de citar, la palabra *frío* (enfriará) es la traducción de la palabra griega *«psycho»*. «La palabra *psyche*, "alma", deriva de este verbo. *Psyche* es, entonces, el aliento de un ser viviente, una vida animada. *Psycho* aparece una sola vez, en futuro pasivo, y significa enfriarse en el sentido espiritual, en lo que respecta al amor cristiano» (Mt 24.12).[2]

Esposa de Cristo, de ningún modo debemos tolerar la falta de amor en nuestra alma, ni dejar que nos convenzan de que es normal que no sintamos amor por Dios. La Esposa fue creada para amar al Esposo. La falta de amor hacia Dios en nuestros corazones no solamente es una tragedia innecesaria; amar a Dios es, también, nuestro único recurso para poder amar divinamente a otros.

Estoy harta de oír el eco de los maestros de la ley: «Bien has dicho, Maestro», pero nunca: Bien has hecho». El maestro de la ley tiene terror de amar, por miedo a que quede expuesto lo más profundo, que cubre su manto para orar. Creo que yo podría enloquecer si oyera a alguien decir: «Pero debemos cuidarnos de creer que esto de ser cristiano consiste sólo en sentimientos».

¡No, no, no! Esto de ser cristiano no consiste sólo en sentimientos. Yo no dije que se tratara de *sentimientos*, sino de *sentir*. ¿Vamos a equiparar a una congregación cautivada por el amor con frenesíes y caídas, con risas estridentes y sonidos de animales? ¡Por favor! No estoy hablando de cierto misticismo espiritual que ronda en el paroxismo. «¡Probad los espíritus!», nos reprendería el apóstol Juan.

Me estoy refiriendo a un alma sombría, un abismo oculto que aprende a abrir hacia Dios su tenebroso yo, y conoce la diáfana realidad de esa satisfacción sublime. El amor es la esencia de la intimidad, y jamás podremos aprender lo que es la intimidad en medio de la más ungida adoración colectiva. Sólo podremos descubrir el amor divino en la inexplicable libertad que se logra apartándonos a solas con Dios. Y en consecuencia, después brotará espontáneamente en la gran asamblea, porque no podrá quedarse encerrado.

La profecía nos dice que el testimonio de Cristo será predicado en cada nación del mundo antes de que venga Su reino. Si las palabras de los profetas son verdaderas pero los corazones de esos profetas están endurecidos, ¿cómo verán al Hijo del Amor? Los únicos con quienes Él no se fastidiará serán los oidores que no estén a la defensiva.

He hablado y hablado, pero se me terminan las palabras. Si eres un hijo o una hija de Dios y desconoces el idioma que está detrás de estas inadecuadas palabras, necesitas buscar el amor de Dios. Te aseguro que lo encontrarás. Sin él corres serio peligro: como has sido creado para sentir pasión, la encontrarás de un modo o de otro.

Las doctrinas de demonios te enseñarán que no puedes encontrar verdadera pasión en Dios ni sentir las cosas espirituales. E intentarán ofrecerte sustitutos. Falsos cristos. «Mirad que nadie es engañe. Porque vendrán muchos en mi nombre» (Mt 24.5).

¿Cuántos han venido a ti? ¿Qué falso cristo ha fallado en satisfacer tu alma sedienta? No te engañes, es la seducción enviada para desviarte de lo único que es verdadero. Busca eso verdadero con cada fibra de tu ser. Más que la vida. Más que el aliento. Más que la salud. Más que la bendición. Más que los dones. Pide amor. No una sola vez, sino una y otra vez por el resto de tu vida, hasta que tu voz esté ronca, y tu mano arrugada señale tu corazón anciano, y en su último susurro diga: «Más».

Capítulo 8

Vidas transparentes

Los creyentes nunca nos hemos necesitado unos a otros tanto como les sucederá a las generaciones de cristianos que morarán en el planeta tierra en los últimos días. Si hoy nuestro mundo es tan depravado, ¿te imaginas lo que será dentro de cien años, si Cristo se demora en venir? Sería necio, y carente de base bíblica, creer que la iglesia y los cristianos como individuos, permanecerán ajenos a la continua multiplicación de la maldad. Amados, nosotros *ya* estamos siendo afectados, y esa es la razón de ser de este libro y de muchos otros de similar naturaleza.

Las tácticas de guerra que ayer eran efectivas ya no sirven para hoy, y las de hoy no resultarán mañana. Si vamos a mantenernos firmes, no podemos permanecer reactivos,[a] sino que debemos ser proactivos.[b] A medida que la maldad de este mundo aumenta, la iglesia debe estar más alerta, más capacitada para la obra de servicio, más santificada y más unida «para que seáis irreprensibles y sencillos, hijos de Dios sin mancha en medio de una generación maligna y perversa, en medio de la cual resplandecéis como luminares en el mundo; asidos de la palabra de vida» (Flp 2.15-16).

Como veremos en el próximo capítulo, no podemos vivir aislados del mundo. Cristo nos ha comisionado temporalmente para que ministremos *al* mundo y *en* el mundo. El Señor volverá a buscar a una Esposa pura a quien le ha tocado vivir en el mundo más impuro de toda la historia de la humanidad. Esa pureza *no* se desarrollará por casualidad. A medida que aumenta la maldad, nuestro único sabio recurso es intensificar aún más nuestra búsqueda de Dios y de la piedad. ¡Debemos tomar conciencia y estar fortalecidos!

Un método vital para ese fortalecimiento se encuentra en Hebreos 10.24-25. A lo largo de este libro nos referiremos varias veces a este pasaje, porquehabla directamente de la necesidad de estar más atentos a medida que el día de la venida de Cristo se acerca.

> «Y considerémonos unos a otros [cuidando de velar unos por otros] para estimularnos al amor y a las buenas obras; no dejando de congregarnos, como algunos tienen por costumbre, sino exhortándonos [alertándonos e instándonos]; y tanto más, cuanto veis que aquel día se acerca».
>
> —Hebreos 10.24-25

¡Estos versículos no solamente quieren instar a los cristianos a que continúen asistiendo a la iglesia! Implican mucho más que ocupar nuestra silla. Nuestras medallas de asistencia perfecta a la iglesia resultarán muy poco útiles para darnos protección. Lo que necesitamos son escudos y espadas, y las agallas para ayudarnos unos a otros a tomar las armas. En sí mismo, el hecho de asistir a la iglesia no nos fortalecerá contra las asechanzas del enemigo.

Prácticamente crecí en la iglesia, y acostumbraba asistir por lo menos a cuatro reuniones por semana, pese a lo cual fui derrotada. Las Escrituras hablan de entretejernos voluntariamente unos con otros con el propósito específico de ayudarnos y apoyar mutuamente nuestras victorias. *Alertarnos, exhortarnos y animarnos unos a otros.* A medida que la venida del Señor se acerque, los que se aíslen de la cobertura del Cuerpo de Cristo correrán grave riesgo de sufrir desastres personales.

Creo que la pregunta que Dios le hizo a Caín se tornará cada día más aplicable a medida que la maldad que nos rodea se torne más amenazante: «¿Dónde está tu hermano?» (Génesis 4.9).

¿Responderemos como Caín: «No sé. Soy yo acaso guarda de mi hermano?» En varios aspectos, creo que la respuesta de Dios es: *Sí, lo eres.* Particularmente a medida que el Día se acerca.

Sentía tanta renuencia a escribir este capítulo, que fue uno de los últimos que redacté. Por su importancia, no puedo dejar de abordar este tema, pero dudaba porque soy consciente de que podría llegar a ser mal aplicado. Por supuesto, nunca faltan quienes toman los mensajes cristianos, incluso las Escrituras, y los tuercen para justificar su propia conducta. Tengo la esperanza de que los entrometidos que podrían usar esta exhortación como una licencia para chismear, murmurar y entrometerse en la vida de los demás, estén demasiado ocupados en lo suyo como para leer este libro.

Guardo esperanza contra esperanza de que cada persona que lea esto tenga la madurez y revelación suficientes para entender y no hacer mal uso de lo que voy a decir: *Para ser fortalecidos contra las asechanzas del diablo en un mundo cada vez más malvado, tendremos que meternos en las vidas de otros y dejar que otros se metan en la nuestra hasta* un cierto *y prudente límite.*

¡Lo dije! Señor, ¡ayúdame a no arrepentirme de haberlo dicho! Volvamos a repasar esta parte de Hebreos 10.24-25: «Y considerémonos unos a otros [cuidando de *velar unos por otros*] ... y tanto más, cuanto veis que aquel día se acerca» (énfasis mío).

Algunos cristianos viven tan pendientes de la vida de los demás que no velan por la suya propia y, aunque pueden ver la astilla en el ojo de su hermano, no ven la viga que tienen en su propio ojo. Pero el autor de Hebreos no se está refiriendo a eso; él dice específicamente que debemos «estimularnos» e incitarnos uno a otro «al amor y a las buenas obras». Esta exhortación se relaciona con el amor, el servicio y la bondad entre cristianos. Estos versículos nos instan a exhortarnos unos a otros y a cuidarnos unos a otros, no a transgredir los límites razonables.

Ya que tú y yo y todos los futuros cristianos vamos a necesitarnos unos a otros, *tanto más cuanto que vemos que el día se acerca,* necesitamos desarrollar la confianza mutua y la pureza en nuestra mente e intenciones. Somos responsables unos por otros, lo cual significa que tenemos la *responsabilidad* de llegar a ser la clase de personas que puedan ayudarse mutuamente *en forma responsable.* Me gustaría sugerir dos maneras en que podemos ayudarnos unos a otros con responsabilidad:

- Desarrollar y practicar el discernimiento piadoso desde una base más amplia.
- Desarrollar y practicar la voluntaria rendición de cuentas desde una base más estrecha.

Ya hemos establecido que al estar rodeados de creciente perversión, engaño y seducción satánica, una de nuestras mayores necesidades es la de tener discernimiento. Discernimiento *piadoso.* No podemos darnos el lujo de decir que no está entre nuestros dones espirituales, porque Dios nos manda orar y pedir lo que nos falta. Además, el libro de Proverbios está repleto de exhortaciones a buscar discernimiento, prudencia y sabiduría.

En 1 Corintios 14.12 dice: «Así también vosotros; pues que anheláis dones espirituales, procurad abundar en ellos para edificación de la iglesia». El discernimiento es uno de esos dones, particularmente en los últimos tiempos. Discernimiento no significa espíritu de crítica o de juicio; esos son sólo imitaciones carnales.

El concepto de discernimiento engloba la capacidad para *ver más allá* de lo que resulta obvio a la vista. Entre otras vitales capacitaciones, el discernimiento nos permite ver la existencia de un problema, percibe una advertencia y nos alerta a ser prudentes. Pero hay una regla que queremos establecer muy firmemente, y es que no podemos practicar el discernimiento *piadoso* si no caminamos en el Espíritu (Gl 5). No podemos dar crédito a lo que sentimos en nuestro espíritu si no estamos llenos del *Espíritu Santo.*

En los dos misiles que lancé en la página 134, notarás que con la expresión «base más amplia» me refiero a la práctica del discernimiento y que «base más estrecha» es la práctica de la responsabilidad ante otros. Déjame tratar de explicar por qué. Una de las protecciones más prudentes que podríamos tener es un pequeño grupo activo, deliberadamente formado, de personas ante quienes rindamos cuenta. Dentro de un momento estudiaremos la base más estrecha.

¿Qué sucede si siento en mi espíritu algo muy fuerte acerca de un hermano o hermana en Cristo y esa persona no forma parte de mi «grupo de responsabilidad»? ¿Voy a ignorar lo que estoy sintiendo, considerando que la vida de esa persona no me atañe, o me acerco a ella? ¿Qué desearía si la situación fuera exactamente al revés y otro sintiera que algo no está bien en mí? ¿Qué me importaría más? ¿Mi orgullo o evitar una posible colisión con el desastre?

Las «reglas» son todavía más definidas cuando un hermano o hermana en Cristo ha caído en pecado, aunque espero ayudar a que *evitemos* algunas caídas. Hebreos 3.13 dice: «Antes exhortaos los unos a los otros cada día, entre tanto que se dice: Hoy; para que ninguno de vosotros se endurezca por el engaño del pecado».

Pero, ¿qué sucede si, hasta donde sabemos, estamos llenos del Espíritu Santo y percibimos que algo no anda bien en la vida de otro creyente? ¿Qué hacer si tenemos temor de que la persona caiga en la trampa del engaño del pecado?

Ante todo, ¡deberíamos pasar un tiempo de oración *en serio*! De más está decir que corremos gran riesgo de ofender a la persona, especialmente si llegamos a estar equivocados. Si Dios parece no liberarnos de esa preocupación, particularmente si percibimos el problema en otra oportunidad que estemos cerca de este hermano o hermana, puede significar que Dios tiene una tarea para nosotros.

Tal vez lo que Dios desea es que nos acerquemos a esa persona con dulzura, en el momento apropiado, sólo para decirle que hemos pensado en ella y para preguntarle si todo anda bien. Luego dejamos que el Espíritu Santo se ocupe de los resultados. Son incontables las ocasiones en que me acerqué a una hermana de esta manera y me dijo que todo estaba bien... Varios días después recibí noticias de ella.

El problema podía ser el desánimo, un corazón apesadumbrado o una tentación; lo que mi hermana necesitaba era aliento y mucho amor. Muchas veces yo también lo he necesitado y Dios siempre puso en mi camino a alguien que discernió mi problema. Y, en oportunidades ha usado a personas que yo ni siquiera imaginaba. Fíjate, a veces, en relaciones cercanas, nuestro discernimiento puede empañarse debido a la fuerza de los sentimientos, pero «funciona» con asombrosa precisión cuando se trata de personas con quienes no estamos tan relacionados emocionalmente. Suena raro, ¿no es cierto? Por esta razón necesitamos ejercitarnos en el discernimiento desde una base más amplia.

Consideremos otra situación hipotética. Supongamos que no tengo pruebas contundentes, pero logro discernir que algo no anda bien en un hermano o hermana, o en una relación entre creyentes. Después de mucha oración, Dios me indica que me acerque a dicha persona con mucha discreción y dulzura.

¿Qué pasa si, al encontrarnos con este hermano o hermana, se confirma lo que habíamos sentido pero, aun así, la persona rechaza nuestro interés o nuestra advertencia? Esto fue exactamente lo que me sucedió días atrás. Mi corazón se quebrantó por temor a que sobreviniera un desastre inminente en la relación que una hermana estaba desarrollando. Sin embargo, no me acerqué a ella hasta que el Espíritu Santo me hizo sentir una preocupación realmente abrumadora, llegando al punto en que ya no podía quedarme callada. Entonces, me acerqué a esta preciosa hermana, muy discreta y dulcemente, en dos oportunidades, pero en ambas me aseguró que la relación era «segura».

¿Qué debo hacer? Ante todo, espero que ella tenga razón y que sea yo quien esté totalmente equivocada. Prefiero que mi hermana esté bien a que yo tenga razón. Segundo, voy a tener que seguir orando hasta que Dios me libere de esa preocupación, y encomendar a mi hermana a su fiel Padre que está en los cielos.

Judas 22-23 dice: «A algunos que dudan, convencedlos. A otros salvad, arrebatándolos del fuego». Algunos no dejarán que los arrebatemos del fuego para salvarlos. Muy a mi pesar, recuerdo varias ocasiones en que alguien trató de arrebatarme del fuego, y yo pensaba que la persona estaba actuando exageradamente. Querido, puedo decirte que de veras me quemé. Gracias a Dios, hubo otras veces en que recibí una palabra de alerta y escapé frenéticamente de las llamas.

Algo que creo y puedo decir con confianza, basándome en mi experiencia personal, es que por lo general «oímos» la advertencia, ya sea que la «escuchemos» o no. Aunque en un momento crítico de mi vida rechacé una prudente palabra de alerta, no pude olvidarla, y más tarde Dios la usó para guardarme de seguir siendo engañada por el enemigo. De la misma manera, no creo que esta amada hermana en Cristo olvide que me acerqué a ella con cierta preocupación. ¿Qué tal si Dios usa esa palabra de alerta para que sea más prudente en su relación y todo resulta bien? ¡Que así sea!

Vamos a necesitar sabiduría, *sensibilidad* y percepción espirituales más que nunca antes, a medida que Satanás aumente los ataques de seducción contra los cristianos. Sí, en algunas formas, tenemos que llegar a ser guardas de nuestro hermano, pero si nuestra motivación no es amar y alentar, no nos estamos moviendo por el impulso del Espíritu Santo.

No nos dedicamos a la caza de brujas ni a una versión «cristiana» del macartismo.[d] Si no estamos motivados por el Espíritu Santo a través del amor, entonces no es Dios quien nos está llamando a intervenir en la vida de otro. *Oh, Dios, ayúdanos a conocer la diferencia para no usar nuestra libertad como licencia para pecar. Necesitamos desesperadamente la mente de Cristo, el corazón de Cristo y la dirección de Cristo.*

Una segunda sugerencia para ayudarnos unos a otros responsablemente, es desarrollar y practicar la base más estrecha de lo que llamamos responsabilidad. Para estar fortalecidos contra la seducción, tú y yo necesitamos urgentemente pertenecer a un grupo pequeño de personas, a quienes invitamos a que nos pidan cuentas con respecto a nuestra búsqueda de la piedad. Nuestros compañeros de responsabilidad son personas a quienes invitamos a *ver a través* de nosotros.

Todos, desde el pastor hasta el portero de la iglesia, necesitamos rendir cuentas ante otro, aunque nadie puede ser forzado a hacerlo. Puede organizarse ese grupo alrededor de nosotros, incluso podemos ser nosotros quienes lo demandemos, pero cuán transparentes seamos en realidad con otros, siempre implicará tomar una decisión. Ser transparente es una decisión sabía de parte del cristiano. Sólo aquellos que estén dispuestos a ser vulnerables podrán experimentar la protección que esto nos brinda.

El propósito de este capítulo no es bosquejar cómo se deben estructurar estos grupos de responsabilidad, sino más bien animarte, como otros lo han hecho conmigo, a permitir que otras personas con madurez espiritual, de integridad piadosa y discreción, te conozcan realmente, y les rindas cuentas por tu búsqueda y práctica de la piedad.

Nuestros compañeros de responsabilidad son tan importantes que querremos elegirlos con sobriedad y en oración, bajo la guía del Espíritu Santo. Tal vez las personas más adecuadas para ese fin no sean necesariamente nuestros «mejores» amigos, ya que necesitamos una visión más objetiva de la que nuestras amistades cercanas nos podrían dar. Aquellos a quienes elijamos deben ser personas a quienes respetemos profundamente y que hayan demostrado ser dignos de confianza a lo largo del tiempo. (¡Ten mucho cuidado de no abrir tu corazón inmediatamente con nadie! Esta es una de las mayores señales de alerta de una seducción).

Aunque soy muy abierta en la confesión *general* de mis pecados, debilidades y fallas, Dios me llama a ser mucho más específica con el grupo de personas que Él ha puesto para que les rinda cuentas. El otro día, en la oficina del ministerio, me reía con alguien porque somos tan responsables una por la otra, que nadie puede estornudar cerca sin que haya quien pregunte si le entró algo en la nariz.

¡Por mí, está bien! Encuentro gran consuelo y alivio en esta mutua responsabilidad tan estrecha. Viví tanto tiempo escondida tras una máscara que, una vez que pasé la dolorosa transición, comencé a amar la libertad de ser transparente. También me agrada saber que varios de los que están alrededor de mí han hecho un serio compromiso conmigo, con este ministerio y con Dios, para alertarme a mí (y a los miembros de mi directorio, si es necesario) de cosas que yo podría estar demasiado ciega para ver. *Particularmente en mí misma.*

En la oficina del ministerio hay un cartel bien visible con instrucciones para los miembros del equipo y otros voluntarios, en caso de que noten cualquier comportamiento cuestionable de mi parte. Varios miembros de nuestro equipo y de la junta directiva, mi esposo y una amiga íntima, saben absolutamente todo cuanto hay que saber de mí: *lo bueno, lo malo y lo feo.* Ellos tienen libre acceso para preguntarme acerca de lo que sea. ¡Cuánto agradezco a Dios por ellos! Sólo el cielo es testigo de cómo me han ayudado y alentado en mi búsqueda de la piedad y para protegerme del maligno.

El apóstol Pablo enseñó muchísimo sobre la responsabilidad que tenemos de cuidarnos los unos a los otros, ya que él, por medio de sus epístolas, asumió ese rol con las iglesias jóvenes. De hecho, el pasaje clave de las Escrituras en este libro comprende varias descripciones de la clase de responsabilidad piadosa que necesitamos en un mundo cada vez más corrompido.

«Porque os celo con celo de Dios; pues os he desposado con un solo esposo, para presentaros como una virgen pura a Cristo. Pero temo que como la serpiente con su astucia engañó a Eva, vuestros sentidos sean de alguna manera extraviados de la sincera fidelidad a Cristo».

—2 Corintios 11.2-3

Pablo no dejó lugar a dudas en su carta a los corintios. Los hizo responsables de buscar la piedad, ya que sentía un *celo santo* por el bien de ellos.

Por favor, presta atención a un elemento crítico en la concepción de Pablo sobre este tipo de responsabilidad: deseaba que fueran fieles no a él, sino a *Cristo.* Los compañeros de milicia puestos por Dios tendrán celo santo por que seamos fieles a Dios, no a ellos. Esta clase de responsabilidad piadosa no significa codependencia.

Pablo muestra otra maravillosa característica de una persona que es responsable por otra: tiene la capacidad de reconocer los puntos fuertes de sus compañeros en la fe, al mismo tiempo que discierne los posibles riesgos. En 2 Corintios 11.3, Pablo alabó la sincera fidelidad a Cristo de los corintios. ¿A quien le gustaría tener un compañero al cual rendirle cuentas que solamente le señalara las debilidades y le recitara advertencias? ¡A mí no! Hay ocasiones en que necesito recibir aliento, y tú también. Con toda seguridad, tiene que haber *algo* que sea digno de alabanza en nosotros de vez en cuando. Si no, ¡estamos necesitando algo más que un compañero responsable! Lo último que Pablo deseaba era que los corintios desmayaran (2 Co 4.1). Por otro lado, Pablo no era ciego con respecto a la realidad de que sus debilidades presentes acarreaban riesgos cada vez mayores. No sólo se preocupaba por el temor que sentía por ellos: bajo la inspiración del Espíritu Santo, les habló clara y dulcemente. Ya sea que lo hayan *escuchado* o no, los corintios lo *oyeron*.

Vidas transparentes. Eso es lo que nos hace falta y, nos demos cuenta o no, tú y yo necesitamos con urgencia personas que puedan ver a través de nosotros; porque con su ayuda podremos comenzar a vivir vidas íntegras desde adentro hacia fuera, de modo que *cualquiera* pueda mirar a través de ellas. ¡Qué libertad! ¡Qué paz! Observemos a una antigua Cover Girl...ᵉ y no me refiero a las chicas bonitas de las tapas de las revistas, sino a aquellas que escriben en su frente con tinta indeleble «Prohibida la entrada», y se mantienen tapadas cueste lo que cueste. Bueno, el costo es inestimable. ¡Esos momentos me robaron tanto gozo!

Recuerdo que cuando tenía diecinueve años estaba en el auditorio de la Universidad Estatal del Sudoeste de Texas, repleto ya que era la noche de entrega de premios. En toda la sala se respiraba una atmósfera de vibrante entusiasmo. Los asientos eran ocupados por profesores, estudiantes y familiares. Finalmente, llegó la hora en que el maestro de ceremonias daría a conocer los nombres de doce estudiantes, seis varones y seis mujeres, quienes habían sido votados por aproximadamente dieciséis mil como los favoritos de todo el campus. Ese premio era uno de los más codiciados de mi universidad —donde la sociabilidad era un valor bastante apreciado.

«Beth Green». El estómago se me subió a la garganta. Mis padres estaban tan orgullosos que comenzaron a llorar. Todo el mundo me aplaudía y me abrazaba. Luego subí a la tarima junto a los demás ganadores mientras la audiencia no cesaba de aplaudir con gran emoción. Yo sonreía y trataba de disfrutar ese momento lo más posible, pero el enemigo vino a robarme. No podía dejar de pensar: *Si realmente me conocieran, ¿aún les gustaría como persona?* Esa pregunta o una parecida me atormentó durante años, robándome tantos momentos que Dios había planeado que fueran maravillosos para mí. En mi interior, estaba llena de temores, gravemente enferma, y propensa a tomar decisiones poco felices. Pero no era una persona desagradable. Estaba *enferma*.

A Satanás le encantaría seguir torturándome con la baja autoestima. Créeme. Existen muy pocas personas que hayan sido maltratadas en su infancia, y que gocen naturalmente de una autoestima saludable.

Para escribir este libro busqué un lugar apartado en las montañas, y mientras estaba allí abrí un regalo que los miembros del equipo habían puesto en mi maleta. Era un calendario que comprendía el tiempo de mi estancia allí, y cada día tenía un paisaje diferente, un versículo bíblico y un mensaje personalizado de cada uno de ellos. El tiempo que habían invertido en hacerlo y el afecto que lo llenaba me sorprendieron tanto, que lloré como un bebé. ¡Los ojos se me llenan de lágrimas cada vez que lo pienso!

El último día, abrí el calendario para ver la imagen; esta vez no era un paisaje, sino una fotografía de nosotros nueve. *Mis amigos y yo, mis preciosos colaboradores en el evangelio.* Reía y gritaba al mismo tiempo, maravillada por la excelencia de aquellos que el Señor ha puesto a mi alrededor. Entonces lo escuché susurrar a mi espíritu: «Mira la clase de personas que te aman, Beth. Y, sí, realmente te conocen». Ellos conocen mi pasado, mis fallas, mis temores y mis inseguridades. Finalmente dejé que un grupo de personas mirara a través de mí, *y me aman de todas formas.* ¡Oh, qué gozo! Un gozo que no dejaré que el enemigo vuelva a robarme. En algún punto del camino esta «chica tapada» ^d fue liberada. Tal vez no sea bonita, pero es real.

El amor aceptador que Dios me mostró por medio de ellos, de mi esposo y de muchos otros que realmente me conocen, me ha dado el valor para pararme delante de miles de personas y ser quien soy: una miserable rescatada de un pozo y salva por la gracia de un Dios maravilloso. Y ya no me siento avergonzada.

Discernimiento: la capacidad de ver a través de las máscaras.

Responsabilidad: invitar a otros a ver a través de nosotros.

Ambos nos ayudan a *permanecer íntegros en el camino de la fe.*

Notas a la traducción:

a. Reactivo: Es decir, recibo un estímulo y produzco una respuesta. Es un modelo de pensamiento determinista. Elimina mi responsabilidad, pero a la vez me deja a merced sea de las circunstancias o del otro.

b. Proactivo: «Si bien la palabra *proactividad* es ahora muy común en textos de dirección de empresas, se trata de un término que no se encuentra en la mayoría de los diccionarios. No significa sólo tomar la iniciativa. Significa que, como seres humanos, somos responsables de nuestras propias vidas. Nuestra conducta es una función de nuestras decisiones, no de nuestras condiciones. Podemos subordinar los sentimientos a los valores. Tenemos la iniciativa y la responsabilidad de hacer que las cosas sucedan». (Stephen R. Covey, *Los 7 hábitos de la gente altamente efectiva* [Buenos Aires: Editorial Paidós SAICF, 2000] p. 85).

c. Se incluye, entre corchetes, la traducción directa e expresiones de la Amplified Bible, usada aquí en el original inglés.

d. Macartismo: nombre asignado en tiempos de la Guerra Fría a un exceso en la represión del comunismo, que llegó a convertirse en una caza de brujas. Deriva del nombre del legislador estadounidense McCarthy.

e. Cover Girl: juego de palabras entre «cover girl», «chica de tapa» de una revista —habitualmente bonitas—, y «chica tapada», que cubre, tapa u oculta algo; lo contrario de ser transparente.

Capítulo 9

A cara descubierta

En el capítulo anterior enfatizamos la necesidad de contar con la protección vital del discernimiento, de la responsabilidad de ser guardas unos de otros y también de la transparencia, en un mundo cada vez más corrompido por el engaño, la maldad y la seducción. Además de estas tres, nos damos cuenta de que hay otra más urgente. Dios va a usar la creciente exigencia de los últimos tiempos para unir al Cuerpo de Cristo, pero cada generación será responsable de permanecer alerta contra el creciente engaño. Durante miles de años, Satanás se ha especializado en corromper la necesidad que el hombre tiene de cercanía y comunión con otros. Nuestro objetivo, a lo largo de este capítulo, será protegernos de los vínculos de la seducción y quizá de una serie de relaciones malsanas. ¿Cómo? Asegurándonos de que estamos saludables, o lo que la Biblia denomina *santificados por completo*. Recuerda estos cuatro puntos importantes a medida que avancemos en esta parte de nuestro estudio, para evitar presuposiciones equivocadas:

1. *La seducción no siempre implica relaciones personales entre individuos*. Por ejemplo, la gente puede ser seducida por la falsa

doctrina, el dinero, la posición, el poder y una serie de adicciones secretas a las cosas terrenales. 2. *No todas las relaciones no saludables son sinónimo de seducción demoníaca.* 3. *Las relaciones sanas no son terreno propicio para la seducción.* ¡Así que no te vuelvas paranoico tratando de encontrar demonios detrás de cada persona! 4. *La relación seductora ciertamente no siempre implica falta de decoro físico o deshonestidad sexual.* Satanás puede usarla para promover toda clase de males, no sólo los de naturaleza sexual. Se aprovecha de que el hombre es, por naturaleza, un ser social.

En Mateo 24.12 Cristo anunció que en los últimos tiempos muchos corazones se enfriarían debido a *la multiplicación de la maldad.* En vez de eso, Cristo nos ha llamado a permanecer firmes hasta el fin y no dar lugar nunca a la frialdad en nuestro corazón. Para Cristo amar significaba vivir. Lo último que tú y yo dejaremos que el enemigo haga, es convencernos de que, si encerramos nuestro corazón en una caja de acero, estaremos protegidos contra la seducción inducida por medio de una relación. Esto equivaldría a optar por el camino más fácil, conduciéndonos al aislamiento; lo cual no es una opción disponible para los seguidores de Cristo, ya que Él dio Su vida por las personas, no por una doctrina eclesiástica. La Palabra se hizo carne con el propósito específico y expreso de unir.

Asimismo, tú y yo, creyentes en Jesucristo, hemos sido puestos en esta tierra con el inexcusable propósito de conectarnos

- Con un mundo perdido, por medio del evangelio de Jesucristo.
- Con la gente necesitada, en el nombre de Jesús (proporcionándoles alimento, vestido y ayuda).
- Con el Cuerpo de Cristo, a través del amor de Jesús.

En términos de ministerio, la gente es todo para nosotros, porque significan todo para Cristo. Nuestra tarea es aprender cómo ser canales santificados y saludables. Esta necesidad crece con la realidad de tanta gente necesitada y enferma que está allí afuera, gente que necesita ser ministrada, y vidas que Cristo ama y quiere redimir. Nosotros somos Su cuerpo físico y nuestra misión es transmitir Su ministerio al mundo; pero si no estamos física y emocionalmente saludables, no podremos cumplir adecuadamente nuestra tarea.

Cuando Cristo oró a Su Padre en Juan 17, intercedió poderosamente no sólo por Sus primeros discípulos, sino también por todos aquellos que creerían en Él por medio del mensaje de ellos (v. 20). Esos somos tú y yo y todos los demás que han aceptado el testimonio de la vida de Cristo predicado por ese primer grupo de seguidores. Juan 17:15a y 18 desecha la más mínima intención que podamos tener de encerrarnos entre las cuatro paredes de la iglesia, mientras la maldad crece en el mundo que nos rodea. «No ruego que los quites del mundo ... Como Tú me enviaste al mundo, así yo los he enviado al mundo».

Hemos sido enviados al mismísimo mundo que la iglesia se siente cada vez más tentada a evitar. La gran ironía es esta: que aun haciéndolo, no evitaríamos las relaciones malsanas, ya que muchos de nosotros no estamos sanos, por no haber permitido que Dios complete su obra en nuestras vidas. Y, lo que es aún más aterrador: tampoco lograríamos evitar la seducción demoníaca cerrando la puerta al mundo y limitándonos a relacionarnos sólo con gente que pertenece al ámbito de la iglesia. ¿Sabes por qué? Porque mucho de lo que llamamos seducción tiene lugar *precisamente allí*. Uno de los sinónimos para la palabra *maquinaciones* utilizado en Efesios 6.11, en lo que se refiere a las tácticas de Satanás contra los cristianos, es el término *asechanzas*. Uno de los elementos insidiosos en una relación seductiva, es que esa unión tal vez no sea con una persona inconversa o aparentemente mundana, ya que si Satanás quiere seducir a una persona espiritual, por lo general va a usar una carnada espiritual. En la medida en que busquemos la manera de proteger nuestras relaciones cercanas contra la seducción dentro del ámbito de la iglesia, aprenderemos algo de suma importancia: nuestra meta son las relaciones *santas*, no las relaciones *espirituales*. Quizá te interese saber que en estos últimos años he oído de cristianos que habían quedado atrapados en una relación de seducción con personas a las que consideraban no creyentes y aun con individuos que al principio parecían ser cristianos pródigos. Por supuesto, ese tipo de casos abunda; sin embargo pensé que tal vez podrías usar la revelación que aporta el estudio de casos que he realizado. Voy a dar un paso más: muchos de ellos me contaron que una de las cosas que más los atrajo fue la espiritualidad de la otra persona. Sin embargo, la espiritualidad no equivale a la santidad *de ninguna de las partes*, ni el hecho de ser profundamente espiritual significa ser cristiano. En contextos espirituales tiene lugar todo tipo de seducción: entre miembros del coro de la iglesia, ministros y líderes laicos, líderes y miembros laicos. Lamentablemente, las oportunidades son infinitas, y no es cuestión de ser capciosos o sospechar de todos, sino de protegernos y tomar decisiones sabias y prudentes. La clave es ser conscientes de la posibilidad. En su maravilloso libro *Spurgeon on Prayer and Spiritual Warfare*, Charles Spurgeon incluyó la siguiente cita de Thomas Spencer:

> Cuando el camaleón yace sobre la hierba para poder cazar moscas y saltamontes, adquiere el color de la hierba.
>
> El pólipo se camufla del mismo color de la roca bajo la que se esconde para que los peces se acerquen sin sospechar el peligro.
>
> Asimismo, Satanás se camufla, tomando la forma que menos tememos, y pone delante de nosotros objetos de tentación que resulten más deleitosos a nuestra naturaleza, para lograr atraernos hacia su red más rápido; navega a toda vela con viento a favor, y sopla en cierta dirección de modo que nos inclinemos a través de las debilidades de nuestra naturaleza.[1]

La pregunta que estoy anticipando es si aquellos cristianos que Satanás usa fácilmente contra otros, son realmente cristianos. Podemos recordar cómo en Mateo 16.23, Satanás usó a Pedro contra Cristo, y Pedro sin duda era cristiano. Ciertamente no estoy queriendo decir que toda persona que dice o parece ser cristiana realmente lo *es*. Pablo afirma claramente, en el mismo capítulo de nuestro pasaje base de las Escrituras, que «el mismo Satanás se disfraza como ángel de luz. Así que, no es extraño si también sus ministros se disfrazan como ministros de justicia» (2 Co 11.14-15). Lo que quiero señalar es que Satanás no puede poseer al cristiano; pero las

Escrituras contemplan la posibilidad de que Satanás use a los creyentes de cualquier forma posible, si le damos oportunidad.

Una de las cosas que debemos evitar a toda costa es juzgar el corazón de otra persona, porque esa tarea le corresponde sola y únicamente a Dios. Juzgar a otro no significa lo mismo que discernir algo que parece no estar bien, de modo que consideremos evitar abrirnos a una relación íntima o cercana en esa situación. Dios ve cada corazón, y el *nuestro* debe ser recto delante de Él, incluso cuando nos sintamos tentados a preguntarnos si el corazón de nuestro hermano también lo es.

Detente un minuto y reflexiona sobre todo lo que hemos estudiado hasta ahora respecto de la iglesia y del mundo. ¿Puedes ver la urgencia? Tú y yo, como personas que queremos equiparnos para vivir a prueba de seducción, vemos que el mundo que nos rodea será cada vez más corrompido; con todo, hemos sido enviados directamente a él. Ni siquiera podemos encontrar un refugio totalmente seguro dentro de la comunidad de la iglesia, puesto que las relaciones de seducción también ocurren allí. ¿Qué debemos hacer entonces? Ser saludables y santos en medio de lo que nos rodee, y clamar para que el Cuerpo de Cristo se instruya y comience a hacer lo mismo. No hallaremos ningún lugar con garantía de total seguridad donde podamos escondernos; tendremos que buscar nuestra seguridad en Cristo, escondiéndonos en Él, no importa en qué clase de lugar estemos. Sea cual fuere el lugar donde nos envíe, Él está listo para protegernos. Solamente debemos permanecer en Él por medio de la santificación.

En el capítulo 17 de Juan, donde Cristo confirmó Su intención de enviarnos al mundo, también oró al Padre para que los suyos fueran uno: «Yo en ellos, y tú en mí, para que sean perfectos en unidad, para que el mundo conozca que tú me enviaste, y que los has amado a ellos como también a mí me has amado» (v. 23).

Así que no se trata de empezar a sospechar unos de otros, en un ataque de fobia. Este libro de ningún modo indicaría iniciar una caza de brujas en nuestras iglesias. Si cada persona se preocupa por su salud y su santidad personal en Cristo, encontrará la protección que necesita. También podremos discernir que existe, dentro del

Cuerpo de Cristo, gran número de personas con quienes podemos establecer relaciones cercanas y santas sin temor.

Si en vez de esto, desarrollamos una fobia, no solamente violaríamos las Escrituras, ¡sino que nos estaríamos perdiendo un gozo y una bendición tremendos! Estoy profundamente agradecida por las preciosas relaciones que Dios me ha permitido establecer aquí, en Living Proof Ministries. Sin el equipo de mujeres de «hierro» (Pr 27.17), no sólo perdería mi perspicacia, sino que ¡tampoco podría cumplir con mi llamado! Además de mis colaboradores están mis amigos, quienes no solamente me desafían a seguir adelante en la senda de la fe, sino que también me hacen reír hasta por los codos. En la serie de grabaciones *Jesus the One and Only*, conté acerca de dos pastores junto a quienes servimos en un equipo de liderazgo en la India. Ellos me hicieron creer que la gente de la Universidad de Nagaland honra a los oradores que los visitan, haciendo que hablen parados sobre una banqueta. ¡Acertaste! Hablé *durante una hora y media*. Al concluir mi mensaje estos dos colegas, de quienes creía que tenían cierta apariencia de madurez espiritual, me llevaron aparte y me dijeron la verdad. Después de golpearlos una y otra vez con mi Biblia y cuestionar el hecho de si eran salvos o no, nos reímos hasta llorar. Al contártelo, no puedo evitar volver a reírme. Esa es una historia entre miles. Yo también he hecho de las mías, pero con más frecuencia yo misma he sido la crédula, objeto de las bromas.

Me he divertido tanto dentro del Cuerpo de Cristo. No cambiaría a mis amigos en la fe por nada del mundo. No podemos permitir que el enemigo nos intimide al punto que evitemos establecer relación con otros. Sólo debemos asegurarnos de desarrollar relaciones sanas, equilibradas y aprobadas por Dios; la manera de empezar es convertirnos en la clase de persona que querríamos encontrar allí afuera. Es mi clamor que aprendamos cómo es ese tipo de relaciones, según el siguiente capítulo. Antes de hacerlo, todavía nos queda algo de vital importancia para aprender acerca de la intercesión de Cristo por nosotros en Juan 17. Anteriormente, cuando cité Juan 17.15a y 18, omití a propósito ciertos versículos, para poder presentártelos ahora. Lee Juan 17.15-18 sin omitir nada:

«No ruego que los quites del mundo,
sino que los guardes del mal.
No son del mundo,
como tampoco
yo soy del mundo.
Santifícalos en tu verdad;
tu palabra es verdad.
Como tú me enviaste al mundo,
así yo los he enviado al mundo».

Hemos sido enviados al mundo; por lo tanto, aislarnos de él sería desobedecer a Su propósito. Asimismo, hemos establecido que, más que ninguna otra cosa, Jesús quiere que nosotros, Su Cuerpo, permanezcamos en unidad. Debemos permanecer unidos. Lo que necesitamos en estos dos «mundos» es estar protegidos del maligno y, como Cristo ya lo sabía, intercedió por eso ante Su Padre. Nuestro medio de protección está claramente establecido en ese pasaje: la *santificación*. No podemos eludir el concepto, ¿no es así? Sin ella, seremos terriblemente vulnerables en nuestro andar en esta tierra. La santificación es el maravilloso trabajo del Espíritu Santo de apartarnos —para ser puros y consagrados a Dios— aunque nos encontremos en contextos problemáticos. Aun el proceso mismo de santificación protectora está señalado claramente en Juan 17.17. Somos santificados por la verdad: «la palabra de Dios *es* verdad» (énfasis mío). Únicamente cuando comencemos a permitir, o de hecho a invitar, a la Palabra a penetrar a través de *nuestro ser entero* con todo su poder y autoridad, estaremos efectivamente protegidos del maligno.

¿Todavía no has empezado a hacerlo? Después de todo, ¿de qué tratan todos esos sermones y estudios bíblicos? No puedo exagerar la importancia de las afirmaciones siguientes. Primero, una gran parte del Cuerpo de Cristo se alimenta muy poco de la verdadera Palabra de Dios. Segundo, muchos de los que se alimentan regularmente de la Palabra de Dios no la reciben voluntariamente (no la aplican) en *todas las áreas de su vida*. Podemos acumular la verdad en nuestras cabezas, sin necesariamente permitir que penetre en los lugares más recónditos de nuestra mente, para que pueda cambiar radicalmente la forma en que procesamos nuestros pensamientos. Asimismo, en muchas ocasiones dejamos que la Palabra llegue a nuestros corazones, y hasta derramamos algunas lagrimas, pero no la invitamos a tomar total control y autoridad sobre nuestras emociones, de modo que podamos confiarnos de lo que estamos sintiendo.

Además, decimos que la Palabra de Dios es alimento para nuestra *alma,* pero ¿le damos al Espíritu Santo libertad y autoridad para usarla para transformar aún más nuestro carácter? 2 Corintios 3.18 dice que debemos permitir que el Espíritu Santo no sólo nos traiga la Palabra *a* nosotros, sino que penetre con ella *en nuestro ser entero*:

> «Por tanto, nosotros todos, mirando a cara descubierta como en un espejo la gloria del Señor, somos transformados de gloria en gloria en la misma imagen, como por el Espíritu del Señor».

¿Realmente miramos a cara descubierta? ¿Sin máscaras? ¿Sin fingimiento? ¿Totalmente descubiertos, con el propósito de reflejar la mismísima imagen que estamos contemplando? ¿Dejamos que la Palabra de Dios no sólo llegue *a* nosotros, sino que penetre en *todo nuestro ser*? Quiero señalar muy amorosamente que, si no estamos pidiéndole voluntariamente a Dios que sea parte de cada uno de nuestros «asuntos», probablemente no estemos viviendo de acuerdo con este enfoque que nos servirá para estar protegidos. Sin lugar a dudas, esta cuestión es la diferencia que existe entre el enfoque anterior sobre la Palabra de Dios y mi enfoque actual respecto de la Palabra de Dios. Antes, realmente amaba la Palabra de Dios y había comenzado a estudiarla con mucho entusiasmo; aun así, el enemigo podía tener victoria sobre mí puesto que, sin saberlo, yo estaba bloqueando el ingreso del poder y la protección de la Palabra en algunas áreas de mi vida que desconocía o que no admitía; así que sólo estaba reinando con total autoridad en las áreas que, según esta cristiana corta de vista, parecían ser las más obvias. Esas partes de mi vida no presentaban ningún problema evidente o urgente;

entonces, sencillamente no aplicaba la autoridad total de la Palabra en esas áreas. ¡Qué gran error! No le estaba pidiendo a Dios en forma activa que cambiara mi forma de pensar, de sentir, de percibir, transformándome radical y progresivamente de gloria en gloria. Ahora soy fanática. Tal vez sea porque casi me muero del susto. Quizá porque me di cuenta de que Satanás hizo algunas cosas que yo no sabía que él podía hacer. Y, más que nada, porque finalmente me di cuenta de que no estaba aprovechando la Palabra de Dios en toda su profundidad. ¡Hoy quiero que penetre hasta los tuétanos! No quiero guardarme para mí ningún rincón de mi cuerpo, de mi alma o de mi espíritu. ¡Santifícalo todo, Señor Jesús! ¡Es Tuyo! No quiero guardarme nada. Esto es exactamente el propósito de la Palabra de Dios. Echemos un vistazo al pasaje de Hebreos 4.12-16:

> Porque la palabra de Dios es viva y eficaz, y más cortante que cualquier espada de dos filos; penetra hasta la división del alma y del espíritu, de las coyunturas y los tuétanos, y es poderosa para discernir los pensamientos y las intenciones del corazón. Y no hay cosa creada oculta a su vista, sino que todas las cosas están al descubierto y desnudas ante los ojos de aquel a quien tenemos que dar cuenta.
>
> Teniendo, pues, un gran Sumo Sacerdote que trascendió los cielos, Jesús, el Hijo de Dios, retengamos nuestra fe. Porque no tenemos un sumo sacerdote que no pueda compadecerse de nuestras flaquezas, sino uno que ha sido tentado en todo como nosotros, pero sin pecado. Por tanto, acerquémonos con confianza al trono de la gracia para que recibamos misericordia, y hallemos gracia para la ayuda oportuna (LBLA).

La noticia de que todo en nuestras vidas y acerca de ellas está desnudo delante de Dios, no tiene por fin aterrorizar a Sus hijos o hacernos sentir culpables o condenados. Estas palabras quieren decirnos que, gracias a la muerte de Cristo y su intercesión permanente, el poder sanador, vivificante y dador de sabiduría de la Palabra de Dios llega hasta cada rincón de nuestra vida, hasta los lugares más recónditos de nuestro ser. Nada en nosotros o sobre nosotros permanece sin ser afectado por la Palabra de Dios, cuando le permitimos ejercer Su sabio dominio protector.

Hebreos 4.12 describe la palabra de Dios como «llena de poder». La palabra original para «poder» solía usarse también en el griego extra-bíblico para designar a las drogas que eran eficaces para curar. [2] La palabra era empleada como término médico. Asimismo, la Palabra de Dios aplicada a cada área de nuestro ser producirá sanidad y restauración cada vez mayores. Encontraremos gracia y ayuda para *cada* necesidad, incluso para aquellas de las cuales nos avergonzamos.

Desde que me propuse la meta de absorber la Palabra de Dios en cada parte de mí, pidiéndole que nada permaneciera intacto, Satanás no ha logrado ganar ni una victoria sobre mi vida. He practicado este enfoque durante varios años y, aunque el enemigo ciertamente se me opuso, molestándome y exasperándome, no ha logrado ganar terreno en mí. Sea lo que fuere que hagas, no creas que ha sido un gran logro de mi parte. Nada de esto ha sido hecho por la fuerza ni por ningún poder, sino por el Espíritu de Dios que aplicó la Palabra de verdad en todo mi ser. Pero si no le doy total libertad, sin duda volveré a experimentar ciclos de derrota. No ceso de compartir lo que he aprendido acerca de la victoria, porque estoy segura de que si estas prácticas dieron resultado en alguien tan quebrantado y derrotado en su pasado como yo, van a darlo en cualquiera que lo aplique. Dios no tiene favoritos; todo lo que quiere que hagamos es que reconozcamos nuestra necesidad y que lo recibamos abiertamente. También me siento obligada a compartir lo aprendido porque creo que hay muchos cristianos que son exactamente iguales a lo que yo era. Están convencidos de estar permitiendo que la Palabra de Dios realice su obra santificadora, aunque sólo cumplen una dieta basada en sermones y estudios bíblicos. Más aun, aman la Palabra; pero, probablemente sin saberlo, la han aplicado en forma selectiva, de modo que algunas áreas quedaron desprotegidas. No necesitamos esperar a que pase algo realmente doloroso. ¡Puedes cambiar tu enfoque hoy mismo! Comienza a pedirle resueltamente a Dios que labre tu preciosa vida con Su Palabra. ¡No tengas temor de hacerlo! ¡Ten temor de *no* hacerlo! Estás completamente seguro en manos de Dios. Comienza a dialogar abiertamente con Él con respecto a tu pasado, a tu presente y a tu futuro. Háblale dulcemente de tus debilidades, de tus tentaciones y de tu tendencias a pecar. Pídele que, comience a revelar progresivamente toda área de tu vida que, sin saberlo, está cerrada al poder sanador de Su Palabra. Acércate a Dios como tu consejero diario, como tu psicólogo, quien te conoce mejor de lo que te conoces a ti mismo. Acércate a Dios como tu consejero diario, como tu "almólogo" (experto en «*psyche*»), quien te conoce mejor de lo que te conoces a ti mismo.

No sólo encontrarás protección, también descubrirás un nivel de intimidad con Él que no se compara con nada de lo que hayas experimentado jamás. Cuando lo pienso, mis ojos se llenan de lágrimas por ti.

¡Deja que la Palabra de Dios te santifique por completo! Hay un mundo allí afuera que necesita del ministerio que Jesús nos encomendó a nosotros. Hay un Cuerpo de creyentes a quienes servir y amar. No queremos ser accidentes en potencia en ninguno de esos dos mundos importantes. Permitámosle a Dios que obre a Su manera en cada parte de nosotros, sin esconderle nada y, a medida que hace Su buena obra, el riesgo de sufrir derrota será cada vez bajo, sin embargo, con esto aumentará el riesgo de tener gozo y de obtener una buena cosecha.

Capítulo 10

Cómo establecer vínculos saludables

Mi forma de aprender es básicamente visual, y quizá a muchos de ustedes les suceda lo mismo. Este capítulo nos ayudará a pensar en varios conceptos. Me gustaría que, cuando lleguemos a su conclusión, pudiéramos elaborar un diagrama de los tipos de vínculos saludables que nos protegen contra las relaciones seductivas. Si todavía no lo has hecho, voy a pedirte que leas el capítulo anterior, para que tengas una base apropiada acerca del tema que vamos a discutir ahora. Una vez más, te pido que recuerdes que no toda seducción es relacional y que no toda relación seductiva se refiere a lo físico o sexual.

En la parte 1, examinamos cómo la Palabra de Dios denomina «espíritus inmundos» a los demonios. Los que hemos recibido a Cristo como nuestro salvador personal también recibimos en nuestras vidas al Espíritu Santo, quien reside literalmente en nosotros. Tú y yo hemos sido limpiados por la obra santificadora del Espíritu, quien vino a vivir en nosotros, trayendo consigo Su limpieza.

También hemos visto cómo Satanás ataca a los cristianos en maliciosa venganza porque Dios no permitió que fuera «como el Altísimo» (Is 14:14). Satanás sabe muy bien que Dios quiere presentarle a

Su Hijo una novia virgen, pura y sin mancha, y hace todo lo que puede para mancillarla. Lo que parece no «entender» es que no puede tocar o corromper al Espíritu de Cristo que está en nosotros, quien, después de todo, es el que hace que estemos puros delante de Dios. Aun así, queremos ser santificados «por completo … guardado irreprensible para la venida de nuestro Señor Jesucristo» (1 Tes 5.23). Gracias a Dios, «fiel es el que os llama, el cual también lo hará» (v. 24).

Satanás, el supremo Sr. Inmundo, odia que las mortales criaturas hayan sido limpiadas a través de la gracia del Calvario y de la obra santificadora del Espíritu Santo. Si no puede lograr que estemos sucios, al menos intentará todo lo posible para hacernos *sentir sucios*, porque sabe que los sentimientos de impureza finalmente nos llevan a actuar de acuerdo con ellos. Además, como el ser humano es por naturaleza sociable, Satanás sabe que a la soledad le encanta la compañía y que las relaciones impuras aceleran las acciones impuras. Dicho en términos más simples, *Satanás anhela perversamente que la gente pura forme vínculos impuros.*

Por lo tanto, nuestra responsabilidad, así como también nuestra poderosa defensa, es aprender a formar *vínculos puros, limpios.* A propósito estoy exponiendo las nociones elementales de este concepto, porque creo que es de vital importancia y quiero que quede bien claro.

Para poder aplicar el concepto de vínculos puros —y saludables—, primero necesitamos aclarar qué entendemos por *vínculos.* Con este término me estoy refiriendo a las amistades cercanas, asociaciones y relaciones. Al utilizar la palabra «limpio», para darte el mayor grado de protección, voy a pedirte que deliberadamente interpretes ese término en un sentido más amplio que el «opuesto a sucio»; y que traduzcas «limpio» como «opuesto a desordenado, confuso».

Permíteme explicar por qué esta definición es fundamental. Existen vínculos que no son puros y no necesariamente deben clasificarse en la categoría de impuros. Una relación no necesita ser impura para ser seductiva y/o malsana. Puede ser simplemente desordenada. Para el propósito que nos ocupa, vamos a adoptar el significado de la palabra «*desordenado*» como la antítesis de «limpio» de acuerdo con las definiciones del diccionario *Merriam Webster"s Collegiate*

Dictionary. «Desordenado: Caracterizado por la confusión, el desorden o la suciedad... descuidado, desaliñado... extremadamente desagradable o irritante».[1]

Como puedes ver, la palabra *limpio* abarca un significado mucho más amplio que el opuesto de sucio. Muchos cristianos enseguida catalogan toda clase de pecado sexual como sucio; sin embargo, podemos encontrarnos envueltos en un embrollo de seducción sin llegar necesariamente a lo físico. Pasemos en primer lugar, a algunas consideraciones referentes a la seducción sexual. Luego, ampliaremos nuestra perspectiva para incluir otros tipos de relaciones desordenadas.

En el capítulo 2 vimos cuán poderosamente Satanás está usando la seducción sexual, y que virtualmente *no puede ser* igualada en poder destructivo y adictivo. La sexualidad malsana es un blanco certero para la seducción. En el capítulo anterior establecimos que no todas las relaciones no saludables son objetivos específicos de la seducción demoníaca. Sin embargo, estoy convencida de que todo ataque contra la vida de un cristiano para enredarlo en una relación sexual extramatrimonial es *seducción*. Mi fundamento para dicha categorización es el libro de Proverbios, el cual clasifica al que tienta al pecado sexual como seductor o seductora (Proverbios capítulo 7 es uno de los ejemplos más contundentes).

Quizá lo único positivo de la seducción sexual es que puede ser más fácil de reconocer que algunas otras formas de relación seductiva. Por esta razón, debemos aprender a formar vínculos más «sanos» y «puros». A medida que avancemos, el panorama se irá aclarando cada vez más. Continuemos, entonces, y digamos que un vínculo extramatrimonial, de cualquier clase que sea, ha perdido la «limpieza» y la «pureza» en el mismo instante en que esté comprometido *algún nivel de sexualidad*.

Muchos adultos se escandalizan al descubrir que gran cantidad de adolescentes equiparan al pecado sexual con el acto sexual (prematrimonial). Para un gran número de adolescentes que se consideran personas morales y obedientes a sus padres, todo lo demás vale. De hecho, si eres padre o madre de un adolescente, debes ser muy claro con respecto a lo que consideras límites apropiados de afecto en las relaciones que tu hijo o hija desarrolle. No des por supuesto que ellos comparten tu misma definición de lo que es *impropio*.

Al mismo tiempo que no creemos que nuestra juventud sea necia, muchos adultos actúan de manera pueril e irresponsable. Un incontable número de adultos cae en toda clase de pecado sexual por medio de conversaciones impropias, bromas subidas de tono, flirteo y demostraciones de afecto incorrectas. Mientras no hayan cometido fornicación, se justifican diciendo que realmente no han hecho nada malo. Para estar protegidos contra la seducción sexual, debemos adoptar un estándar drástico de santidad. Todo asomo de relación de tipo sexual con alguien que no sea nuestro esposo o esposa revela la existencia de una estrategia de seducción demoníaca. Es más, creo que eso incluye toda intrusión en los pensamientos o lo que el mundo llama la «fantasía».

La Palabra de Dios nos da un mandamiento muy categórico para aquellos momentos en que seamos tentados a cometer inmoralidad sexual: «*¡Huye!*» (1 Co 6.18). Las Escrituras nos instan a huir del pecado sexual para salvar nuestras vidas. No hace mucho, estuve hablando con una cristiana que se había enredado en este tipo de situación con un vecino. Si esta no se desvanece inmediatamente, uno de los dos necesitará *mudarse*. Lo mismo sucede si surge una relación extramatrimonial en el ámbito del trabajo. Si ese vínculo no se disuelve inmediatamente, alguno de los dos tendrá que cambiar de trabajo, o, como mínimo, de oficina. ¿Parecen reacciones demasiado extremas? ¡Pues lo son! Pero es exactamente lo que Dios quiere decir cuando dice: ¡huye!

Si el cristiano ya está atrapado en ese enredo de seducción, tal vez «sienta» que sus fuerzas para huir han disminuido. ¿Qué debería hacer dicha persona? *¡Debería contárselo a alguien con autoridad espiritual en quien pueda confiar!*

Déjame darte un ejemplo particular. Una de mis amigas, que vive en otra ciudad, pertenece al equipo de apoyo de su iglesia. Satanás comenzó a tentar a esta preciosa esposa y madre cristiana, haciendo que se sintiera atraída hacia uno de los ministros, con el que trabajaba. Tenía todas las evidencias de estar en camino a caer en la trampa de la seducción, y quizá podría haber sido usada como agente seductor en la vida del ministro. (Él no había mostrado ninguna actitud impropia; todo lo que hacía o decía no excedía los límites de la amistad).

Esta mujer piadosa fue lo suficientemente sabia como para contarle a alguien en quien confiaba, admitiendo que estaba enfrentando una tentación y pidiendo consejo y oración. Su confidente (que no era yo), le dio ambos. Días más tarde, llamó por teléfono rebosante de gozo, contándole que desde el día en que habían conversado, no volvió a sentir ni una pizca de tentación o atracción hacia ese hombre. Los sentimientos nunca volvieron, y ella evitó lo que podría haber sido un desastre.

¿Qué había sucedido? Recuerda: Satanás ama lo secreto. Y lo que esta mujer hizo fue desvanecer esa estrategia diabólica cuando participó el secreto a alguien que, a su vez, la ayudó por medio de la oración y de un estricto seguimiento responsable. ¡Aleluya! No esperó a que llegara a nivel de lo físico; sabía que, en el momento en que la relación comenzara a orientarse hacia lo sexual, aunque sólo fuera en sus pensamientos, estaría en camino a meterse en problemas. *Las líneas de ese vínculo se habían desdibujado.* Sin embargo, al traer a la luz la maquinación de Satanás, este perdió terreno.

Antes de pasar al tema de la relación seductiva no orientada a lo sexual, debo señalar que relacionarse románticamente no es lo mismo que relacionarse sexualmente. Las parejas piadosas que todavía no se han casado, pueden relacionarse románticamente con dulce inocencia; pero siempre deben tener mucho cuidado para evitar cruzar la que podría ser una fina línea que los separa del terreno de lo sexual. Ellos son un blanco preferido, porque los sentimientos de uno hacia el otro son tan magnéticos; por esta razón, deben ser mucho más cuidadosos para no dar lugar al enemigo, un oportunista desvergonzado que juega sucio … desde lo secreto de las tinieblas. Establecer y respetar esta clase de límites exige discernimiento, autodisciplina y la capacitación del Espíritu Santo; pero estas jóvenes parejas, para estar protegidas, deberán ser conscientes de las asechanzas del enemigo.

Este tema no me resulta más cómodo a mí de lo que a ti quizá te resulte leerlo, pero la timidez y la falta de claridad no nos servirán de nada. Satanás cree que la iglesia no tiene el valor suficiente como para tratar este tipo de cuestiones; pero nosotros vamos a demostrar que está equivocado. En Oseas 4.6 el Señor dice: «Mi pueblo fue destrui-do, porque le faltó conocimiento». La Palabra de Dios tiene mucho para decir acerca de las estrategias que el diablo organiza contra noso-tros, y Dios nunca elude las cuestiones difíciles como esta. El Espíritu Santo nos dota de poder por medio del conocimiento.

Satanás haría lo que fuera para imitar el don de la sexualidad que Dios les dio a los esposos. No hay nada más «puro»; por eso guardemos este don precioso que se nos ha concedido. Recuerda, entonces, que todo vínculo extramatrimonial, cualquiera sea, pierde la «transparencia» y la «pureza» en el momento en que *entra en juego algún grado de sexualidad*.

Ahora, pasemos a considerar algunos ejemplos de relación seduc-tiva no orientada a la sexualidad. En la primera parte, conté el caso de una de mis amigas y su esposo, ambos cristianos muy activos, que fueron atrapados en la poderosa seducción de una secta religiosa cuya iglesia tenía prácticas muy parecidas a las de la iglesia primitiva del Libro de los Hechos. En realidad, muy pocas de esas prácticas resulta-ron estar de acuerdo con el modelo de las de la iglesia primitiva, con la conveniente excepción de la mancomunidad de los recursos finan-cieros. Ellos no se dieron cuenta de cuán lejos se estaban desviando de la Palabra de Dios hacia el legalismo y las ataduras inducidas por el hombre. Los líderes interpretaban la Palabra por ellos, *no animándo-*los a estudiar la Biblia por sí mismos. ¿Estás empezando a reconocer las señales? Mi amiga y su esposo perdieron la protección activa por medio de la santificación permanente de la Verdad de Dios.

Finalmente, esta familia fue inducida a entregar prácticamente todo lo que tenía, exceptuando su salvación y su propia vida. Mi ami-ga es una de las personas menos ingenuas que conozco, y ella misma afirmó que esta secta tenía un terrible poder seductivo para controlar la mente y cegar la vista. Ten presente que cualquier clase de manipu-lación mental que desvía al cristiano de su sincera fidelidad a Cristo es calificada como seducción demoníaca, de acuerdo con lo expresado en 1 Corintios 11.2-3. En razón del tema que nos ocupa, te pido que prestes especial atención a la dimensión de esta maquinación diabóli-ca: mi amiga me dijo que lo que le resultó más difícil de abandonar era la estrecha relación que existía entre los miembros. Sus vidas estaban estrechamente unidas entre sí, realizaban juntos todas las actividades y sabían prácticamente todo unos de otros.

La separación fue «sangrienta», porque estaban tan pegados unos con otros que los desertores no podían sencillamente cortar los lazos e irse; para poder salir tenían literalmente que desgarrarse, puesto que no estaban unidos por el Espíritu mismo, sino por la carne que imitaba al Espíritu. Esa dependencia era una imitación de la verdadera unidad. Y, aunque los vínculos no eran de orden sexual, eran relaciones malsanas. Esa es nuestra palabra clave.

Voy a darte otro ejemplo referido a la relación de seducción no sexual, en la esperanza de que cuentes con suficiente información para reconocer las líneas borrosas que ponen en riesgo nuestros vínculos. A lo largo de la parte 1, nos remitimos a dos pasajes primarios: (1) 2 Corintios 11.2-3, donde se nos advierte que los creyentes que son sinceramente fieles a Cristo pueden ser seducidos por la serpiente; y (2) Mateo 24, donde Cristo anunció que en los últimos días el engaño y la maldad se multiplicarían. No es casualidad que los dos pasajes nos prevengan en contra de los *falsos Cristos*.

En Mateo 24.4-5, Jesús respondió: «Mirad que nadie os engañe. Porque vendrán muchos en mi nombre, diciendo: "Yo soy el Cristo"; y a muchos engañaran».

En 2 Corintios 11.4, el apóstol Pablo dijo: «Pero si viene alguno predicando a otro Jesús que el que os hemos predicado, o si recibís otro espíritu que el que habéis recibido, u otro evangelio que el que habéis aceptado, bien lo toleráis».

En el ejemplo de Mateo, Cristo se refirió directamente a las falsas declaraciones de los que vendrían afirmando ser Él; mientras que en 2 Corintios, Pablo dio a entender que si el Jesús que otros predicaban no sonaba igual al que ellos predicaban, entonces no era el mismo Jesús. Ambas clases de impostores son obvios ejemplos de falsos «Cristos». También me gustaría señalar que Satanás puede seducirnos por medio de un tipo de falso Cristo mucho más sutil.

Todo aquel que se convierta en un Cristo para nosotros, constituye un vínculo malsano y pecaminoso, no importa cuán espiritual sea la persona en cuestión. Ya sea que la persona intencionalmente reclame, o no, dependencia y devoción, la artimaña de Satanás tiene el propósito de transferir la profunda devoción que el cristiano siente por Cristo hacia un ser mortal.

El error en ambas partes de esa relación terrenal es gigantesco. Toda relación en la que comenzamos a atribuir emocionalmente algunas de las actividades de Cristo especificadas en la Biblia a una persona, no sólo constituye un vínculo malsano, sino un estado de desorden y confusión. Dios no va a compartir Su gloria con nadie, y nunca va a bendecir o llegar a tolerar que otro se convierta en un salvador para nosotros.

Años atrás, escuché un acróstico para la palabra EASTER (que en español significa «Pascua») que nunca he olvidado y que compartí en varias oportunidades; dice así: [a]

¡Todo Salvador Alterno se Jubila por Anticipado! ¿Has descubierto alguna verdad en esta afirmación? Yo sí. Los falsos cristos son los falsos libertadores, los falsos consoladores, los falsos perdonadores, los falsos proveedores y los falsos sanadores. Sus obras no pueden sostenerse y, por lo tanto, su fruto finalmente se echará a perder. Sólo Cristo es nuestra salvación; todos los demás cristos son seducción.

Anteriormente prometí que encontraríamos una forma de visualizar, e incluso diagramar, los vínculos puros y saludables. Para esclarecer el contraste, también voy a diagramar los vínculos impuros de manera de poder reconocer la diferencia entre ambos. ¿Recuerdas la lista de cosas que las víctimas de la seducción tienen en común, desarrollada en la parte 1? Allí señalé que muchos de los que estaban atrapados en una relación seductiva, fuera de índole sexual o no, usaban el término «*telaraña*» para referirse a ella. El uso reiterado de esta terminología me resultó intrigante, puesto que quienes lo utilizaban eran personas no relacionadas entre sí y tampoco eran conscientes de que otros habían usado esa palabra para describir los lazos seductivos. Las principales traducciones usan la expresión «*tela de araña*» en dos ocasiones:

- Job 8:13-14 dice: «Tales son los caminos de todos los que olvidan a Dios; y la esperanza del impío perecerá. Porque su esperanza será cortada, y su confianza es tela de araña».

- Isaías 59:1-5 dice: «He aquí que no se ha acortado la mano de Jehová para salvar, no se ha agravado su oído para oír; pero vuestras iniquidades han hecho división entre vosotros y vuestro Dios, y vuestros pecados han hecho ocultar de vosotros su rostro para no oír. Porque vuestras manos están contaminadas de sangre, y vuestros dedos de iniquidad; vuestros labios pronuncian mentira, habla maldad vuestra lengua. No hay quien clame por la justicia, ni quien juzgue por la verdad; confían en vanidad, y hablan vanidades; conciben maldades, y dan a luz iniquidad. Incuban huevos de áspides y tejen telas de araña».

El capítulo 8 de Job se refiere a los que olvidan a Dios como cualquiera que transfiere su devoción a un cristo falso. *Su esperanza será cortada, y su confianza es tela de araña.*

Isaías 59 habla acerca de los impenitentes, cuyos dedos están contaminados de iniquidad y cuyos labios pronuncian mentira y sus lenguas hablan maldad. Engendran huevos de áspides y tejen telas de araña.

Ambos ejemplos visuales atribuyen la responsabilidad a los que confían en una tela de araña y a los que tejen tela de araña. Cristo puede destruir esa tela de araña, y de hecho lo hará, pero mientras tanto las cosas pueden ponerse pegajosas. Las telas de araña no forman una relación saludable y, en ocasiones, la persona puede estar tratando de quitarse el pegote aun después de mucho tiempo de terminado el vínculo. La liberación comienza cuando reconocemos totalmente nuestra·atadura y nuestro pecado, no evadiendo ninguna responsabilidad legítima. La sabiduría aflora al reconocer cómo se tejen las telas de araña y cómo evitarlas.

El Nuevo Testamento no utiliza la expresión «*tela de araña*» en ninguna de las cuatro traducciones principales, pero Hebreos 12.1-2 nos ofrece un excelente ejemplo visual que podemos agregar a nuestros diagramas.

«Por cuanto un número tan inmenso de hombres de fe nos contempla desde las graderías, despojémonos de cualquier cosa que nos reste agilidad o nos detenga, especialmente de esos pecados que se nos enredan en los pies y nos hacen caer, y corramos con paciencia la carrera en que Dios nos ha permitido competir. Mantengamos fijos los ojos en ese Jesús [el autor y consumador de la fe] que, sin importarle lo oprobioso de tal muerte, estuvo dispuesto a morir en la cruz porque sabía el gozo que tendría después; en ese Jesús que ahora ocupa el sitio de honor más alto a la derecha de Dios» (AMP) [b].

Hebreos 12.1 dice que el pecado «se nos enreda en los pies». Asimismo, creo que podemos afirmar que las relaciones pecaminosas son relaciones enmarañadas. En el presente capítulo hemos discutido la relación seductiva de orden sexual y, luego ofrecimos dos ejemplos de relación seductiva no orientada a lo sexual. En los tres ejemplos podemos observar vínculos confusos, en oposición a los lazos saludables que protegen al cristiano de la seducción. En cada caso se formaron enredos pecaminosos. Ya sea que la llamemos «tela de araña» o «enredo», la relación carece de los rasgos de pureza y transparencia que caracterizan a un vínculo piadoso, como podemos observar en el diagrama.

¿Cómo podemos mantener nuestros lazos relacionales sanos y puros? ¡Poniendo a Cristo en el medio! Después he utilizado el diagrama de la cruz para representar a Cristo, el único Salvador, como mediador de toda relación. Fíjate cómo las líneas formadas por la cruz conectan a los individuos unos con otros. Ya hemos puesto en claro que aislarnos de los demás sería una trasgresión evidente a lo expresado en las Escrituras. Si comenzamos a imaginarnos esa cruz en medio de cada relación estrecha que desarrollemos, recordaremos constantemente la necesidad de pedirle a Dios que crucifique toda «carne» dañina que quiera levantarse en nuestras relaciones; también encontraremos gran paz en la sencillez de los vínculos saludables.

Observa que la línea horizontal de la cruz mantiene unidas a las partes, pero la línea vertical respeta los límites establecidos por Dios entre cada una de ellas. La Palabra de Dios abunda en directivas acerca de los límites apropiados entre cristianos, tres de las cuales hemos mencionado en el presente capítulo: líneas que conectan a dos personas no casadas en cualquier nivel de relación sexual, líneas establecidas para evitar la dependencia enfermiza unos de otros, y líneas que surgen de permitir que alguien se convierta en un falso cristo para nosotros. Sin duda alguna, las Escrituras citan muchos otros ejemplos, tales como no unirse en yugo desigual con los incrédulos, pero creo que estos bastan para que tengas una idea general.

Me encanta la idea de imaginar que la cruz está en medio de todas mis relaciones estrechas, porque es una representación altamente significativa para mí. Toma un momento para pensar en las relaciones personales estrechas que hayas desarrollado. ¿Están presentes ambas líneas, tanto la horizontal como la vertical, que la cruz representa? ¿Cómo están tus relaciones con respecto a ese diagrama? Somos gente imperfecta y siempre seremos desafiados por relaciones imperfectas, pero creo que las líneas de la cruz que median entre nosotros nos ofrecen una cuerda de plomada que puede convertirse en una meta constante.

Finalmente, vamos a tratar una pregunta obvia. ¿Qué sucede si nosotros deseamos respetar esos vínculos saludables en nuestras relaciones pero la otra parte no? ¡Entonces podrían quedarse enredados en la cruz! Dale un vistazo al último diagrama. No podemos cambiar a los demás. Por desgracia, ¡tampoco podemos cambiarnos a *nosotros mismos*! Pero lo que sí podemos hacer es permitir que *Dios* nos cambie y nuestra responsabilidad no se limita a permitir que haga de nosotros personas saludables y canales sanos, sino que también tengamos el valor de poner distancia en toda relación que puede llevarnos a caer en la trampa de la seducción.

Tú y yo necesitamos obedecer a Dios; cuando lo hacemos, las consecuencias de lo que hacemos pasan a ser un problema de Dios y no nuestro. Las demás personas que se sienten amenazadas por el cambio pueden pensar que se están enredando con nosotros, pero si estamos determinados a que Dios se encargue de nuestras relaciones, estaremos dejando que sea Cristo quien se enrede con ellos, y no nosotros. Y, ¿sabes qué? Él puede tratar con ellos. No habrá lazo que pueda atarlo a *Él*, pero eso no se aplica al resto de nosotros. Por eso, dale a Él las sogas.

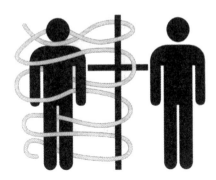

Notas a la traducción
a. El acróstico de EASTERN es «Every Alternative Savior Takes Early Retirement!»
b. Traducción directa de la cita inglesa, tomada de The Amplified Bible.

Capítulo 11

El hueco en la pared

Todo este asunto de la seducción es realmente importante, pero no temo decirte que hay otro problema que necesita atención: Keith y yo necesitamos una nueva cerca. Eso es todo. ¿Por qué razón las cosas no *permanecen intactas*? Pusimos una nueva no mucho después de que nos mudamos a esta casa. Bien, eso fue más o menos hace veinte años, pero es como si hubiera sucedido ayer.

¿Quién querría gastar dinero en una cerca nueva? ¡Que aburrido! ¡Y ni hablar de lo caro que costaría! Si vamos a gastar varios miles de dólares, yo quiero o llevarla puesta, o manejarla, o sentarme en ella ¡o comerla para poder decirlo bien fuerte! Pero no puedo llevar puesta una cerca, no puedo manejar una cerca y tampoco podría comerme una cerca. Y seguro que Dios no dejaría que me sentara en una cerca. He pasado por eso. Lo he intentado. Pero Humpty Dumpty se rompió.[a]

De todos modos, no es justo. Gran parte del problema con nuestra cerca es por causa del vecino que vive justo detrás de nosotros. Unos años atrás, inocentemente plantó una pequeña hilera de árboles contra la cerca. Ahora esos árboles miden aproximadamente doce pies de altura (lo que equivale a aproximadamente 3,6 metros).

Centímetro a centímetro, las raíces fueron creciendo por debajo de la cerca hacia el lado de nuestro jardín hasta que, a causa del piso tan desparejo, los pilares de la cerca quedaron desenterrados. Las ramas, que años atrás eran pequeñitas, fueron creciendo a tal punto que aflojaron los gruesos clavos, de modo que los listones se desprendieron de los pilares horizontales.

Y cuando estos comenzaron a caerse, no teníamos idea alguna de lo que había sucedido. Pensamos que tal vez la antigua cerca ya estaba podrida, pero no teníamos idea de que los árboles del otro lado, que una vez fueron pequeños arbustos, habían crecido, invadiendo nuestro jardín. Crecieron tan gradualmente, que no nos dimos cuenta hasta que los listones de la cerca comenzaron a caerse uno tras otro.

Keith y yo no vamos a quejarnos a nuestros vecinos para decirles: «¡Miren lo que sus árboles hicieron a nuestra cerca!». Nosotros no actuamos así. Sólo nos responsabilizamos de nuestro problema: tenemos que realinear y luego reconstruir.

Esta situación de por sí difícil, podría ser peor. Un día Keith me alcanzó una revista y me señaló un artículo para que lo leyera. Mientras lo hacía, mis ojos se salían de las órbitas. La cerca de una señora se cayó y, lo que hacía la situación aún más complicada, era que su propiedad lindaba con un pequeño parque de animales salvajes. Ambos vecinos tenían un terreno bastante grande; la señora criaba caballos enanos mientras que el vecino se preciaba de sus animales «exóticos». ¿Cómo se dio cuenta la vecina que parte de su cerca se había derrumbado? Un día vio cómo un león despedazaba a uno de sus caballos favoritos para devorárselo como almuerzo. Esta historia es real.

Desafortunadamente, en ocasiones no nos damos cuenta de que parte de nuestra cerca se cayó hasta que vemos cómo Satanás, el león rugiente, está devorando algo valioso para nosotros *en nuestra misma propiedad*. A decir verdad, el diablo no tiene derecho alguno a estar en nuestra propiedad, pero todo lo que necesita como tarjeta de invitación es un área débil en la cerca.

Lo que le sucedió con la cerca de los Moore es exactamente lo que pasa en las vidas de muchos de nosotros cuando el enemigo gana terreno *que no le pertenece*. En algún momento previo a entrometerse en nuestras vidas por completo, hizo un minucioso trabajo de preparación. Como los árboles de nuestros vecinos, ese trabajo es a veces tan sutil y parece tan inofensivo, que le damos muy poca importancia. Centímetro a centímetro, el enemigo hace crecer algo justo del otro lado de nuestra cerca.

Nosotros habíamos comenzado a advertir uno que otro indicio en ciertas partes de la pared divisoria, pero nuestras vidas estaban tan ocupadas que, con frecuencia, le prestamos muy poca atención. Allí está el quid de la cuestión: pensamos que, después de todo, nada catastrófico había sucedido hasta ahora. Escucha atentamente: nunca supongas que, porque un problema pequeño no ha provocado antes uno peor, esto nunca sucederá. Error. Eso es exactamente lo que el enemigo quiere que tú y yo pensemos. No olvides que es artero y nada le gusta más que proporcionar un falso sentido de seguridad. Así que un día, cuando menos lo esperamos, vemos que el león está en nuestro jardín, despedazando a nuestra «mascota». Oh, ¡es mi oración que Dios exponga cada pedacito de falsa seguridad en nosotros! Déjame darte algunos ejemplos extraídos de testimonios reales:

Ya lo he oído antes… Un cristiano que asiste regularmente a la iglesia mira lo que se llama «pornografía light» y tiene una cantidad de imágenes en su teléfono celular. Nada serio. No tiene nada de malo. A su esposa no le gusta, pero él dice que lo ha hecho desde que asistía a la universidad. Llevan varios años de casados, y él nunca le fue infiel. Durante todo ese tiempo «no le causó ningún problema» y parecía haberlo controlado bastante bien. Hasta que un día, las reglas cambian. El león está en su jardín. *Falsa seguridad. Las cosas no permanecieron iguales.*

Una adolescente que ha luchado con tendencias homosexuales durante sus años de escuela secundaria, quiere más que nada en el mundo ser diferente y libre de culpa. Asiste a una reunión juvenil y el predicador golpea duramente al pecado de homosexualidad. Entonces tiene convicción y se siente destrozada por su pecado. Luego, camina por el pasillo hacia el altar para recibir a Cristo y promete no volver a caer jamás en lo mismo.

La joven está determinada a hacer todo lo posible para olvidarse de su pasado, dejarlo atrás, y no volver a pensar en el tema. Eso está bien. Promete ser «normal» y, puesto que ser «normal» significa «casarse», se casa tan pronto como puede. Tiene luchas, pero ¿quién no las tendría? El problema está confinado a su imaginación, y nadie sabe si ella ha pensado otra vez en su pasado. No sólo lo odia, sino que también se odia a sí misma, pero no sabe cómo arreglar todo esto. Intenta ser una buena persona. Asimismo, se involucra en las actividades de la iglesia, tratando de mantenerse lo más ocupada posible. Un día, una mujer se une a su grupo de oración, pero no cualquier mujer, sino una que estaba activamente involucrada en la homosexualidad. Las reglas cambian. El problema que una vez había estado confinado a su mente, había aflojado los clavos en algunos listones de su cerca. De pronto mira, y ve que el león está en se jardín. *Falsa seguridad. Las cosas no permanecen iguales.*

Durante de varios años, la contadora de un ministerio toma dinero prestado y luego lo devuelve, depositándolo en su cuenta bancaria. Nadie sabe absolutamente nada, puesto que es la única que lleva los libros y, de todos modos, lo devuelve. Al fin. En los últimos tiempos se ha descuidado un poco, y se ha atrasado un poco con los libros. Sin embargo, se ha vuelto un hábito. La economía en casa está bastante ajustada, y además tiene algunas deudas pendientes; el cielo sabe que en el ministerio se maneja mucho dinero; es más, no les va a hacer ninguna falta. No es nada grave. Lo ha venido haciendo durante varios años y jamás ha ocurrido nada. No es justo, ya que su esposo la dejó con dos hijos adolescentes y se niega a pagar la cuota correspondiente para su manutención. Todo lo que necesita es un poco de ayuda hasta que los tribunales solucionen todo ese lío. A nadie le importa y nadie lo sabe. Aparte, va a devolverlo antes de que nadie se dé cuenta. Ya lo hizo antes y no pasó nada. De pronto, un día las reglas cambian y el león está en su jardín. *Falsa seguridad. Las cosas no permanecieron iguales.*

En cada caso, Satanás hizo un fino trabajo de preparación, sembrando algo de manera tan sutil que, a simple vista, parece pequeño e inofensivo, lo más próximo posible a la línea de la cerca. Con el correr del tiempo, las ramas y las raíces se fortalecen y esa pared comienza a aflojarse. Es ahí cuando el león logra meterse en el jardín y, cuando nos damos cuenta, está devorando algo muy preciado. *Relaciones, integridad, el respeto de nuestros hijos, nuestras finanzas, nuestra seguridad, nuestra honra, etc.*; y todo, porque no nos ocupamos de arreglar el daño en nuestra cerca.

Deseo compartir contigo una ilustración que Dios me dio, basada en el templo del Antiguo Testamento, la cual me ha sido de tremenda ayuda, y anhelo que también lo sea para ti. Espero que podamos simplificar, usando términos más comunes, algo que puede llegar a ser muy complejo. Observa el siguiente diagrama:

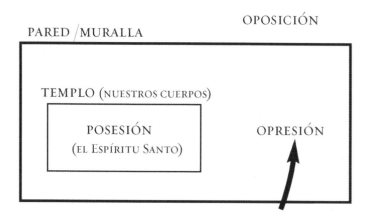

En mi opinión, el templo es la ilustración perfecta para representar la vida de un cristiano, puesto que la Palabra de Dios nos dice que, desde la cruz y Pentecostés, el Espíritu de Dios habita en los cristianos. En 1 Corintios 6.19 dice: «¿O ignoráis que vuestro cuerpo es templo del Espíritu Santo, el cual está en vosotros, el cual tenéis de Dios, y que no sois vuestros?» Fíjate que la palabra *posesión* que figura en el diagrama aparece *dentro* de la estructura del templo. Tú y yo, creyentes en Cristo, estamos representados por la estructura misma del templo. En efecto, este versículo acaba de decirnos que nuestros cuerpos son el templo del Espíritu Santo. En el momento en que recibimos a Jesús como Salvador, el Espíritu Santo vino a residir en nosotros.

Romanos 8:9 dice: «Y si alguno no tiene el espíritu de Cristo, no es de él». En otras palabras, ya sea que te hayas dado cuenta, o no, de lo que sucedía en lo espiritual, si aceptaste voluntariamente a Cristo como tu Salvador personal, en ese mismo instante Su Espíritu vino a residir en tu cuerpo físico y ahora habita en ti.

Las Escrituras nos enseñan que, una vez que Dios deposita Su Espíritu Santo en nuestros cuerpos, estamos sellados hasta que nos encontremos con Cristo cara a cara y hasta que nuestra redención sea completa en el cielo. Creo con todo mi corazón que primero, el Espíritu Santo no se marcha de la vida de un creyente y segundo, ningún otro espíritu puede entrar en nosotros. Efesios 1.13 nos dice que: «Habiendo creído en él, fuisteis sellados con el Espíritu Santo de la promesa». Este sello no es tan sólo una marca de propiedad o una estampilla con el nombre de Dios impreso en ella, sino que es todo eso y mucho más. Pablo extrajo esa terminología de la sociedad de su época, cuando todo documento del rey o bajo su autoridad, era marcado con un sello, de manera que cuando el rey autorizaba un decreto o una carta, su insignia era estampada en el líquido tibio de la cera o de un metal precioso, y rápidamente se endurecía. Este sello sólo podía ser abierto por la persona a quien había sido enviado o bajo la autoridad directa del rey.

Dios, el rey de los cielos y la tierra, nos ha asegurado a ti y a mí que nos presentará como Esposa para Su Hijo. Nada ni nadie sobre la tierra o en *los lugares celestes* tiene la autoridad o el poder para romper ese sello. Somos salvos por Cristo solamente, y en el día de nuestra completa y perfecta redención, cara a cara con Jesús, estaremos seguros en las manos de Aquel a quien hemos sido enviados.

Hasta ese momento, nada «entra» y nada «sale». En esta misma carta se describe con mayor profundidad la razón por la cual en ocasiones sentimos la actividad del Espíritu Santo de forma diferente, o ya no sentimos que habite en nuestra vida.

«Y no contristéis al Espíritu Santo de Dios [no lo ofendáis ni lo hagáis entristecer], con el cual fuisteis sellados [marcados como propiedad de Dios; asegurados] para el día de la redención [de liberación final del mal y de las consecuencias del pecado a través de Cristo]».

—Efesios 4.30

¿En qué forma entristecemos o apagamos al Espíritu Santo? Cuando rechazamos Su autoridad sobre nosotros. En otras palabras, cuando optamos por no rendirnos a Él. De esa manera, Él retira Su actividad y Su plenitud de nosotros, a veces hasta el punto de que ya no sintamos Su presencia. Con todo, no creo que nos abandone y *tampoco se queda dormido*. Si el Espíritu de Cristo está en nosotros, no podemos continuar en pecado. La ausencia de Su actividad y de la percepción de Su presencia finalmente crea tal vacío —o tal desastre— que ya no seremos capaces de soportarlo.

Ahora pasaremos a estudiar los otros componentes del diagrama. Ya hemos establecido el paralelismo entre el templo y nuestros cuerpos como creyentes en Cristo. Somos posesión del precioso Espíritu Santo de Dios, y ningún otro espíritu puede poseernos. También podrás observar el piso alrededor del templo y una pared. Del lado de afuera de la pared podrás ver la palabra *oposición*. La oposición es una parte normal de nuestra existencia mientras tengamos este cuerpo mortal aquí en la tierra.

Aun los cristianos más victoriosos y más llenos del Espíritu Santo, enfrentan continuos desafíos por medio de todo tipo de oposición satánica, ya sea que reconozcan o no que provienen de Satanás. Efesios 6.12 dice claramente: «Porque no tenemos lucha contra sangre y carne, sino contra principados, contra potestades, contra los gobernadores de las tinieblas de este siglo, contra huestes espirituales de maldad en las regiones celestes». Cuando vivimos vidas victoriosas, permitimos que la obra santificadora del Espíritu Santo impregne *por completo* cada área de nuestras vidas. Por lo general, Satanás está limitado al exterior de esa pared (aunque Dios puede hacer alguna excepción), y sólo puede obrar por medio de la oposición.

Sin embargo, no minimicemos la oposición porque puede ser muy poderosa. Oposición es todo aquello que se opone (1) a nosotros, (2) a la obra que Dios quiere hacer en nosotros, y (3) a la obra que

Dios quiere hacer *a través* de nosotros. La oposición puede incluso no parecer antagónica, sino ser algo que alimente nuestro orgullo carnal, pero que se enfrenta a todo lo que somos en Cristo.

Cualquiera sea la forma de oposición, puedes estar seguro de que Satanás va a sembrar algo poderoso, tan próximo a la línea de nuestra cerca (o pared) como le sea posible, de un modo muy sutil y muy gradual, con el propósito de no alarmarnos. También espera presionar tan fuerte que, sin que lo sepamos, los listones de la cerca comiencen a aflojarse. Si de algún modo logra que una raíz crezca por debajo de nuestra pared, estará extasiado. Como Satanás no puede entrar a nuestro templo, lo más cerca que puede llegar es del otro lado del muro. ¿Qué representa la línea de la cerca o la pared para ti y para mí? La voluntad de Dios y la vida de obediencia forman ese perímetro. En un capítulo anterior, denominamos esta clase de vida como *íntegra*.

Podemos vivir en este estado de vida cuando no continuamos pecando de modo intencional, y cuando ningún pecado tiene dominio sobre nosotros.

¿Cómo hace Satanás para meterse dentro de los límites de nuestra cerca? Ejerciendo presión desde afuera, esperando alguna reacción o algún tipo de cooperación desde adentro. Todo cuanto necesita es un pedacito de cerca o de pared que pueda quebrar, y el león estará en nuestro jardín. Yo creo que Satanás usualmente ejerce presión contra la pared, provocando *tentación* o un *estado de desorden y confusión*. Desde una o la otra, finalmente puede conducir a ambas.

Primero, hablemos sobre la *tentación*. Satanás puede ejercer presión contra la cerca (o la pared) provocando una tentación exactamente sobre la línea divisoria. ¿Recuerdas cuando hablamos de la importancia de estar gozosos y satisfechos en nuestra fe? Si no disfrutamos a Cristo en la plenitud del gozo y la satisfacción *dentro* de los límites de nuestros muros, aún estamos expuestos a desear mirar cómo es la vida *fuera de ellos*.

Muy a menudo vivimos nuestra vida cristiana de manera estrictamente sacrificial, esperando solamente llegar al cielo donde finalmente seremos recompensados. Toda la diversión parece estar fuera de los límites de nuestros muros, y secretamente ansiamos algo que despierte nuestra alma. Y nos convertimos en un accidente que puede ocurrir en cualquier momento. ¡El enemigo nos está engañando! En lo que a nosotros respecta, la hierba *nunca* será más verde del otro lado, porque no es sino una coloración artificial.

La porción más completa de la presencia de Dios que los seres humanos puedan jamás experimentar se encuentra *dentro de esos muros*. Como dijo el salmista: «Me mostrarás la senda de la vida; en tu presencia hay plenitud de gozo; delicias a tu diestra para siempre» (Sal 16.11). Muchos cristianos jamás llegan a descubrir la plenitud del gozo y la exaltación del romance sagrado que hay dentro de esos muros. Únicamente cumplen reglas religiosas y tratan de ser buenos mientras que, en lo secreto, la satisfacción los sigue esquivando. Ese deseo secreto afloja la cerca pero, dado que esta ha permanecido en pie por tanto tiempo, confían en una falsa seguridad. Un día las reglas cambian y una parte del muro se rompe y de pronto el león esta en el jardín.

¿Qué se puede decir con respecto al estado de confusión?

De esto puedo hablar con propiedad, ya que el enemigo la utilizó de una manera muy eficaz en mi vida. Ciertamente, también debilitó mi cerca por medio de la tentación, pero una de las tretas más poderosas que usó contra mí fue provocar confusión y desorden en el límite de mi pared. Él sabía que yo había sido víctima de abuso, hubiera enfrentado o no el hecho, y lo aprovechó para provocar toda clase de cosas que despertaran reacciones emocionales en mí.

Muchas de esas cosas eran sólo mentiras, pero yo era muy novata para reconocer el engaño. Si hubiera permitido que Dios impregnara mi vida con Su Espíritu Santo, sanándome por completo, Satanás no podría haber provocado tal reacción interna de mi parte. Cooperé con el diablo porque no había cooperado totalmente con Dios. En mis momentos de autocompasión, exclamaba: «¡Pero yo no era tan tonta! ¡No es justo!» Primero, sepamos bien esto: la vida no es justa desde ningún punto de vista. Tampoco es justo el hecho de que viva en la increíble gracia de Dios todos los días de mi vida. Segundo, Dios nos ha dado Su Palabra y nos hace responsables de saber lo que hay en ella. Dios sabía muy bien que yo no había enfrentado mi pasado y que tampoco tenía idea de lo que Satanás podía hacer con él. Dios trató de enseñarme de maneras más sencillas. Pero como no aprendí las tan necesarias lecciones de Su Palabra por medio de esos métodos más simples, Dios buscó otra herramienta: *el mismo diablo*, el cual hizo todo lo que estuvo a su alcance, en el límite de mi cerca, para hacer que yo reaccionara dentro de ese templo. ¿Por qué Dios se lo permitió? No sólo se lo permitió, sino que también lo *usó*. Permitió que Satanás sacara a la superficie a la víctima que estaba encerrada en mí, y esto se convirtió en la mano de Dios en un arma de enseñanza eficaz, que no pude ignorar y tampoco podré olvidar.

Proverbios 25.28 dice: «Como ciudad derribada y sin muro es el hombre cuyo espíritu no tiene rienda». El *autocontrol* es un concepto interesante. Después de la serie de las ocho más comprensibles cualidades del fruto del Espíritu —*amor, gozo, paz, paciencia, benignidad, bondad, fe, mansedumbre*— aparece una palabra que hasta parecería estar fuera de lugar. ¿Qué tiene que ver el Espíritu Santo con el *dominio propio*? Porque sólo el propio *yo* puede decidir quien tiene el *control*. Y cuando el *yo* le entrega el *control* al Espíritu Santo, viviendo dentro de los límites de la voluntad de Dios para nuestras vidas, nuestros muros permanecerán firmes. En consecuencia, Satanás tendrá que trabajar desde mayor distancia, estando limitado a la oposición antes que a la opresión directa.

Satanás abriga la esperanza de provocar tal oposición en el límite de nuestra cerca, que perdamos el autocontrol. En otras palabras, el propio *yo* rechaza el control del Espíritu Santo y damos lugar a cosas tales como el *enojo, la amargura, la ira, la lascivia, la avaricia, la ambición o la desesperanza*.

En la primera parte del libro, vimos que, cuando Satanás se propone atacar a los sinceramente fieles a Cristo, por lo general se vale de la debilidad antes que del pecado, buscando cosas que den lugar a nuestras flaquezas y de ese modo se conviertan en catalizadores para el pecado. Recuerdo las palabras de Charles Spurgeon: «Puedes ocultar tu enfermedad, aun de tu mejor amigo, pero no podrás ocultarla de tu peor enemigo».[1]

Ya sea que Satanás se valga de la debilidad o del pecado, poco le importa si con eso puede lograr que momentáneamente rechacemos la autoridad y el poder santificador del Espíritu Santo que controla nuestro ser. Si logra este objetivo, sólo se derrumba una pequeña área de la pared.

En ocasiones, no pasa nada inmediatamente, porque Satanás quiere causar estragos mientras infunde un sentido de falsa seguridad. Luego, las reglas cambian y el león ha invadido nuestro jardín.

Repito, Satanás no puede entrar al templo, pero cuando el *yo* comienza a rechazar el control del Espíritu Santo, se derrumba un pedazo de pared y Satanás pasa de la oposición a la *opresión*. Revisa el diagrama de la página 160 y busca la palabra *opresión*. Una vez que Satanás pasa del otro lado del muro, el juego de pelota cambia drásticamente: la opresión equivale al *juego duro*. Aunque puede variar en magnitud, la opresión es lo más cerca que Satanás puede llegar de un cristiano.

La mayor proximidad del ataque enemigo puede hacer que sea más agobiante. La voz de Satanás, inaudible a los sentidos, puede gritar tan fuerte que los oprimidos creen que no pueden escuchar la voz de Dios.

Aun creo posible que ciertas personas «sientan» que están «poseídas» por un demonio cuando, en realidad, lo que sucede es que están siendo terriblemente «oprimidos». Quizá la opresión demoníaca puede actuar tan poderosamente «sobre» una persona, que sienta como si estuviera «dentro» de ella.

En lugar de inclinarse delante de Dios, sometiéndose a Su incomparable autoridad, la persona oprimida se *inclina ante la opresión* e, inadvertidamente, ante su enemigo. Satanás asume derechos que no le corresponden. Sobre los nuestros, él está a años luz de distancia de poder tenerlos.

Con toda certeza, Satanás es un «enemigo poderoso» y «más fuerte *que yo*» (Sal 18.17), pero está bajo los pies de Cristo. Sentiremos alivio cuando clamemos con todas nuestras fuerzas para que Cristo venga y tome el control total, no guardándonos absolutamente nada.

Sumisión completa. Muy probablemente necesitemos someter algunas cosas que hasta ahora nos habían pasado inadvertidas o que habíamos ignorado. La autoridad total de Cristo sobre *nuestro ser completo* es lo que desvanece el poder del opresor.

Cada vez estoy más convencida de que nosotros, el Cuerpo de Cristo, estamos trágicamente errados al ejercer nuestros derechos como hijos de Abba.[b] El león no tiene derecho alguno a estar en nuestro jardín. Entonces, ¿cómo entra ahí? Se para junto a la cerca, haciendo todo lo que tenga a su alcance para que nosotros reaccionemos de alguna manera. Por eso, «Levántese Dios, sean esparcidos sus enemigos, y huyan de su presencia los que le aborrecen» (Sal 68.1).

Recuerda que solamente por invitación Satanás se mueve desde una distancia más tolerable, que es la *oposición* hacia una posición menos tolerable, de *opresión*.

¿Cuál es la invitación? Una parte rota de nuestra cerca puede estar diciendo: «Ven y entra en mi jardín». Por eso, será sabio de nuestra parte convertirnos en inspectores frecuentes de la condición de nuestra cerca.

¿Dónde encaja la seducción en todo esto? Digámoslo de la siguiente manera: en nuestra lucha contra principados y potestades, si la oposición es un juego de *softball* (soft: blando), la opresión equivale al *hardball* (hard: duro). Si la opresión es *hardball*, entonces la seducción es *curveball* (curve: torcido).

La seducción es una forma de opresión, por supuesto, pero es una maquinación muy sutil con el propósito de tomarnos desprevenidos, ejecutada con una velocidad espeluznante, desde una dirección que no esperamos.

La seducción es la artimaña demoníaca de un mentiroso profesional. Si me permites decirlo de esta manera, la seducción es Satanás en su *máxima* expresión, porque busca los medios más tramposos para infiltrarse a través de nuestra pared; y dudo de que exista para él un logro mayor que este.

Dios cree firmemente en la necesidad de que existan muros o fronteras; y creo que esa necesidad surgió con la entrada de la serpiente a la propiedad de los hijos de Dios. Entonces, Dios Padre puso como frontera o linde la espada encendida de un ángel alrededor del jardín del Edén. Más adelante, indicó a los israelitas que construyeran una pared movible alrededor del tabernáculo en el Antiguo Testamento. Asimismo, el templo tenía un muro alrededor, así como la ciudad de Jerusalén. Tampoco es una coincidencia que la Jerusalén celestial, descrita en Apocalipsis 21, también tenga muros a su alrededor (Ap 21.12-21).

Dios se reserva el derecho de decir qué es lo que permitirá que entre y lo que no. Apocalipsis 21 finaliza con las siguientes palabras: «No entrará en ella ninguna cosa inmunda, o que hace abominación y mentira, sino solamente los que están inscriptos en el libro de la vida del Cordero». Es sabio que establezcamos límites bíblicos respecto de todo aquello que permanecerá dentro de las fronteras de nuestro jardín y lo que quedará *afuera*.

Es mi clamor que a lo largo de los capítulos de este libro estemos aprendiendo cómo ser más audaces y esforzados para protegernos contra la destrucción del enemigo. Cuando establecemos muros firmes, no tenemos por qué vivir con temor. Sólo dejemos que las paredes cumplan su cometido. Además, no olvides que Satanás no puede entrar sin una invitación desde adentro. Ahora estamos a punto de considerar una forma muy poderosa en la que logra entrar.

Volviendo una vez más a nuestro diagrama, quiero que juntos veamos otro paralelismo extraído de un pasaje del Antiguo Testamento, el cual me deja absolutamente atónita. Lee y medita cada palabra del capítulo ocho de Ezequiel.

«En el sexto año, en el mes sexto, a los cinco días del mes, aconteció que estaba yo sentado en mi casa, y los ancianos de Judá estaban sentados delante de mí, y allí se posó sobre mí la mano de Jehova el SEÑOR. Y miré, y he aquí una figura que parecía de hombre; desde sus lomos para abajo, fuego; desde sus lomos para arriba parecía resplandor, el aspecto de bronce refulgente.

Y aquella figura extendió la mano, y me tomó por las guedejas de mi cabeza [*Comentario de la autora: siento que*

*Dios me ha tomado por las guedejas(cabellos) de mi cabeza en
ciertas ocasiones. ¿Alguien más?]* y el Espíritu me alzó entre el
cielo y la tierra, y me llevó en visiones de Dios a Jerusalén, a la
entrada de la puerta de adentro que mira hacia el norte, donde
estaba la habitación de la imagen del celo, la que provoca a
celos.

Y he aquí, allí estaba la gloria del Dios de Israel, como la
visión que yo había visto en el campo. Y me dijo: «Hijo de
hombre, alza ahora tus ojos hacia el lado del norte». Y alcé
mis ojos hacia el lado del norte, y he aquí al norte, junto a
la puerta del altar, aquella imagen del celo en la entrada. Me
dijo entonces: «Hijo de hombre, ¿no ves lo que estos hacen,
las grandes abominaciones que la casa de Israel hace aquí
para alejarme de mi santuario? Pero vuélvete aun, y verás
abominaciones mayores». Y me llevó a la entrada del atrio,
y miré, y he aquí en la pared un agujero. Y me dijo: «Hijo de
hombre, cava ahora en la pared».

Y cavé en la pared, y he aquí una puerta. Me dijo luego:
«Entra y ve las malvadas abominaciones que estos hacen allí».
Entré, pues, y miré; y he aquí toda forma de reptiles y bestias
abominables, y todos los ídolos de la casa de Israel, que estaban
pintados en la pared por todo alrededor [...] Y me dijo: «Hijo
de hombre, ¿has visto las cosas que los ancianos de la casa de
Israel hacen en tinieblas, cada uno en sus cámaras pintadas de
imágenes? Porque dicen ellos: "No nos ve Jehová"...».

—Ezequiel 8:1-10,12

Ezequiel 8.7 nos dice que Ezequiel fue llevado *a la entrada del
atrio.* Aunque el siguiente paralelismo no encaje perfectamente en
nuestra ilustración sobre el templo, creo que vale la pena conside-
rarlo aquí. He consultado varios comentarios bíblicos y también a
varios comentaristas y todos concuerdan en que este «atrio» probablemente se refiera al *Lugar Santo* del templo. En el paralelismo
que hemos establecido, la estructura del templo es nuestro «yo» y
el «Lugar Santo» representaría al Espíritu Santo, el cual habita en
nosotros.

Me gustaría hacerte notar que el lugar santo podría representar lo que es privado para nosotros, sin que sea necesariamente sagrado. En otras palabras, son los *lugares secretos*. La cámara más secreta de nuestras vidas personales, que podríamos considerar que se encuentra fuera de lo *sagrado*, sería la *mente*. Muchos de nosotros tal vez no estemos cometiendo horribles pecados con nuestros cuerpos (¡aún!), pero tal vez estemos acariciándolos en los rincones más recónditos de nuestra mente.

Cuando David el salmista hablaba acerca de lo secreto (Sal 51.6), se estaba refiriendo a los lugares secretos de la mente y del corazón (o emociones). Después de haberse lanzado de cabeza en un pozo de pecado, se dio cuenta de cuánto necesitaba «la verdad en lo íntimo» y «sabiduría en lo secreto». Nos estamos engañando si pensamos que el pecado está seguro en los lugares secretos.

Estoy convencida de que, con frecuencia, la mente es la última cámara secreta que el cristiano deja que Dios santifique. Una de las razones es porque mantenerse puros constituye un desafío permanente, y a veces adoptamos la actitud de decir: «¿Para qué preocuparme?» Oh, amados, debemos preocuparnos porque la mente es el mayor campo de batalla, donde se libran nuestros combates espirituales. En ocasiones, hasta nuestros sentimientos se doblegan ante nuestros pensamientos.

La gente dice continuamente: «No puedo cambiar lo que siento». Sin embargo, amado, si cambiamos nuestra forma de *pensar*, no pasará mucho tiempo antes de que nuestros pensamientos cambien la forma en que nos *sentimos*. Todo pecado se origina en la mente, y allí florece todo pecado secreto que no haya sido confesado. Tarde o temprano, esto traerá consecuencias.

En el capítulo sobre el amor, señalamos que una de las doctrinas de demonios más poderosas entre los cristianos es la falsa (en ocasiones no reconocida) creencia en que el amor a Dios no es algo que podamos *sentir*. Otra doctrina igualmente poderosa es que la mente no puede ser pura.

Hemos escuchado estadísticas acerca de la cantidad de pensamientos impuros o negativos que pasan por la mente promedio en un periodo de sesenta segundos, y tomamos ese estándar como verdad inmutable. Los redimidos de Dios, en los cuales habita el Espíritu mismo de Jesucristo, no fueron comprados con su sangre para ser *gente corriente*. No, no podemos ser perfectos o inmaculados, y tampoco podemos buscar medios legalistas para controlar cada pensamiento que tenemos. Pero, ¿puede Dios limpiar nuestras mentes negativas e impuras? ¡Puedes estar plenamente seguro de que sí! Además, si no se lo permitimos, nuestra mente contaminará nuestro corazón y, finalmente, afectará nuestras acciones. Recuerda que el apóstol Pablo señaló cómo la serpiente podía aproximarse a los sinceramente fieles a Cristo: ¡corrompiendo y seduciendo sus mentes! (2 Co 11.2-3).

Al concluir esta parte del libro sobre cómo fortalecernos contra la seducción, mucho de nuestro esfuerzo será en vano si no permitimos que Dios nos santifique *por completo* —hasta el lugar más íntimo de nuestra *mente*–. ¿Qué estamos haciendo detrás de ese hueco en la pared? ¿En los lugares secretos de nuestra mente? ¿En la oscuridad? ¿Cuáles son los ídolos escondidos en las cámaras secretas? ¿Aquellos de los que nadie más sabe?

Amado, ¿hay desorden detrás de ese hueco en la pared? ¿Te sentirías avergonzado si de pronto tus pensamientos fueran expuestos en público? Todos hemos pasado por eso, pero no tenemos que permanecer ahí.

La santificación de nuestra mente es un proceso gradual y permanente que dura toda la vida; nada producirá una cosecha más grande en tu vida que esto. La gente tiene la tendencia a aferrarse a sus emociones sin darse cuenta de que estas, por lo general, son reguladas por la *mente*. Por eso, si no comenzamos a pensar diferente, nunca vamos a sentir de un modo distinto. ¿Cómo empieza este proceso? Cuando era niña, la única iluminación que había en nuestros pequeños y oscuros cuartos eran simples focos de las que pendía un fino cordón corto. Metete dentro de ese lugar oscuro y extiende tu mano para tirar del cordón. Permite que la luz de la presencia de Dios entre en ese lugar. Tal vez pienses: «¡Me sentiría humillado si Él entrara allí!» Querido amigo, Él está mirando precisamente a través del hueco en la pared. Él ya lo sabe, sólo está esperando que lo invites a entrar para que te ayude a ordenar ese lío y empiece a limpiar todo en tu lugar, ya que, por ti mismo no podrás erradicar los pensamientos negativos o impuros.

Dios *te ama* con amor inagotable. Tú no puedes disminuir Su amor por tus pensamientos negativos o impuros, pero sí disminuirá la medida en que sientas y disfrutes ese amor. Deja que Él pase al otro lado de ese agujero, ¡o nunca serás libre!

En Marcos 12.28-30, cuando Cristo respondió la pregunta: «¿Cuál es el primer mandamiento de todos?», respondió: «El primer mandamiento de todos es: «Amarás al Señor tu Dios con todo tu corazón, y con toda tu alma, y *con toda tu mente* y con todas tus fuerzas» (énfasis mío). ¿Has pensado lo que realmente significa amar a Dios con toda tu mente? Es tan importante como amar a Dios con todo tu corazón.

El amor brota de la confianza. Por tanto, para amar a Dios con toda nuestra mente debemos comenzar por *confiar* en Dios con toda nuestra mente. Esto significa pedirle a Dios que entre en los lugares secretos donde quizá podamos estar albergando alguna clase de pecado. También quiere decir que debo confiar en que Él no va a rechazarnos ni a abandonarnos, y que tampoco va a estar enfadado con nosotros. *Él ya lo sabe* y quiere *entrar*, porque no puede limpiar nuestra mente desde afuera, con una gran manguera de jardín; sólo puede hacerlo desde adentro.

En varias oportunidades he conversado con otros cristianos acerca de este tema, y puedo hablar con cierto grado de entendimiento, puesto que he experimentado ambas realidades en el transcurso de mi vida: una mente atormentada y llena de toda suerte de basura escondida, y una mente limpia y llena con cosas más que edificantes. Al *Viejo Basura* todavía le gusta recorrer los pasillos de mi mente tantas veces como pueda, pero Dios me ha enseñado que no lo invite a entrar ni lo haga sentir en casa.

La razón por la que continúo afirmando que cada persona tiene potencial para ser *completamente* libre, no es sólo porque la Palabra de Dios lo dice, sino también porque no puedo imaginar un caso más complicado que el mío. Si Dios puede cambiar, liberar y limpiar *mi* mente después de todas las horrendas imágenes que empapelaban esas paredes, entonces puede cambiar, liberar y limpiar la mente *de cualquiera.*

No obstante, debemos cooperar. ¿Cómo podemos hacerlo? Aplicando el principio de alimentar aquello que queremos que viva, y matar de hambre aquello que queremos que muera. En otras palabras, comenzamos a alimentar al Espíritu en nosotros y matamos de hambre a la carne.

En varias conversaciones que he tenido con otros cristianos, gran número de ellos afirma: «Pero yo no alimento la carne». Sin embargo ellos, como yo solía hacerlo, miran programas inapropiados o tal vez «alguna que otra» película prohibida para menores, o se involucran en humor no sano o en conversaciones que no edifican.

Con demasiada frecuencia hemos adoptado estándares relativos, basándonos en la maldad del mundo antes que en la santidad de Dios. Pensamos que nuestra mente está limpia por el simple hecho de que no hacemos o miramos gran parte de «esas cosas mundanas». Sin embargo, no lo está. Una de las mentiras seductivas de Satanás es llamar *inofensivas* a cosas que son todo menos eso.

Ahí está la cuestión: no sabemos cuán inofensivos o eficaces puedan ser «esos males menores comparados con lo que es el mundo realmente pervertido», hasta que nos entregamos a ellos por un tiempo. Creemos que nuestras mentes están limpias. Hasta que realmente *están* limpias. ¿Podemos mantenerlas absolutamente inmaculadas? No. ¿Y limpias? ¡Sí!

Por favor, escúchame con atención: estamos viviendo tiempos extremos y el calendario del Reino nos indica que hemos entrado en una etapa sin precedentes. Hemos entrado en la era de la intensificación: de la intensificación del engaño, de la intensificación de la seducción y, afortunadamente, de la intensificación del derramamiento del Espíritu Santo. Dios no nos ha dejado mal equipados para permanecer victoriosos aun en medio de la maldad que cada día se multiplica.

Estamos viviendo en un tiempo nunca visto de derramamiento de la Palabra de Dios en la vida de los laicos. El mundo no había experimentado nunca una ola tan grande de equipamiento bíblico, y los cristianos laicos alrededor del mundo manifiestan un hambre cada vez mayor de la Palabra de Dios. ¿Qué está haciendo Dios? Está armando a su pueblo con la espada del Espíritu, porque hemos entrado en una guerra que no tiene precedentes.

No es casualidad que Dios nos haya equipado con medios y materiales más intransigentes en sus valores cristianos de lo que ninguna otra generación haya tenido jamás, aptos para todo propósito, desde el crecimiento hasta el entretenimiento cristiano. En los Estados Unidos, tenemos acceso a innumerables recursos, redes y medios cristianos, además de contar con toda clase de publicaciones cristianas de excelente calidad. Y no sólo eso, dentro de la vasta literatura disponible, también existen novelas cristianas realmente fabulosas. Hoy en día contamos con más programación cristiana que nunca antes y mucha participación en los medios masivos de todo tipo: redes sociales, televisivos, etc. En comparación con la programación secular, tal vez no sea mucha, pero hay una gran diferencia con la de las generaciones pasadas, cuya necesidad no se compara con la que hoy tenemos. Por eso, Dios no nos ha equipado deficientemente, sólo tenemos que recurrir a Él para que nos lo dé.

Al principio, la transición puede ser difícil. Hemos sido tan sobreestimulados en el mundo que hemos ido perdiendo sensibilidad a todo lo que sea menos que «mucho». Cuando de una vez por todas decidimos permitir que Dios santifique nuestra mente y comenzamos a alimentar nuestro espíritu y no nuestra carne, podemos «sentir» el sacrificio que eso implica. Con todo, si nos mantenemos constantes, pronto comenzaremos a cosechar algunos de los beneficios.

Romanos 8.6 dice: «El ocuparse del Espíritu es vida y paz». ¡Eso es fabuloso! A medida que comencemos a gustar de Su vida rebosante y de una genuina paz mental, tendremos la motivación que necesitamos para continuar con la buena obra. Luego, veremos cómo nuestros sentimientos empiezan a cambiar y a mejorar; y nos sentiremos bien en todos los aspectos. Comenzaremos a sentirnos «plenos» y satisfechos. Transcurrido cierto tiempo, esa será la única vida que exista para nosotros, y nunca querremos volver atrás.

Sí, la clase de transición que estoy describiendo es extrema, pero estamos viviendo en tiempos extremos. El león quiere meterse en nuestro jardín, y será mejor que tengamos un plan para mantenerlo afuera. Pedro aprendió por las malas cuánto es el acceso que el diablo quiere ganar en la vida de los cristianos consagrados. Se había metido en el jardín de Pedro. Entonces, ¿cuál es el consejo para nosotros? «Por tanto, ceñid los lomos de vuestro entendimiento, sed sobrios [...] como hijos obedientes, no os conforméis a los deseos que antes teníais estando en vuestra ignorancia» (1 P 1.13-14).

Si todavía no te has entregado por completo a la meta de amar a Dios con toda tu mente y a confiar en que Él va a santificar tus pensamientos, ¿por qué no comenzar ahora mismo? ¡Serás más libre y estarás más satisfecho de lo que nunca estuviste en tu vida! Y no sólo eso, no tienes idea del desastre que podría sobrevenirte si no permites que Dios limpie por completo todo lo que hay detrás de ese hueco en la pared. ¿Por qué no dejar que Su luz ilumine ese lugar y lo limpie totalmente?

Luego, a través del poder del Espíritu Santo, comienza a adornar tu mente con «todo lo que es verdadero, todo lo honesto, todo lo justo, todo lo puro, todo lo amable, todo lo que es de buen nombre; si hay virtud alguna, si algo digno de alabanza, en esto pensad» (Flp 4.8).

Tal vez te sorprenda descubrir cuántas cosas entran en esas categorías: una buena obra de teatro, una sinfonía, un buen libro o un fabuloso partido de básquet. Dios quiere ser parte de nuestro tiempo libre, así como lo es de nuestra iglesia o de nuestro trabajo.

Amado, a veces no existe nada más espiritual que el refrigerio de la sana recreación. No le niegues esta parte a tu vida. Recuerda que la santificación protectora viene cuando lo invitamos a Él a nuestro ser *completo*.

Los entretenimientos de los medios mundanos serán cada vez peores. ¿en qué punto vamos a decidir librarnos de su influencia directa? Tenemos una tarea que cumplir en ese mundo oscuro. Nuestra misión es la gente. ¿Cómo vamos a ministrarles si somos como ellos? Sólo la abundante presencia de Dios en nuestra vida nos diferenciará *«de todos los pueblos que están sobre la faz de la tierra»* (Éx 33:16).

Amado, hagamos esto… y hagámoslo hasta la raíz. Vidas fortalecidas: desde las paredes que circundan nuestro jardín, hasta los más íntimos y secretos rincones de nuestra mente. ¿Qué tenemos que perder que no valga la pena? ¡Espera y verás cómo empiezas a experimentar los beneficios! Estamos parados en la encrucijada y, como dice el autor de Proverbios, la sabiduría clama. «En el lugar de las puertas, a la entrada de la ciudad, a la entrada de las puertas da voces» (Pr 8.3). A esta altura, creo que sabemos lo que la sabiduría nos dice que hagamos. Entonces, *hagámoslo*.

Notas a la traducción:

a. Humpty Dumpty: Personaje de una canción infantil inglesa. Era un huevo que se quiso subir a una cerca, cayó y se rompió.

b. Abba: Padre en arameo (Mr 14.36; Ro 8.15; Gá 4.6).

Parte 3

El camino a casa

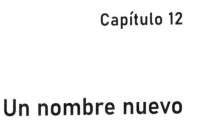

Capítulo 12

Un nombre nuevo

Mi nombre es *Engañado*. Tal vez me conozcas, pero quizá no sepas que tengo un nuevo nombre. Posiblemente no tengas idea alguna de lo que he pasado porque hago todo lo posible para verme igual que antes. Tengo terror de ti, aunque antes solía ser igual que tú. Alguna vez mantuve mi cabeza en alto sin tener que sostenerla con mi himnario.

En ese entonces, era una persona muy respetada y todavía mostraba respeto por mí mismo. Mi vida estaba totalmente consagrada a Dios y, a decir verdad, en lo profundo de mí, a veces sentía un poquito de orgullo por mi devoción. Luego, me arrepentía, porque sabía que eso estaba mal... y yo no quería equivocarme. Jamás.

La gente me admiraba. Y la vida se veía bien desde aquí. Me sentía bien por ser quien era. Pero eso era antes de que fuera *Engañado*. Y lo que resulta extraño es que ya no me acuerdo de mi antiguo nombre, sólo recuerdo que me gustaba mucho. Estaba contento de ser quien era. Pero temo que ahora estoy totalmente despierto. Tuve una pesadilla y la pesadilla era yo. *Engañado*.

Si pudiera hablarte y realmente pudieras escucharme, te diría que no tengo idea de cómo ocurrió todo esto. Honestamente, yo era igual que tú. No planeé ser *Engañado*. No quería ser *Engañado*. Un día no lo era, pero al otro día sí.

Ay, ahora sé donde me equivoqué. He rebobinado las escenas de esta pesadilla mil veces, deteniéndome en el momento exacto en que me aparté de la senda de la sensatez. El camino que tenía por delante no parecía ser la ruta equivocada, sólo se veía diferente. Es extraño, porque en la escena inicial no parece que fuera el diablo pero, cada vez que vuelvo a mirarla, él deja caer un pedazo de su máscara. Cuando finalmente se la sacó, se estaba riendo de mí. Ahora ya nada me parece gracioso y, mientras él se ría, yo jamás me voy a reír.

Si tan sólo pudiera regresar. ¡Esta vez podría verla! Daría vueltas alrededor de la trampa camuflada por ese arbusto, y no sería *Engañado*. Me sentiría *Orgulloso*. ¿Era ese mi antiguo nombre? ¿*Orgulloso*? Ya ni siquiera puedo recordar quién era. Pensé que era *Bueno*, no que era *Orgulloso*. Pero ahora no sé.

¿Me creerías si te digo que no escuché cuando la trampa se cerró? Demasiadas voces bombardeaban en mi mente. Sólo sabía que me había quedado atascado en un lugar desconocido y de pronto ya no me gustó la escena. Quería volver a casa. Al principio, el tobillo no me dolía. No hasta que se infectó. Entonces pensé que moriría.

Yacía como una liebre herida mientras el lobo aullaba en la oscuridad. Sentí mucho miedo y me cubrí con el arbusto para que no me vieran. Sentía que no podía respirar. Tenía que salir de ahí, o seguro que eso acabaría por matarme. No pertenecía a ese lugar y me negaba a morir allí.

Intenté forzar la trampa una y otra vez pero no hubo caso. La sangre comenzó a brotar. No había salida. Clamé a Dios y le dije dónde estaba y cómo estaba, y vino por mí.

Ya no hay infección. Puso algo en la herida y la limpió al instante, y mientras inspeccionaba mi tobillo malherido, yo esperaba que me dijera: «Te lo merecías, sabes. Fuiste *Engañado*». Porque lo merecía y sé que lo merecía. Pero aún no me lo dicho. No sé, tal vez lo haga o tal vez no. Todavía no sé cuánto puedo confiar en Él, porque nunca lo he conocido de esta manera. La pierna me sigue doliendo; Dios me dijo que con el tiempo sanará, pero yo temo que voy a quedar rengo para siempre.

Ves, luché con el diablo y él me dio un nombre nuevo. *Engañado.*

Tal vez muchas clases de gente lean este capítulo: gente que quiera ayudar al *Engañado* y gente que lo quiera juzgar. Gente que quiere saber cuán mal se siente el *Engañado* y cuán arrepentido está. Pueden leer si quieren, pero esta parte no es para ellos, sino para ti. *Engañado.*

En caso de que nadie te lo haya dicho aún, yo siento mucho que hayas sido *Engañado*. Es horrible, ¿no? Es frustrante no vivir de acuerdo a las expectativas y tener que estar mendigando *Gracia*. Yo misma he sido *Engañada* una o dos veces, y aunque pasó hace ya tiempo, recuerdo muy bien lo que era ser *Engañado*.

Dios dice que no quiere que me olvide y le pregunté por qué. Él me dijo que hay muchos que han sido *Engañados*. Hay muchas maneras en las que uno puede ser *Engañado*. El *Bueno* y el *Orgulloso* piensan que los *Engañados* son sólo unos pocos, pero si no tienen cuidado, pueden cometer un *Error*. Incluso ellos mismos, pueden ser *Engañados* algún día. Espero que no. No quiero que nadie sea *Engañado*. Antes deseaba volver a ser *Bueno* y *Orgulloso* otra vez, pero ya no. No quiero ser ni *Bueno*, ni *Orgulloso* ni *Engañado*; sólo quiero ser *Sanado*. Dios me dijo que nunca seré *Sanado* hasta el punto de olvidar que he sido *Engañado*. Hay muchos más *Engañados* de lo que el *Bueno* y el *Orgulloso* puedan imaginar. A veces se necesita un *Estuve allí* para comprender a un *Engañado*. Algo es seguro: el *Engañado* necesita mucha *Ayuda*. El sobrenombre de *Sanado* es *Ayuda*. Se llama así porque él es lo que hace y nada puede detenerlo. El *Engañado* que ha sido *Sanado*, *Ayuda*.

Dios quería asegurarse de que nunca actuara como si jamás hubiera sido *Engañada*; por esa razón dejó las cicatrices. Se quedó con algunas en Sus manos y Sus pies, y dejó una en mi tobillo. Está bien. Mis cicatrices representan las marcas de la muerte. No permitas que nadie te diga que ser *Engañado* no te acarreará la muerte. De hecho, eso ocurrirá porque ese era el propósito. Si no, has sido *Engañado* para nada y volverás a ser *Engañado* otra vez.

Cristo resucita los muertos sólo después de que han muerto. Antes de ser *Engañada*, Dios me decía una y otra vez: «Aún no estás *Muerta*». Así que, en vez de eso fui *Engañada*. Cristo dejó que Lázaro yaciera muerto por cuatro días, pero no porque fuera ruin. Las Escrituras dicen que Jesús amaba a Lázaro aunque había permitido que la enfermedad lo matara.

Quizá todos necesitemos estar muertos por un tiempo para saber qué se siente. ¿Creemos que tal vez veamos la gloria de Dios? Eso es lo que Cristo le dijo a Marta que iba a ver. Cuando resucitó a Lázaro de los muertos, no lo resucitó enfermo. Lo levantó *Sano*. Tengo la leve sospecha de que Lázaro no se engañó a sí mismo pensando que jamás volvería a enfermarse. Sólo pidió *Gracia* para no volver a ser *Engañado*.

Vamos, *Engañado*, vamos a dar un paseo juntos. Es tiempo de que vuelvas a casa, tal vez a un lugar de la casa de Dios en el que jamás has estado. Voy a acompañarte parte del camino, y hablaremos. No tienes que bajar la cabeza. Pero puedes hacerlo si quieres. Puedes llorar, enojarte, tirar piedras y patear el polvo. Sé lo que es eso. Pero sigue caminando.

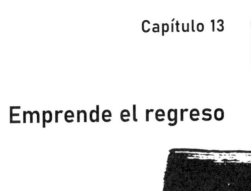

Capítulo 13

Emprende el regreso

Todo lo que necesitas para empezar es saber que necesitas empezar. Puede ser que estés experimentando un torbellino de sentimientos, o quizá que no estés sintiendo nada en absoluto. Está bien.

¿Puedes pensar con tu cabeza antes que con tu corazón? ¿Puedes pensar con esa pequeña parte de tu mente que Dios mantuvo protegida con Su mano, guardándola de la corrupción y de la confusión? La verdad aún está allí, y Él te está diciendo lo que debes hacer. Haz lo que sabes que es correcto. Haz lo que dice Su Palabra, sin importar como te sientas en este momento.

Tu corazón ha sido tan deformado por el torbellino de mentiras de Satanás, que será conveniente no darle crédito por un tiempo. Cuando comience a reponerse lo vas a saber, porque experimentarás un dolor de arrepentimiento tan sobrecogedor, que creerás que estás a punto de morir. Y morirás. Luego, Dios te levantará de lo que ha sido la muerte de quien eras; Él realmente te dará un futuro.

Quiero pedirte, o rogarte si es que eso hace la diferencia, que hagas varias cosas en este punto del trayecto. Recuerda que la seducción puede presentarse bajo gran variedad de formas. En el caso de que la inducción que Satanás usó para tentarte sea a abandonar a tu familia o a divorciarte de tu cónyuge, si aún no es tarde, ¡no lo hagas! No estás en condiciones de tomar esa clase de decisiones, y el destructor no debe destruir ya más. No dejes que Satanás siga ganando terreno. Para esto, la primera pieza de la armadura que debes volver a ponerte es la coraza de justicia y, de esta manera, tu corazón herido estará protegido si empiezas por *hacer* lo correcto hasta que *sientas* lo correcto.

Satanás quiere que te sientas desesperado; es un mentiroso. Tú perteneces a Dios. Cíñete el yelmo de la salvación en tu cabeza y entiende que sabes que eres de Él y que nada te ha podido arrebatar de Su mano. Si es necesario, toma una lapicera y escribe en el margen varias veces: «Soy de Dios».

Tal vez desearías poder huir de la presencia de Dios: «Si tomare las alas del alba y habitare en el extremo del mar, aun allí me guiará tu mano, y me asirá tu diestra» (Sal 139.9-10). Él hizo un pacto de sangre contigo y permanecerá fiel aunque le seamos infieles.

En algún lugar del trayecto el enemigo logró convencerte de que bajaras tu escudo de la fe, y desde ese momento ya no pudiste apagar los dardos de fuego del maligno. Tal vez vino a ti con las mismas palabras que usó para seducir a Eva: «¿Conque Dios os ha dicho …?» Sí, Dios dijo. Tu escudo está allí, en el mismo lugar donde lo dejaste; tómalo y decídete a creer que Él es quien dice ser y que hará lo que Él dijo que haría. No podemos humanizar a Dios aun cuando nosotros, siendo seres mortales, hemos resultado ser tan diferentes de lo que dijimos ser. Porque sabes que es tu único boleto hacia la libertad, por un mero acto de voluntad, encadénate a Cristo y comienza a dar los primeros pasos para salir de la oscuridad. Es muy probable que ahora no confíes en nadie; ni siquiera estás seguro de que puedes confiar en Dios. Sí, puedes. Pero eso es algo que debes aprender solo; nadie puede decirte qué es lo que estás a punto de aprender, si estás dispuesto.

No te preocupes por el futuro ahora; sólo dale tu mano y dile que te guíe a casa, aunque no estés seguro de que perteneces allí o de que quieres volver. Hazlo. Sucede que ahora estás demasiado herido como para sentirlo. «Y tú también por la sangre de tu pacto serás salva; yo he sacado tus presos de la cisterna en que no hay agua. Volveos a la fortaleza, oh prisioneros de esperanza» (Zac 9.11-12).

Quiero que hagas otra cosa de vital importancia si todavía no has dado este paso. Reúne cada pizca de valor que hay en ti, y pídele a Dios que te bautice en una ola de tristeza por tu pecado. Pídele que lo haga tanto como sea necesario hasta que llegue el arrepentimiento pleno.

No tengas temor de esta clase de tristeza que la Biblia llama «tristeza piadosa»; es lo más hermoso que te puede ocurrir en el próximo instante y, mientras no llegue, no serás restaurado.

Por favor, no me malinterpretes. No deseo que esperes que esta tristeza venga antes de que salgas de tu oscuridad. Ya que dejamos sentado que la decisión de ir a casa es, por lo general, un acto de voluntad basado en lo que sabes que es verdad; con frecuencia debes salir de las garras seductoras del enemigo para comenzar a experimentar la salud que la tristeza piadosa trae consigo.

Pídele a Cristo que venga a llevarte y dile que estás dispuesto a salir; luego, pídele al Espíritu Santo, que ha permanecido apagado por un tiempo, que venga y haga Su tarea. Sé paciente hasta que lo haga.

Esa ola de tristeza puede tardar un poco en venir pero, si perteneces a Dios, sin duda vendrá. Debe venir. La tristeza que es según Dios produce arrepentimiento (2 Co 7.10).

Para los que han sido *sinceramente fieles a Cristo* pero que, de una u otra manera, fueron inducidos por la serpiente hacia algún territorio de tinieblas, el arrepentimiento va a llegar. Por supuesto, existen imitaciones, pero la diferencia está en el fruto.

Trágicamente, el arrepentimiento no genuino es lo que le ha dado mala reputación a la restauración cristiana. Si todavía nos damos aires de grandeza como un gallo arrogante, algo no está bien. Eso no es arrepentimiento. Cuando surja el arrepentimiento genuino —que hará que te sientas más bien como un pato muerto— Dios no dudará un segundo en perdonar, echando tus pecados en el mar del olvido y poniendo a su hijo en el camino hacia la restauración.

¿Quiénes somos como Cuerpo de Cristo, tan débiles en nuestra propia naturaleza, para ser jueces más duros que el solo y único justo Dios? Si es así, más bien estamos pensando con nuestro corazón engañoso antes que con nuestra Cabeza. Nuestra Cabeza, Jesucristo, dijo: «¿Qué caviláis en vuestros corazones? ¿Qué es más fácil decir: "Tus pecados te son perdonados" o decir: "Levántate y anda?"» Pues para que sepáis que el Hijo del Hombre tiene potestad en la tierra para perdonar pecados (dijo al paralítico): "A ti te digo: "Levántate, toma tu lecho, y vete a tu casa"», (Lc 5.22-24).

Engañado ¿te importa tu hermano (o hermana) que se está sintiendo un poco paralizado? ¿Por qué no hacemos juntos una abertura en el techo más cercano y lo ponemos «delante de Jesús»?

Santiago 2:12-13 dice:

> «Así hablad, y así haced, como los que habéis De ser juzgados por la ley de la libertad. Porque juicio sin misericordia se hará con aquel que no hiciere misericordia; y la misericordia triunfa sobre el juicio».

La Biblia dice que la misericordia triunfa sobre el juicio, pero no puedo dejar de decir lo que me ayudó a mí. ¡Yo me regocijaría haciéndolo! ¿Por qué no regocijarnos en mostrar misericordia? Dios lo hace.

> «¿Qué Dios como tú, que perdona la maldad, y olvida el pecado del remanente de su heredad? No retuvo para siempre su enojo, porque se deleita en misericordia. Él volverá a tener misericordia de nosotros; sepultará nuestras iniquidades, y echará en lo profundo del mar todos nuestros pecados».
>
> —Miqueas 7.18-19

Por *temor*. Creo que es por eso. Es a causa de nuestra carne herida que tenemos tanto miedo de que nos pongan en ridículo. Ah, pero yo prefiero que la misericordia me deje en ridículo, y no el juicio. Yo elijo creerle al que se arrepiente. ¿No mira Dios el corazón? ¿Acaso no sabe qué hacer con la insinceridad? Después de todo, ¿no es Él Aquel contra quien se levanta toda ofensa de hipocresía?

¿No castigara Él a los que son Suyos? ¿No será su disciplina firme para echar la hipocresía de vuelta al abismo, para luego deleitarse en dar misericordia?

Si de algo trata la Biblia es acerca del hecho de que Dios tiene misericordia de la lastimosa condición de los hombres, perdonando sus pecados y restaurando sus vidas. Cristo nunca rechazó a los que se arrepentían de corazón pero, por otro lado, los fariseos realmente lo hacían exasperar.

Engañado, no querrás ser como los fariseos. Por eso, es mejor reconocer en qué áreas de tu vida todavía no te has arrepentido y pedir la ayuda de Dios para que te lleve al lugar donde tienes que estar. No finjas una manifestación del Espíritu Santo que no existe; no confíes en tu carne, sólo sé genuino delante de Él porque eso es lo que espera de ti y de cada uno de nosotros.

A unos que confiaban en sí mismos como justos, y menospreciaban a los otros, dijo también esta parábola:

«Dos hombres subieron al templo a orar; uno era fariseo, y el otro publicano. El fariseo, puesto en pie, oraba consigo mismo de esta manera: "Dios, te doy gracias porque no soy como los otros hombres, ladrones, injustos, adúlteros, ni aun como este publicano; ayuno dos veces a la semana, doy diezmos de todo lo que gano." Mas el publicano, estando lejos, no quería ni aun alzar los ojos al cielo, sino que se golpeaba el pecho, diciendo: "Dios, sé propicio a mí, pecador." Os digo que éste descendió a su casa justificado antes que el otro; porque cualquiera que se enaltece, será humillado; y el que se humilla será enaltecido» (Lc 18.10-14).

Querido *Engañado*, eso es lo que Cristo está buscando cuando tú emprendes el camino de regreso. El camino de regreso a casa es la humildad. No pongas excusas ni te justifiques. Tampoco culpes a nadie. Sólo humíllate, y si todavía no sientes esa tristeza que sabes será necesaria, pídesela a Dios como un mendigo pide pan.

Amado, humíllate y ven en total rendición delante de Él. «Aflígíos, y lamentad, y llorad. Vuestra risa se convierta en lloro, y vuestro gozo en tristeza. Humillaos delante del Señor, y él os exaltará» (Stg 4.9-10). Y un día, fiel a lo que prometió, cambiará nuestro lamento en danza.

> «En aquellos días vino Juan el Bautista predicando en el desierto de Judea, y diciendo: "Arrepentíos, porque el reino de los cielos se ha acercado" [...] Y salía él a Jerusalén, y toda Judea, y toda la Provincia de alrededor del Jordán, y eran bautizados por él en el Jordán, confesando sus pecados. Al ver él que muchos de los fariseos y de los saduceos venían a su bautismo, les decía: "¡Generación de víboras! ¿Quién os enseñó a huir de la ira venidera? Haced, pues, frutos dignos de arrepentimiento"» (Mt 3.1-2, 5-8).

El arrepentimiento verdadero produce fruto. Estoy plenamente convencida de que el hombre o la mujer que ha sido sinceramente fiel a Cristo y que ha atravesado el horror de la seducción, saldrá de ella con una humildad que puede durar toda la vida.

Como ves, Dios perdona y olvida porque no necesita recordar. Nosotros somos perdonados pero no nos olvidamos porque no debemos perder de vista quiénes hemos sido y cómo Dios nos rescató.

Otro fruto que produce el arrepentimiento genuino es la gratitud. ¿Alguna vez lloraste delante del Señor en un momento en el que todo lo que podías susurrar era: «Gracias, Dios. Oh, gracias, Dios»? Los *Engañados* que han sido *Sanados* lo hacen todo el tiempo, y algún día tú serás uno de ello, si es que todavía no lo eres. Todo a su debido tiempo.

No estoy recomendando este proceso en particular, y creo que debe haber alguno mejor, pero no creo que haya nada como un renuevo de la misericordia salvadora de Dios, para hacer arrancar tus sentidos espirituales entumecidos. Nuestra naturaleza humana tiene a Dios en poco, pero hay veces en que nos vemos obligados a tenerle en la más alta estima. Irónicamente, necesitamos llegar al punto en que estemos tan desesperados como para pensar: «Si Dios no es más grande de lo que hasta ahora he creído y necesitado que Él sea, entonces soy historia».

Ya les he contado que escribí este libro en una pequeña cabaña cuyo ventanal daba a mi cadena de montañas favoritas. Mi intención era no ver absolutamente a nadie pero, cuando Keith vino por unos días, me encontró con cierto malestar. Entonces dijo que me llevaría a dar un paseo en el coche, y fuimos directamente al hospital.

La doctora que me atendió en la clínica era más o menos de mi edad. Mientras escuchaba mis latidos, yo escuchaba los suyos. Era tranquila y fría, pero decía demasiado. «¿Usted se levanta cada día de su vida en un estado de total asombro y gratitud por la belleza de este lugar?» Me miró como si yo estuviera loca. Por supuesto, tal vez no haya sido mi pregunta lo que le llamó la atención, sino la placa que llevaba colgada en el cuello, justo al lado de su estetoscopio, que decía «Santa para el Señor» en grandes letras negras.

Había venido en un sobre junto con un estudio bíblico que había hecho en casa. Decidí que la usaría mientras escribía mi libro sólo como un recordatorio extra de santidad. Yo quería decir: «Realmente soy normal», pero sabía que ella sabría que yo estaba mintiendo. Después de todo, sólo estaba auscultando mi corazón.

Finalmente, contestó la pregunta que le había hecho: «Bueno, ya no tanto. Hace un año que vivo aquí».

«¿Un año? ¿Y ya ha perdido todo su asombro? Acaba de decirme que llegó tarde al trabajo porque cinco alces no querían salirse del camino. ¿Qué es lo que le sucede? ¡Deme ese estetoscopio! ¡Usted es la que realmente está enferma!

Eso es lo que estaba pensando, pero todo lo que dije fue: «No vivo aquí, pero he estado varias veces. No imagino cómo uno podría acostumbrarse a toda esta belleza».

Sólo se encogió de hombros y me hizo la prescripción. Dijo que creía en el destino; yo le dije que creía en Dios. Mi corazón se quebrantó por ella cuando me fui, y oré a Dios para que le diera una prescripción. Jesús. Sólo una dosis. Era todo lo que necesitaba.

Mi doctora no necesitaba nada que yo no hubiera necesitado cuando estaba desilusionada de la vida. No sólo dio a entender que nunca había sido *Encontrada*, sino que me dio la escalofriante impresión de que nunca había escapado de las garras del enemigo lo suficiente como para saberse *Engañada*.

«El dios de este siglo cegó el entendimiento de los incrédulos, para que no les resplandezca la luz del evangelio de la gloria de Cristo, el cual es la imagen de Dios» (2 Co 4.4). ¡Que el poder de convicción del Espíritu Santo quite el velo de sus ojos! El arrepentimiento genuino puede contemplar la belleza, y los *Engañados* que han sido *Sanados* nunca la pasan por alto.

El verdadero arrepentimiento también acrecienta la gracia. Reflexiona por un momento en el capítulo anterior. Al principio, el *Engañado* se siente demasiado humillado al convertirse en un mendigo de Gracia, pero cuando ya no hay más que hacer, la gracia sana al *Engañado*. Ahora sabe lo que Pedro, el *Zarandeado*, quiso expresar cuando dijo: «Antes bien, creced en la gracia y el conocimiento de nuestro Señor y Salvador Jesucristo» (2 P 3.18).

Todos crecemos de maneras diferentes pero, son demasiado pocos los cristianos que crecen en la gracia si no reciben un incentivo extra. Nada es instintivo en lo que se refiere a crecer en la gracia. ¡Oh, si creciéramos voluntariamente! Pero, si no es así, no pierdas la oportunidad.

Engañado, este es el quid de la cuestión: Nunca podrás volver a *No Haber Sido*. El *Orgullo* está fuera de toda discusión, y «ninguno hay *bueno*, sino sólo Dios» (Lc 18:19, énfasis mío). No hay nada que te impida seguir adelante para obtener lo que un *Engañado* puede obtener; de esta manera tendrás una dosis extra de humildad, recibirás un renuevo de gratitud y también experimentarás un crecimiento repentino en la *Gracia*. Puede sucederle a cualquier otro cristiano pero, de algún modo, es más probable que les suceda a los que han sido *Engañados*. Depende de ti.

Capítulo 14

Un camino de restauración y de esperanza

Dios escribió esta sección del libro en mi corazón después de una discusión. No fue terriblemente acalorada pero, de todas maneras, fue una discusión.

Todavía sigue siendo un misterio para mí la razón por la cual nuestro pequeño grupo tuvo el atrevimiento de sentarse a discutir sobre la vida de un hermano, particularmente uno que no conocíamos. Pero, llevados por nuestra naturaleza, eso fue lo que hicimos. Se trataba de un cantante cristiano que había ministrado a varios miles de personas y ahora había caído de cabeza en el pecado. Lo sé porque él mismo lo dijo; de otro modo, hubiera pensado como mi abuela: «que cada uno se meta en sus propios asuntos».

Este cantante había reconocido su pecado, y como si el dolor que estaba sufriendo no fuera suficiente, el público cristiano comenzó a opinar sobre si debía «ser autorizado» a volver a cantar música cristiana. Lo digo en serio, de sólo pensarlo casi vuelvo a enojarme. En toda mi vida no encontré ni una sola vez, en todas las Escrituras, que Dios llamara a una votación popular para ayudarlo a emitir un veredicto con respecto a uno de Sus hijos.

El cielo sabe que, a estas alturas, la mayoría de esa población estaría condenada a las llamas del infierno.

Dios no mira la apariencia externa de las cosas, sino que toma Sus decisiones basándose en lo que ve en el corazón (1 S 16.7). Tal vez aparte a determinadas personas sin razón aparente, dejando al Cuerpo desconcertado. Y a otros los usa más poderosamente que nunca después de haber hecho algo que creemos que es totalmente definitivo, y el Cuerpo se escandaliza. ¿Por qué? *Porque Dios sabe cosas que nosotros no sabemos. Él mira el corazón.* Y, a propósito, no le agrada mucho la gente que le dice cómo tiene que hacer Su trabajo.

Esa noche me fui a acostar un poco inquieta. Dando vueltas en la cama, pensaba en mi propia juventud tan agitada, y en cuánta gracia y paciencia Dios me había mostrado al enseñarle —como aún le seguía enseñando— a esta Mefi-Boset ᵃ a caminar, cuando sus piernas habían estado paralizadas por tanto tiempo. Me preguntaba: *¿Habré recibido la mitad de la gracia que tenía destinada? ¿Hay una ración limitada?* Si es así, me sentiría como David en el Salmo 101.2, cuando le dijo a Dios confiadamente: «Entenderé el camino de la perfección». Luego, al considerar por cuanto tiempo podría seguir haciéndolo, continuó con estas palabras: «Cuando vengas a mí».

Creo que David pensó que podía resistir hasta el ocaso sólo si a Dios no le importaba venir a llevárselo antes de la cena. ¡Sé lo que es sentirse así! También pensé en muchos otros que eran como yo, y que habían necesitado una generosa cantidad de segundas oportunidades para aprender a mantener sus vagones encarrilados. Ninguno de nosotros se había sentido «bendecido» con un juicio público como este popular cantante.

Le hice muchas clases de preguntas al Señor: ¿Estoy equivocada? ¿Soy compasiva sólo porque yo misma he sido un proyecto de tu gracia? ¿Será que perdí el equilibrio? ¿Será que alguna vez lo tuve? Sé que él necesita ayuda y puede que necesite un descanso, pero ¿se ha convertido en un proscrito en la América evangélica? ¿O puede quedarse, con tal de que no abra su boca para cantar otra vez? Finalmente, poco a poco me dormí orando por él.

La mañana siguiente, retomé donde lo había dejado el estudio bíblico para principiantes que estaba escribiendo para mi clase en

Houston. Este estudio, basado en la vida de David, más tarde pasaría a integrar la serie *A Heart Like His* (Un Corazón Como el Suyo). Mi investigación del día anterior había concluido con la confirmación de Saúl como rey al final de 1 Samuel 11. Sólo Dios sabe por qué, el pasaje bíblico para el estudio de ese día fue la instrucción de Samuel al pueblo de Israel después de que reconocieran su terrible pecado. Dios respondió a mi pregunta tan rápida y claramente como nunca antes, y el cielo sabe que le he preguntado demasiado.

Antes de compartir contigo lo que me reveló de las Escrituras, quiero que escuches mi corazón. Lo último que estaría sugiriendo es que mi respuesta sobre la restauración es la definitiva, o que mi punto de vista es el correcto. Soy peregrina como tú, tratando simplemente de abrirme camino a través de las Escrituras en busca de respuestas a algunas preguntas difíciles. No se supone que todos debamos pensar de la misma manera, pues el Cuerpo de Cristo está compuesto de muchas partes y con dones y capacidades muy variados.

Entiendo que debe haber personas que adoptan una postura inflexible, no aceptando que la gente vuelva tan fácilmente, para que no tomen la gracia de Dios con liviandad. Yo creo que quienes están en el centro de atención tienen una responsabilidad muy importante con respecto al Cuerpo de Cristo. También creo en la disciplina y puedo asegurarte que, más de una vez, he estado en el otro extremo de la vara correctora de Dios. Con toda seguridad, creo en el *arrepentimiento*, en el que es *real* y *radical* arrepentimiento. Con todo, yo pertenezco a este lado de la cerca. Sería una hipócrita si privara a un hermano o hermana del derecho de beber del pozo inagotable de la gracia de Dios y volver a intentar. Para poder vivir, tuve que aprender a nadar en él.

Esta sección del libro ha estado escrita en mi corazón durante diez años, pero nunca había encontrado el camino hacia el papel. Ahora creo que estaba esperando que el resto del libro creciera alrededor de ella. Por lo general, soy muy consciente de la idea del proceso gradual de maduración de un libro pero, extrañamente, en este caso Dios me reveló el concepto en su totalidad y me dio el título *completo*. Mi Biblia permaneció abierta en este pasaje por primera vez en mucho tiempo, y la instrucción del Señor vino tan claramente que escribí la fecha en el margen: *19 de abril de 2000*. Pero mi lapicera no tocó el papel hasta casi un año después, cuando supe que Su Espíritu me estaba diciendo: «Ahora». Entonces me dirigí a las montañas y unas pocas semanas más tarde estuvo terminado.

Yo era demasiado joven e inexperta, además de depender excesivamente de la aprobación de otros, para escribir algo así diez años atrás. Y, a propósito, nadie me estaba pidiendo que lo hiciera. Para ese entonces, tenía más celo que conocimiento y Dios no me dejaba divulgar demasiado. Lo hermoso de todo eso es que yo ni siquiera lo sabía. No estoy segura de por qué me deja revelar todo esto ahora. Mis maestros ya han olvidado más de lo que yo jamás podré saber, y aún sostengo que, en mi personalidad natural, soy más rubia de lo que pago para serlo. Todavía pago buenas sumas de dinero en la peluquería para ser rubia, pero he aprendido unas cuantas cosas con cada uno de esos cabellos grises que ahora tiño.

Durante estos últimos diez años, he tenido la oportunidad de compartir estos versículos con muchas hermanas y algunos hermanos cuyas rodillas estaban bastante lastimadas por alguna caída. No hace mucho tiempo, Dios nos puso en cuarentena a un ministro del evangelio y a mí, uno al lado del otro, en el fondo de un avión. No lo conocía personalmente, pero podía darme cuenta de que su alma estaba profundamente angustiada. Más tarde me contó que había tomado cierta decisión de la que ahora se lamentaba. Juntos estudiamos estas Escrituras hasta llegar a nuestro destino. Me sentía profundamente agradecida de haber podido servirle.

1 Samuel 12.20-25 presenta uno de los más claros conceptos básicos para la restauración que haya encontrado en un solo pasaje de las Escrituras. Trataremos estos versículos con más detalle en los próximos capítulos. Tal vez no les haga justicia, pero espero que Dios te pasee por cada uno de ellos y te ayude a comprenderlos por medio de Su Espíritu Santo. Anhelo que sean un camino de claridad y esperanza para tu vida. Además, quiero que sepas que para mí es un honor servirte, *Engañado*; y, si te quitas los zapatos, con mucho gusto voy a agacharme para lavar tus pies con el agua de Su Palabra.

En respuesta al hecho de que Israel había reconocido su grave pecado contra Dios, Samuel, el profeta elegido por Dios para ellos, les respondió con las siguientes palabras, que se encuentran en 1 Samuel 12.20-25:

«Y Samuel respondió al pueblo: "No temáis; vosotros habéis hecho todo este mal; pero con todo eso no os apartéis de en pos de JEHOVÁ, sino servidle con todo vuestro corazón. No os apartéis en pos de vanidades que no aprovechan ni libran, porque son vanidades. Pues JEHOVÁ no desamparará a su pueblo, por su grande nombre; porque Jehová ha querido haceros pueblo suyo. Así que, lejos sea de mí que peque yo contra JEHOVÁ cesando de rogar por vosotros; antes os instruiré en el camino bueno y recto. Solamente temed a JEHOVÁ y servidle de verdad con todo vuestro corazón, pues considerad cuán grandes cosas ha hecho por vosotros. Mas si perseverareis en hacer mal, vosotros y vuestro rey pereceréis».

A lo largo de los próximos capítulos, abordaremos cada uno de estos preceptos en forma individual, considerando cómo se aplica al cristiano del Nuevo Testamento. No tenemos que profundizar mucho para poder emplearlos, ya que la situación de Israel era conceptualmente la de alguien que es seducido y desviado de su *sincera fidelidad* a Dios por medio de cosas inferiores, aunque sean *espiritual* o *humanamente* aceptables. El pueblo de Dios no debe ser como el mundo, adquiriendo los hábitos de los paganos que lo rodean, ni debe permitir que nada, aunque parezca espiritual o razonable, lo separe de la Cabeza (Col 2.19).

Además de los otros pecados de Israel contra Dios, cometieron la maldad de pedirle un rey terrenal y visible (1 S 12.19). Me pregunto por qué razón, aun sin saberlo, centramos nuestra mayor devoción en los príncipes visibles de esta tierra, ya sean animados o inanimados.

Dios siempre tuvo en mente levantar un linaje real entre Su pueblo, a través del cual finalmente presentaría a Su Hijo, el Mesías y Rey de reyes. La naturaleza horrenda del pecado de Israel contra Dios radicaba en sus motivaciones e intenciones. Dios los había librado de la mano de los enemigos que los rodeaban y los había hecho habitar seguros (1 S 12.11), pero Samuel narró lo que ocurrió después:

«Y habiendo visto que Nahas rey de los hijos de Amón venía contra vosotros, me dijisteis: "No, sino que ha de reinar sobre nosotros un rey"; siendo así que Jehová vuestro Dios era vuestro rey. Ahora, pues, he aquí el rey que habéis elegido, el cual pedisteis; ya veis que Jehová ha puesto rey sobre vosotros».

—1 Samuel 12.12-13

Samuel ya le había dirigido estas duras palabras al pueblo desde el momento en que Saúl fue nombrado rey:

«Después Samuel convocó al pueblo delante de Jehová en Mizpa, y dijo a los hijos de Israel: Así ha dicho Jehová el Dios de Israel: Yo saqué a Israel de Egipto, y os libré de mano de los egipcios, y de mano de todos los reinos que os afligieron. Pero vosotros habéis desechado hoy a vuestro Dios, que os guarda de todas vuestras aflicciones y angustias, y habéis dicho: No, sino pon rey sobre nosotros. Ahora, pues, presentaos delante de Jehová por vuestras tribus y por vuestros millares».

—1 Samuel 10.17-19

¿Te has dado cuenta de que podemos meternos en graves problemas cuando comenzamos a decirle no a algo que Dios ha provisto para nosotros, buscando nuestros propios medios más razonables y racionales de provisión? Es para pensarlo seriamente. A decir verdad, este rey, que se convirtió en un ídolo engañoso para ellos, robándoles su devoción, tenía el Espíritu de Dios sobre él. No siempre sucede de esta manera, pero no olvides que *puede* suceder.

Afortunadamente, nuestro Dios de gracia y paciencia inconmensurables no los dejó a ellos *ni a nosotros* sin remedio. El hecho mismo de que Dios lo haya registrado en los anales de la Palabra inspirada, significa que tiene algo que decirnos a nosotros. Habiendo establecido el cimiento, en el próximo capítulo abordaremos cada precepto que Dios les dio a Sus hijos por boca del profeta Samuel.

Notas a la traducción:
   a.   Mefi-Boset: 2 S 4.4.

Capítulo 15

Carga con tus hechos, no con tus temores

En este capítulo vamos a examinar cada frase de 1 Samuel 12.20–25. Este pasaje nos provee un mapa del camino a la restauración.

«No temáis» (v. 20)

Cuando realmente hemos sido *Engañados* y comenzamos a tomar conciencia de lo que está sucediendo, una de las primeras emociones que se apoderan de nosotros es el temor. Es interesante, y a la vez exasperante, que Satanás induzca a la gente a creer ciertas cosas para luego ridiculizarlos e infundirles temor.

Más adelante, en el precepto que Dios escribió a través del profeta Samuel, veremos cuál es el único temor que debemos tener. Todos los demás provienen de Satanás y de nuestra naturaleza carnal.

El enemigo puede alimentar el temor en un *Engañado* a través de tres áreas principales: (1) temor a las consecuencias, (2) temor al hombre, y (3) temor a circunstancias futuras. *Engañado,* probablemente nunca hayas estado en una situación que te obligara a confiar en la soberanía de Dios hasta este punto.

Si no aprendes a confiar en Él como nunca lo has hecho antes, quedarás dañado para el resto de tu vida. Escoge la confianza y vivirás.

Tu Dios está en los cielos y es infinitamente sabio. Él no establecerá ningún castigo ni permitirá ninguna consecuencia que no pueda ser usada *para* tu bien, cuando todo esté dicho y hecho. Quisiera que consiguieras el apoyo de varias personas piadosas e íntegras, que sepan guerrear en oración. Juntos comiencen a atar toda otra obra del enemigo respecto de cualquier consecuencia ulterior que te involucre.

Ora de acuerdo con Mateo 16.19, pidiendo a Dios que ate a Satanás y desate el poder del Espíritu Santo sobre cada detalle. Ata a Satanás en el nombre poderoso de Jesús; desata esa situación de las manos de Satanás y átala a la fiel obra de Dios por medio de Su Espíritu Santo.

Al ponerte de acuerdo con otros (Mt 18.19–20) para atar al enemigo, sea lo que fuere que se suelte, aun cuando resulte momentáneamente doloroso, vendrá del cielo y no del infierno, y redundará para tu bien. Será necesario que cada día, mientras dure el proceso de sanidad, te concentres en versículos de las Escrituras que hablen acerca de confiar en Dios. Humíllate, entregando por completo tu vida y cuanto te atañe en Sus amorosas manos, para el sabio propósito que tiene para ti.

«Porque Jehová es excelso, y atiende al humilde, Mas al altivo mira de lejos. Si anduviere yo en medio de la angustia, tú me vivificarás; Contra la ira de mis enemigos extenderás tu mano, Y me salvará tu diestra. Jehová cumplirá su propósito en mí; Tu misericordia, oh Jehová, es para siempre; No desampares la obra de tus manos».

—Salmo 138.6-8

Pídele a Dios que te capacite para no permitir que tu corazón se doblegue ante el temor del hombre. David escribió:

«En el día que temo, yo en ti confío. En Dios alabaré su palabra; en Dios he confiado; no temeré; ¿Qué puede hacerme el hombre?».

—Salmo 56.3-4

Al hablarles a Sus discípulos acerca de cuestiones de consecuencias mucho más aterradoras que estas, Cristo dijo: «Y no temáis a los que matan el cuerpo, mas el alma no pueden matar; temed más bien a aquel que puede destruir el alma y el cuerpo en el infierno» (Mt 10.28). Proverbios 29.25 señala, de manera puntual, que el temor del hombre finalmente resulta ser una trampa.

En otro tipo de situaciones más corrientes, tal vez te sientas tentado a preocuparte por lo que la gente pueda llegar a decir. En lugar de eso, despójate de tu orgullo por completo y entrega a esas personas en las manos de Dios. En ocasiones, incluso deberás vencer el irresistible deseo de intervenir, cuando adviertas que los chismosos están hablando de cosas que desconocen.

Tu responsabilidad es permanecer alineado con Dios. Tu orgullo será zarandeado durante todo este proceso, pero ten presente que uno de los propósitos fundamentales de Dios es sacudir nuestra naturaleza orgullosa. Dios no sólo quiere darle una paliza a nuestro orgullo, ¡quiere darle un golpe mortal! Quienes no han sido *Engañados* por la seducción, pero están *Engañados* por el orgullo, se han metido por derecho propio en terribles problemas. A Dios el orgullo no le sirve para nada, puesto que, según señalan las Escrituras, es una de las pocas cosas que Él aborrece absolutamente. Cada vez que Dios pisotee tu orgullo, y este grite ¡ay!, pídele que zapatee sobre él hasta matar esa cosa horrible.

Sé que duele cuando otros te critican, en especial aquellos que realmente te importan. Confía en que Dios se valdrá del tiempo para hacer manifiesta tu restauración, e incluso evidenciar características piadosas previamente preponderantes, a medida que separa la paja del trigo de tu vida. «Porque esta es la voluntad de Dios: que haciendo bien, hagáis callar la ignorancia de los hombres insensatos» (1 P 2.15).

Busca la aprobación de Dios con todo tu ser, y pídele la autoridad de Su Espíritu para no permitir que el pecado te haga esclavo de hombres. Si eres pastor, o miembro del personal de una iglesia, no estoy queriendo decir que no debas someterte a un periodo de disciplina por parte de tus superiores. Sujetarse a la cadena de autoridad bíblicamente establecida es sumamente importante, y puede ser una parte vital del proceso que Dios quiere usar para restaurarte. Sin embargo, debes tener cuidado de no caer en la trampa de buscar la aprobación humana antes que la de Dios. «Pues, ¿busco ahora el favor de los hombres, o el de Dios? ¿O trato de agradar a los hombres? Pues si todavía agradara a los hombres, no sería siervo de Cristo» (Gl 1.10).

En las etapas de temor que pasé en mi propia vida, me empapé en el bálsamo del Salmo 27. Amado, considera hacer lo mismo. Tendrás que creer en la Palabra de Dios y depender de ella como nunca antes, para salir de esa etapa como un *Engañado Sanado*.

«VOSOTROS HABÉIS HECHO TODO ESTE MAL» (V. 20)

Esta parte del proceso es tan difícil de manejar, como fundamental. Si de alguna forma la eludes, nunca serás libre. De ningún modo desmerezcas la gravedad del pecado que hayas cometido, sea ante Dios o ante aquellos que deben saberlo para poder brindarte la ayuda que necesitas. No cedas ante la tentación de transferir tu pecado, culpando a otros, o racionalizándolo. Ni sueñes con minimizarlo por comparación con lo que consideras que son «pecados mayores». Por ejemplo, si eres un hombre casado o una mujer casada, y te has involucrado emocionalmente con alguien que no es tu cónyuge, ni pienses en minimizar tu traición argumentando que no hubo relación física. Asume completamente tu responsabilidad ante Dios por la traición de tu corazón. Asimismo debes aceptar tu responsabilidad ante tu esposo o esposa, si ya tiene sospechas de lo sucedido, y por la confesión podrás prevenir desastres ulteriores. Confiésalo sólo a quien sea estrictamente necesario para continuar el proceso hacia la completa restauración.

En lo relativo a pastores y ministros, no puedo imaginar que las familias de tu iglesia sean moralmente edificadas por detalles gráficos de ciertos tipos de pecados cuyas imágenes tienden a grabarse en la mente. Si te encuentras en una situación semejante, deberás buscar consejo de personas mucho más sabias que yo. Si se han cometido pecados contra la iglesia como cuerpo o contra un grupo de personas, debe buscarse el perdón mediante una confesión sincera, pero evitando los detalles que no resulten edificantes. Quien está verdaderamente arrepentido no podrá dejar de rogar el perdón de cualquier persona o grupo de personas contra quien haya pecado.

Busca el consejo de los hombres o mujeres piadosos, que están en posiciones de autoridad, para decidir sobre cierto tipo de confesiones que podrían causar más daño que beneficio. Cada situación es distinta, y establecer reglas rígidas no sería prudente en un libro de esta naturaleza.

Quizá te sientas aliviado al pensar que tu situación no es tan «seria» como las que he descrito. ¡Cuidado! ¡Precisamente esa es la actitud que debes evitar! Cualesquiera sean tus circunstancias, si has sido inducido a alejarte de tu sincera fidelidad a Cristo, algo serio ha ocurrido, y estuviste envuelto en pecado. Cuanto más seriamente lo tomes, mayor libertad tendrá Dios para tratar con él de manera profunda y así volver a encarrilar tu preciosa vida.

Confía en mí. Yo sé sobre esto. Recuerda que, *en mis circunstancias particulares, también he sido* Engañada. *Por desgracia, sé de lo que estoy hablando.*

Preséntate ante Dios y ante quien sea necesario para continuar tu proceso de sanidad y, sin vacilación ni negación, di: «Yo he hecho todo este mal». Cuanto más cerca hayas estado de Dios, más sensible serás a cualquier tipo de ofensa. Aun donde otros «no ven nada grave», si has estado suficientemente cerca de Dios como para saber que sí es serio, será prudente reconocerlo ante *Él, y ante todo aquel que fuera necesario para que puedas alcanzar la restauración total.*

Este tipo de confesión y disposición a aceptar toda la responsabilidad redundará *en vida, y será el catalizador del completo perdón y la restauración totales.*

«NO OS APARTÉIS (DEL SEÑOR)» (V. 21)

Cualquiera sea la forma en que hayas sido *Engañado,* o sea lo que fuere que hayas *hecho, por favor, por favor, por favor, ni siquiera consideres como una opción la posibilidad de apartarte del Señor.*

Recuerda, ¡eso es exactamente lo que el enemigo está buscando! ¿Recuerdas la meta primaria de los espíritus engañadores de los últimos días? «Pero el Espíritu Santo nos dice claramente que en los últimos tiempos algunos se apartarán de Cristo y se convertirán en entusiastas seguidores de ideas falsas y doctrinas diabólicas» (1 Tim 4.1).

Sea lo que fuere lo que hayas hecho, ¡no te apartes de la fe! De hecho, para el presente propósito, yo te imploro que no te apartes de la *fe*.

¿Qué es lo que realmente crees respecto de Dios? Lo que te está sucediendo ahora te ayudará a contestar esa pregunta. Puedes estar a punto de averiguar que algo o mucho de lo que creías no era suficiente, o que ni siquiera era exacto. ¿Tenías la fe puesta en ti mismo y en tu capacidad para ser bueno, virtuoso, y siempre sabio? ¿O tenías tu fe puesta en Dios, quien muestra (tiempo presente) Su propio amor para con nosotros en esto: «Que siendo aún pecadores, Cristo murió por nosotros» (Ro 5.8)?

Las Escrituras dicen claramente que nuestra propia justicia es como trapos de inmundicia delante de Dios. Si tu fe está puesta en tu propia justicia, estás en serios problemas. Es tiempo de deshacerte de todas las cosas en las que anteriormente pusiste tu fe, y poner esa fe en aquellas cosas en que realmente debe estar. Como la obra consumada en el Calvario. Cristo no gritó desde la cruz: «Todo está consumado, excepto esa cosa terrible que el Engañado va a hacer en el año. Tendré que pensar en otro sacrificio para eso. O quizás, simplemente deba suponer que debe ir al infierno, ya que esta muerte no basta para él».

¿Vas a rechazar tu fe, o vas a creer lo que dice la Palabra de Dios? Colosenses 2.13–15 dice:

Y a vosotros, estando muertos en pecados y en la incircuncisión de vuestra carne, os dio vida juntamente con él, perdonándoos *todos* los pecados, anulando el acta de los decretos que había contra nosotros, que nos era contraria, quitándola de en medio y clavándola en la cruz, y despojando a los principados y a las potestades, los exhibió públicamente, triunfando sobre ellos en la cruz» (énfasis mío).

Cada uno de tus pecados y los míos fueron clavados de antemano en la cruz de Cristo. ¡Oh, ya sé lo que sigue! Seguro que alguien va a preguntar si eso se aplica a los pecados cometidos después de la salvación o solamente a los anteriores. Yo entiendo que la Escritura citada dice *todos*. Además, todo el Libro de 1 Juan trata sobre cómo desarrollar una comunión plena con Cristo, y se dirigía a un público que ya había creído en Él para obtener su salvación. A ellos y a nosotros, nos escribió:

> «Si decimos que no tenemos pecado, nos engañamos a nosotros mismos, y la verdad no está en nosotros. Si confesamos nuestros pecados, él es fiel y justo para perdonar nuestros pecados, y limpiarnos de toda maldad. Si decimos que no hemos pecado, le hacemos a él mentiroso, y su palabra no está en nosotros».
>
> —1 Juan 1.8–10

La Palabra es clara respecto a que la obra de la cruz está completa. Ciento por ciento completa. Los medios para el perdón y la total purificación de cada pecado que cometamos, ya sea pasado o futuro, y que obedientemente confesemos, ya están garantizados. Aquí es donde hay que quemar las naves: ¿vamos a tener fe en Dios y en Su Palabra, o *en* nuestros egos, absolutamente débiles y propensos al pecado? Se me hace un nudo en la garganta cuando mi alma canta las palabras de un viejo himno que se ha hecho realidad para mí:

> Mi esperanza no se fundamenta en nada menos
> Que la sangre y la justicia de Jesús;
> No me atrevo a confiar en la más bella construcción,
> Pero me apoyo totalmente en el nombre de Jesús.
> En Cristo, Roca firme, estoy en pie:
> Todo otro fundamento es como construir sobre la arena
> Todo otro fundamento es como construir sobre la arena.[1]

«SERVID (A JEHOVÁ) CON TODO VUESTRO CORAZÓN» (V. 24)

Aquí es donde difiero de quienes adoptan líneas de postura más dura. Ahora quiero hablar directamente no sólo al *Engañado*, sino también a los que se supone que deben ayudar para que el *Engañado* sea sanado. No creo en lo más mínimo que Dios quiera que la iglesia o el Cuerpo de Cristo *le nieguen a un siervo sinceramente fiel a Cristo, que haya caído o que haya sido seducido de alguna manera, el derecho a volver a servir.* Daría lo mismo que lo colgaras de una soga, porque virtualmente lo matarías. Sí, es necesario que procuren alcanzar un buen estado de salud espiritual y emocional; y sí, deberán seguir los pasos de un proceso, como los que estamos a punto de examinar; pero la meta es que deben ser siervos de Jesucristo totalmente restaurados. No voy a negar que en algunos casos puede ser necesario cambiar el tipo de servicio que presten, pero negar por completo a un verdadero siervo —ya que muchos de ellos lo han sido—, el derecho a servir, prácticamente equivale a destruirlo. Yo prefiero ser él (o yo misma, una ex *Engañada*), antes que la atrevida persona que *ejecute semejante pena de muerte en un arrepentido* (Stg 2.12–13).

Creo que el derecho a servir, después de un genuino arrepentimiento y de una búsqueda activa de su bienestar espiritual, no debe rehusarse ni siquiera a aquellos que antes no habían sido sinceramente fieles, y terminaron desplomándose en su propia rebelión. Su fracaso bien puede ser el recurso que Dios use para zarandearlos y convertirlos en verdaderos siervos que laven los pies de los otros.

Al que se arrepiente de verdad, con frecuencia el desastre sufrido lo convierte en una persona tan humilde que está dispuesto a hacer lo que sea. Si las personas que afirman haberse arrepentido siguen siendo arrogantes y no aceptan su responsabilidad, probablemente están perdiendo la oportunidad de dar frutos de arrepentimiento. Se hallan muy lejos de estar listos. ¡Pero aún así, no les retires la confianza! ¡Ayúdalos, háblales la verdad en amor, y ora para que lleguen a un arrepentimiento verdadero!

Si los *Engañados* que regresan muestran frutos de arrepentimiento, asegúrate de que conocen la meta y no esperes mucho tiempo para ponerlos a servir, para que no se desalienten. Por el amor de Dios, hazlos lavar las copas de la Cena del Señor, o que vigilen el estacionamiento (ambas tareas son honrosas y dignas), pero no les quites su derecho a servir a Dios. Eso no nos corresponde ni a ti ni a mí. Sólo le corresponde a Dios.

En las Escrituras, cuando los cristianos fueron demasiado lejos como para volver a servir alguna vez, por lo general Dios los hirió con la muerte y se los llevó a Su hogar. Puedes preguntárselo a Ananías y Safira (Hch 5). Si el creyente todavía está vivo y muestra frutos de arrepentimiento, no creo que Dios haya terminado de usar esa vida para que lo sirva de alguna forma. ¡Busca la sabiduría de Dios! «Hermanos, si alguno fuere sorprendido en alguna falta, vosotros que sois espirituales, restauradle con espíritu de mansedumbre, considerándote a ti mismo, no sea que tú también seas tentado» (Gl 6.1).

Y un poco de humildad no le hace mal a nadie, ya que la Palabra dice claramente que los hombres y mujeres de Dios espirituales también pueden caer (el mismo pasaje).

Por favor perdóname si parezco ser dura con quienes han hecho lo correcto y nunca han caído. Yo amo a los *No Engañados* tanto como a los *Engañados*. Sólo te estoy pidiendo que no seas *Engañado* por tu propia rectitud, orgullo, o juicio, en vez de ser *Engañado* por otras cosas que parecen peores. Por favor ten misericordia, mezclada con una sobreabundante dosis de sabiduría, para nuestro amigo *Engañado*. Él realmente necesita de tu ayuda ahora mismo.

Engañado, no te atrevas a engreírte respecto de esto. Tu tarea es permanecer humilde y servir al Señor con todo tu corazón, sin pensar si lo haces en cosas grandes o pequeñas.

El argumento de 1 Samuel 12.20–25, que Dios usó para llevarme a los conceptos acerca de la restauración, se basa, hasta cierto punto, en el tema del presente capítulo. Ningún cristiano en su sano juicio le diría a un *Engañado* arrepentido que no puede ser perdonado por Dios o que no debería ser perdonado por los demás. La controversia parece referirse a lo que se permitirá hacer al *Engañado* después de haber sido *Sanado*.

Probablemente recuerdes las circunstancias generales que compartí respecto del hermano caído, que nos condujo hacia una discusión un poco acalorada. El motivo de la discusión terminó siendo si debía o no «permitírsele» que alguna vez en su vida volviera a cantar o vender música cristiana. Estoy diciendo en toda su vida. (Como si esa decisión nos correspondiera.) Algunos dijeron: «Pienso que ahora debería dedicarse a la música secular, y olvidarse de por vida de volver a cantar en el ámbito cristiano». Espera un segundo. ¿Y qué se lograría con eso?

1 Samuel 12.20 dice: «Que no te apartes del Señor; sino que le sirvas con todo tu corazón». Probablemente, lo que en realidad sucedió en las vidas de algunos *Engañados* que carecían de una devoción plena, pudo haber sido que no estaban sirviendo con todo su corazón. Parte de la prescripción para ellos sería volver a servir Dios, pero esta vez de todo corazón.

A continuación, 1 Samuel 12.21 dice claramente: «No os apartéis en pos de vanidades que no aprovechan ni libran, porque son vanidades». No puedo pensar en un ejemplo más específico de lo que es volverse a un ídolo y literalmente adorarlo, que tomar un don o talento dado por Dios y dedicarse a servir con él al mundo pagano. No sólo sería idolatría; ¡ese don o talento dado por Dios quedaría totalmente inservible!

Así que no sólo el *Engañado* debe tener mucho cuidado con lo que él hace; más vale que tú y yo tengamos cuidado con lo que ayudamos a que *Engañado* haga. Repito, si el *Engañado* no tiene frutos de arrepentimiento, es que no solamente fue *Engañado*, sino que sigue *Siendo Engañado*. En ese caso, no tiene derecho alguno a servir. Pero este libro está dedicado casi completamente al *Engañado Arrepentido*.

«Pues Jehová no desamparará a su pueblo, por su grande nombre» (v. 22)

¡Gracias al cielo! Tú y yo no tenemos que temer que Dios rechace a uno de los Suyos. Su Palabra promete:

«No te desampararé, ni te dejaré».

—Hebreos 13.5

¿Te diste cuenta por qué? ¡Por causa de Su gran nombre! Así que el Señor no te rechazará, sin importar lo que le hayas hecho a su «gran» nombre. ¡Su fidelidad para contigo se basa en Su gran nombre! ¡Su gran nombre permanece aun cuando nosotros caemos! ¿No es grande Su nombre todavía? El Señor no te rechazará, hijo. ¡Escucha bien lo que sigue!

«PORQUE JEHOVÁ HA QUERIDO HACEROS PUEBLO SUYO» (V. 22)

No sólo estás protegido del rechazo por causa del gran nombre de Dios; también sucede que al Señor le agradó hacerte Suyo. Sería bueno que repitieras varias veces este versículo en voz alta, hasta que tanto tu cabeza como tu corazón lo oigan. Si son de corazón tierno y se han sentido tan derrotados como yo lo estuve en varias épocas de mi vida, algunos de ustedes, Engañados van a detenerse por un momento para gritar. Sé lo que es eso. Yo casi podría detenerme aquí y ponerme a gritar con ustedes. Tómense su tiempo, y retomaremos cuando estén listos.

En caso de que te estés preguntando si ese sería solamente un versículo sacado de contexto, y temes que pueda no estar de acuerdo con todo el consejo de la Palabra de Dios, aquí tienes algunos más:

«Envió desde lo alto; me tomó, me sacó de las muchas aguas. Me libró de mi poderoso enemigo, y de los que me aborrecían; pues eran más fuertes que yo. Me asaltaron en el día de mi quebranto, mas JEHOVÁ fue mi apoyo. Me sacó a lugar espacioso; me libró, porque se agradó de mí».

—Salmo 18.16–19

¿Oíste eso? Te rescató porque se agradó de ti. «Y el que comenzó la buena obra será fiel en completarla» (Flp 1.6).

«...en amor habiéndonos predestinado para ser adoptados hijos suyos por medio de Jesucristo, según *el puro afecto de su voluntad*, en quien tenemos redención por su sangre, el perdón de pecados *según las riquezas de su gracia, que hizo sobreabundar para con nosotros* en toda sabiduría e inteligencia, En él asimismo *tuvimos herencia, habiendo sido predestinados conforme al propósito del que hace todas las cosas según el designio de su voluntad*».

—Efesios 1.5, 7-8, 11, énfasis mío

Por cierto, mi intención aquí no es debatir sobre la predestinación; simplemente deseo señalar que la misma mente que supo de antemano que llegarías a ser uno de Sus hijos, también supo de antemano que caerías en las engañosas tretas del maligno. Sin embargo, Él dice que te adoptó con placer.

Yo estoy loca por mi marido por mil razones. Uno de las cosas que tanto amo de él es una frasecita muy cortés que repite casi siempre que alguien le agradece algo. Él no dice solamente: «De nada»; añade, «fue un placer para mí». Son cosas muy diferentes. Oh, querido *Engañado*, por favor escucha esto con todo tu corazón. Cuando dices: «Oh, Dios, te agradezco tanto por haberme salvado y hacerme Tu hijo», de acuerdo con las Escrituras, Dios no dice simplemente: «De nada». Oye lo que te dice: «Fue un placer para mí».

Muchas veces, a medida que como *Engañado* te sanes en los meses y años por venir, te encontrarás diciendo: «Oh, Dios, gracias, gracias, gracias por rescatarme y hacer lo que hiciste para liberarme de un enemigo que era más poderoso que yo. Y Su respuesta será: «Fue un placer para mí. Te rescaté porque me deleito en ti». ¡Quiero gritar aleluya ahora mismo!

¿Notaste, también, en el pasaje de Efesios, que Dios hizo sobreabundar su gracia en ti en toda sabiduría e inteligencia? Su gracia no escasea. Querido *Engañado*, no te olvides de que Dios continuará trabajando hasta lograr el resultado conforme al propósito de Su voluntad. Tú no has hecho ninguna cosa que Dios no pueda cambiar y usar para bien, junto con todo lo demás que hay en tu vida (Ro 8.28).

¡Oh, cuánto ha usado Dios derrotas de los más variados tipos en mi vida, para bien! Tiempo atrás escribí en mi Biblia, «Dios, hay una cosa que odiaría más que todas las que ocurrieron en mi vida: lo que yo habría sido sin ellas». Por favor no malinterpretes lo que acabo de escribir.

Detesto algunas de las situaciones que atravesé en el curso de mi vida. Si pudiera hacerlo de nuevo, querría desesperadamente seguir a Dios en gozosa obediencia, no apartándome nunca de Su camino. El precio de un corazón y un alma enfermos, y del absurdo resultante de ciertas decisiones, ha sido enorme.

Algunos recuerdos de mi pasado con los que tengo que luchar, pueden llegar a atormentarme cruelmente. Estoy tan desesperada por no desviarme del camino por el resto de mis días, que me he vuelto fanática por buscar mi todo en Él. Espero seguir buscando Su santificación completa, con entrega total, sin importar lo que el futuro me depare. Muchas veces, en situaciones muy graves, le he pedido a Dios con toda seriedad que me lleve con Él, antes de que yo permita a Satanás hacerme caer en otro pozo. Aun así, reconozco haber sido capaz de estar llena de orgullo y justicia propia.

No tengo precisamente lo que se pueda llamar una trayectoria personal intachable, es más, creo que no habría sabido cómo manejarme airosamente de esa manera. Afortunadamente, otros pueden. Cuando todo esté dicho y hecho, y veamos cara a cara a nuestro santo, poderoso y extraordinario Dios, lo que odiaría más que ninguna otra cosa, es haber sido orgullosa y haber confiado en mi propia justicia. Y eso quiere decir mucho.

En el próximo capítulo continuaremos con los preceptos establecidos en 1 Samuel 12.20-25.

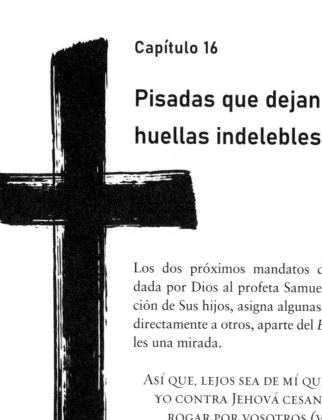

Capítulo 16

Pisadas que dejan huellas indelebles

Los dos próximos mandatos de la prescripción dada por Dios al profeta Samuel para la restauración de Sus hijos, asigna algunas responsabilidades directamente a otros, aparte del *Engañado*. Démosles una mirada.

ASÍ QUE, LEJOS SEA DE MÍ QUE PEQUE
YO CONTRA JEHOVÁ CESANDO DE
ROGAR POR VOSOTROS (V. 23)

No sólo creo que el Cuerpo de Cristo que rodea a los *Engañados* elude su deber al no orar por la restauración completa de ellos; sino que las Escrituras dan a entender que, al no hacerlo, se está pecando directamente contra Dios. No soy cínica respecto al Cuerpo de Cristo. Me siento feliz de poder contarte acerca de tantas personas que conozco y con quienes asisto a la iglesia, que de todo corazón buscan a Dios con humildad. En cada oportunidad que se presente, practican activamente el perdón, la misericordia y la restauración. Tristemente, sin embargo, sabemos que también existen personas del *otro tipo*: entrometidos a quienes les encanta tener algo de que hablar. Jueces autoelegidos que gustan de utilizar a otros para aguzar su puntería.

Personas inseguras, que se creen mejores y superiores cuando otros vienen a ser peores e inferiores. Ya sea que lo enfrentemos o no, tenemos una responsabilidad que cumplir en el proceso de restauración plena de los *Engañados*. La oración intercesora ferviente para que los pecadores sean restaurados logra múltiples propósitos esenciales:

1. La oración mantiene el corazón de los intercesores puro y amoroso hacia el pecador que busca ser restaurado .

Probablemente te hayas dado cuenta de que es difícil experimentar sentimientos negativos hacia las personas por quienes intercedes activamente.

2. La oración logra que la parte del Cuerpo que intercede se ponga de acuerdo, potenciando tremendamente el poder de la oración (Mt 18.19–20).

¡El *Engañado* necesita muchísima oración! ¡Y por muchísimos motivos! Ni siquiera tienes que preguntarte si estás orando en la voluntad de Dios cuando pides la restauración plena de uno de Sus hijos: Ese es Su deseo incuestionable.

3. La oración mantiene nuestra boca abierta delante de Dios respecto de esa situación, en lugar de abrirla delante de otros.

No tenemos derecho alguno a chismear respecto de los miembros del Cuerpo de Cristo. Si el tiempo que gastamos comentando la vida de otro lo invirtiéramos en la oración no te cuento lo que podría suceder para la gloria de Dios.

A decir verdad, Dios ve el chisme disfrazado de pedido de oración

4. La oración guarda los corazones y las mentes, y trae paz aun en medio del caos (Flp 4.6–7).

Un inmenso caos puede rodear la situación del *Engañado*.

5. Las oraciones de los santos para atar al enemigo pueden…¡atar al enemigo!

Y la oración para desatar el Espíritu puede hacer justamente eso: ¡desatar el Espíritu! (Mt 16.19). La oración puede ser usada por

Dios para frustrar completamente cualquier otro plan del enemigo y recuperar lo que este robó.

6. Las oraciones de los santos pueden ser honradas por Dios, para impedir que el enemigo continúe ocasionando daño y destrucción. Por ejemplo a un matrimonio o a varios, a una familia o a varias, o a una congregación entera.

7. La oración hace que la bendición de los plenamente redimidos y restaurados pueda ser compartida para provecho de muchos.
Desde los años en que fui *Engañada* y después de recorrer el camino hacia la sanidad y hacia una mayor comprensión de la Palabra de Dios he tenido, tanto el gran privilegio como la responsabilidad de ayudar a algunos otros *Engañados* a lo largo de su camino. A veces desempeñé un rol principal, otras uno secundario. En la escuela secundaria he visto a muchos *Engañados* sanarse gradualmente; en la universidad he visto cómo muchos *Engañados* lo eran en forma progresiva, y también he visto a no pocos adultos recorrer el camino paso a paso hacia la sanidad.

He llorado lágrimas amargas por causa de varios *Engañados* que rehusaron hacer lo que era necesario y continuaron *Siendo Engañados*. Al reflexionar, puedo decir con toda honestidad que criar a mis hijos es la única cosa que me produjo mayor alegría que ver a un *Engañado* que ha sido completamente restaurado. Apenas puedo contener el llanto cuando veo a un *Engañado Sanado* proclamando desde su corazón que ama a Jesús más que a nada en el mundo. No puedo evitar emocionarme profundamente cuando veo a un *Engañado Sanado* conmover a todos los presentes con un poderoso testimonio de la asombrosa gracia de Dios.

Hace poco vi a una *Engañada Sanada* avanzar por el pasillo en su resplandeciente traje de novia, atreviéndose a creerle a Dios. Vi a un *Engañado Sanado* volver a enseñar en el segundo nivel de la Escuela Dominical, lleno de la unción del Espíritu Santo después de una larga ausencia. A medida que los nombro, me doy cuenta de que no tengo ninguna idea de cuántos *Engañados* he visto sanarse, ya sea desde muy cerca o, en otros casos, a distancia. Yo continúo enriqueciéndome con cada uno de ellos. Soy la más rica de todos, porque ellos tocaron mi vida y porque tuve el especial privilegio de orar por ellos. Quizá es por eso que los amo tanto. Es difícil no amar a un *Engañado* por quien uno estuvo orando.

La lista podría continuar indefinidamente, pero el punto está claro: los creyentes que han tomado conciencia de la situación faltarán a su responsabilidad, e incluso pecarán contra Dios, al no orar por la plena redención y restauración de los *Engañados* y de todos los involucrados en el proceso. No sólo eso, sino que se perderán una bendición inapreciable.

Engañado, antes de continuar permíteme que te diga algo con mucho amor. He hablado acerca de varios *Engañados* con quienes tuve la alegría de trabajar. También te diré que el número y el peso de la responsabilidad llegaron a ser demasiado para que pudiera tratar personalmente a cada uno. Esa es una de las razones más importantes por la que creo que Dios quería que escribiera este libro.

Quizá desearías que pudiéramos tener contacto personal, y trabajar juntos, porque piensas que soy la única persona que te entendería y que no te juzgaría. Querido *Engañado,* eso es muy desacertado. Yo no soy la única. Dios tiene las personas adecuadas para ti. Dios me ha llamado a un ministerio de enseñanza de Su Palabra. Aunque siento que este llamado es tan fuerte, Dios no podría aceptar el cambio de dirección de mi ministerio, ni siquiera para la restauración de los *Engañados.*

En este libro comparto contigo todo lo que sé, y puedes contar con que estoy orando por ti. No te atrevas a dejar que me convierta en tu falsa salvadora. Nada sería más absurdo. Soy solamente una ex *Engañada,* que se encontró cara a cara con el Único que puede sanar.

«OS INSTRUIRÉ EN EL CAMINO
BUENO Y RECTO» (V. 23)

Engañado, tú necesitas ser instruido, más de lo que nunca antes lo necesitaste en tu vida. Tienes una urgente necesidad de recibir buenos consejos, sólidos y piadosos (no simplemente «cristianos» o «espirituales»). Necesitas saber cómo avanzar desde donde estás ahora hasta donde Dios quiere que vayas. Necesitas conocer el camino *correcto y bueno*. Así como a mí y a muchos otros, tu propia visión, percepción y opinión te han fallado. Necesitas la ayuda de otros más sabios que tú para poder mejorar tu vista y tu conocimiento. No puedo exagerar la importancia de la siguiente declaración: también necesitas saber cómo y por qué tomaste un camino errado. Este proceso será una parte sumamente importante para saber cómo continuar el camino que inicias aquí.

Obviamente, si hubieras sabido en lo que te estabas metiendo, no habrías tomado ese camino. Ves, la naturaleza misma de la maquinación diabólica es ser secreta y artera. Y está destinada a hacer caer al desprevenido. Como todos los demás que hemos sido *Engañados*, tú también necesitas enseñanza bíblica para ver con detenimiento, como nunca antes, dónde y por qué te extraviaste.

Como el resto de nosotros, realmente vas a tener que humillarte y admitir que te falta mucho por aprender. *Aunque seas pastor.* Algo salió mal, y tendrás que aprender qué era y cómo evitar que te vuelva a suceder. Necesitas de alguien piadoso, sabio, y digno de confianza, que te ayude a descubrir tus debilidades. Luego, necesitarás ayuda para reforzar esos puntos vulnerables y edificar defensas.

Realmente quiero ser lo bastante audaz para decirte que no puedes realizar este proceso hacia la restauración total tú solo. Necesitarás la ayuda de otros miembros del Cuerpo de Cristo y, no dudo en decírtelo, ¡algunos de ellos te necesitan a ti!

Aquí es donde entra en acción el consejo bueno y piadoso, así como el estudio profundo y sistemático de la Biblia, además de una comprensión más profunda de lo que es la santificación completa. Querría darte otro consejo, aunque pueda parecer un poco atrevido. Algunos de ustedes pueden pensar que soy un poco descarada y que esto no es asunto mío, pero recuerda, ¡eres tú quien me diste lugar, al estar leyendo este libro! Mientras tenga tu atención, quiero compartir contigo aquello que sé que da mejor resultado. Seguiré adelante y lo diré de frente: esto no es negociable.

En situaciones de *Engaño* en que he tomado un rol principal (siempre como parte de un equipo), he insistido en que el *Engañado* dé su consentimiento para un intenso periodo de *desintoxicación*, *desprogramación,* y *reprogramación.* Pienso que son vitales, y quiero explicar qué significa cada uno de ellos. Todos están incluidos en la categoría de aprendizaje de lo que Samuel denominó *el camino que es bueno y recto.*

Desintoxicación. Piensa en tu condición actual en los siguientes términos: de una u otra forma, la misma serpiente que clavó sus colmillos en Eva consiguió clavarlos en ti. Cómo lo hizo y lo que pasó como resultado, difiere de *Engañado* a *Engañado.* De alguna manera, como dice 2 Corintios 11.2–3, la serpiente ha *corrompido* y *seducido* tu mente.

Quiero que pienses en esa corrupción como una ponzoña, un veneno, o una toxina. Para poder desintoxicarte deberás cortar con la fuente o fuentes y con todas las posibles conexiones a esa fuente. Seguramente vas a necesitar de un estricto seguimiento por parte de alguien responsable, para lograr esta desintoxicación, pero es vital que lo hagas.

Por ejemplo, si has estado robando dinero, necesitarás alejarte de la fuente en la que encontraste libertad para robarlo. Si fuiste seducido por la pornografía de la internet, debes ser lo suficientemente valiente como para cortar toda forma de acceso a la internet, ya sea en casa o en el trabajo. No importa si debes dejar por completo tu computadora por un tiempo, este paso es imprescindible. Quizá te sientas más seguro no entrando nunca en la internet, y dejando que otros hagan cualquier investigación que puedas necesitar.

Debes tomar muy en serio la restauración. Haz lo que sea necesario para cortar el flujo de veneno. Si has estado involucrado en un enredo extramarital o en una relación ilícita de algún tipo, no importa si «crees» estar enamorado de esa persona; no es más que una estratagema del diablo. Corta no sólo *toda* forma de contacto con él o ella, sino también cualquier otra conexión que puedas tener con la persona. Oh, por favor no cometas la tontería de seguir en contacto. ¡No te justifiques diciendo que son solamente amigos! Muchos otros lo han intentado, sólo para continuar siendo engañados de una forma u otra.

Parte de tu proceso de toma de conciencia no se completará hasta que haya cesado todo contacto indebido. Consigue toda la ayuda que necesites para dar este paso y cumplir este compromiso. ¡Es un boleto muy valioso hacia la libertad!

Desprogramación. Como quiera que lo haya logrado, Satanás se las arregló para hacer un trabajo fino, programando tu mente con mentiras y mucha basura de la que deberás deshacerte. Cada fortaleza satánica implica creer en algún tipo de mentira o mentiras. La seducción entraña de algún modo creer en todo un sutil arsenal de ellas. Me voy a arriesgar a que me califiquen de fanática en esto, pero yo he visto el proceso que da buen resultado, y también he visto el proceso que falla. La buena voluntad del involucrado para cooperar con este objetivo ha demostrado lograr una gran diferencia. Durante algún tiempo, será prudente de tu parte evitar todo medio de comunicación (películas, televisión, libros, revistas, etc.) que fomente la corrupción del pensamiento.

Por un tiempo tu mente quedará muy vulnerable y sensible. Lo que no molestaría a la persona que se sienta a tu lado, podría empujarte a una caída súbita e inesperada, incluso a una posible recaída. Por ejemplo, si fuiste seducido por pornografía, una película con calificación de «reservada» podría resultarte sumamente perjudicial. Mucho más si tuviera una calificación más avanzada en ese sentido. Me pregunto qué razón tendría cualquiera de nosotros para estar mirando esa clase de películas con contenido sexual explícito, pero Satanás puede usarlo más destructivamente con un *Engañado* que con otra persona.

Puesto que mencioné el ejemplo de una relación extramatrimonial en el punto anterior, quiero volver a utilizarlo para dejar en claro algunos conceptos. ¿Te parece que los sitios de la internet, los culebrones, o todo otro tipo de programación que aprueba el sexo fuera del matrimonio, incluso el adulterio, puede ser bueno para alguien que ya fue seducido? Por un tiempo, la mente del *Engañado* será extremadamente sensible y susceptible a los modelos presentados por los medios de comunicación, que fomentarían una vez más la clase de engaño que casi le provoca la muerte.

Por favor considera desprogramarte de todos los tipos de medios de comunicación engañosos hasta que estés restaurado por completo. Recién entonces podrás decidir si tal clase de programas tienen algún lugar en tu vida. En estos días tenemos acceso a todo tipo de medios de comunicación cristianos, que no fomentan la tentación ni comprometen el carácter piadoso.

La calidad y contenidos de las revistas, música y novelas cristianas han mejorado extraordinariamente durante la última década. Yo creo que esto fue divinamente planeado para que, en un mundo donde la maldad crece día a día, tengamos a nuestro alcance gran variedad de alternativas seguras.

Incluso muchas compañías productoras están empezando a hacer películas y videos de alta calidad. Un simple ejemplo es World Wide Pictures Home Video, que está asociada con la Asociación Evangelística Billy Graham. Sus películas son fabulosas, y usan los talentos de muchas personas de principios que a la vez son reconocidas estrellas.

Gózate de que ya no tengamos que renunciar a la calidad para no tener que faltar a la integridad moral. Te ruego que examines cuidadosamente lo que entra en tu mente. Considera desprogramarte de las formas engañosas del mundo de los medios de comunicación por un buen tiempo.

Reprogramación. El *Engañado* no sólo precisa ser *desprogramado* de tantas fuentes de engaño como fuere necesario, sino que además necesitará ser *reprogramado* de acuerdo con la verdad de la Palabra de Dios. Tan pronto como te sea posible, inicia un estudio serio, y profundo de la Biblia, integrándote a un grupo en el que rindas cuentas de tus actos como un miembro más. Aunque seas pastor. Aunque *escribas* estudios bíblicos, ¡por amor de Dios! Este punto es esencial para el *Engañado*, pero también para todos nosotros.

Casi siempre acostumbro tomar enseñanza bíblica de otro maestro. Ahora tengo las estanterías repletas de valioso material sobre el discipulado. Me queda mucho por aprender, y eso me mantiene en un proceso de constante aprendizaje. ¡Dios no quiera que yo misma sea la única maestra a quien escuche! Si puedes encontrar un estudio de la Biblia que hable directamente a algunas de tus necesidades ¡mucho mejor! Es mi oración que te propongas mantener una muy activa relación con Dios a través de Su Palabra por el resto de tu vida. No podemos reconocer las mentiras si no conocemos la verdad. El Salmo 19.10–11 dice con respecto a los mandamientos de Dios que:

«¡Son de más valor que el oro fino! ¡Son más dulces que la miel del panal! *Son también advertencias a este siervo tuyo,* Y le es provechoso obedecerlos» (DHH, énfasis mío).

¡A nosotros, tanto los *Engañados* como los *ex Engañados,* nos hacen falta todas las señales de alerta que podamos recibir para librarnos de futuros problemas! Gracias por permitirme ser tan atrevida. Por favor no te límites a seguir mis consejos. Cotéjalos con las Escrituras para ver si están alineados con ella. Muéstraselos a alguna persona de tu confianza, alguien piadoso y que tenga sabiduría, que te ayude a ver si concuerdan. ¡Por supuesto, debes buscar una segunda opinión! Creo que es segura y veraz.

Isaías 1.16–17 dice: «¡Dejen de hacer el mal! ¡Aprendan a hacer el bien!» (NVI). Para aprender a evitar que mi carretilla vaya a dar en las zanjas, ¡tuve que *aprender* a hacer lo recto! *Todavía estoy* aprendiendo, pero afortunadamente, poco a poco voy logrando que se mantenga dentro del camino. Hacer lo recto es una conducta aprendida, que se adquiere por haber sido *enseñada.* La palabra *discípulo* quiere decir «alumno» o «aprendiz». Nosotros nunca dejaremos de ser hijos de Dios, pero cuando dejamos de aprender y de aceptar ser instruidos, dejamos de ser discípulos.

«SOLAMENTE TEMED A JEHOVÁ Y SERVIDLE DE VERDAD CON TODO VUESTRO CORAZÓN» (V. 24)

El precepto dado por Dios al profeta Samuel empezó con las palabras «no temáis». Cuando tratamos el primer punto, dije que hay un solo tipo de temor que es prudente, y que después hablaríamos de él llegado el momento. Bueno, ya hemos llegado. *Asegúrate de temer al Señor.*

Dios es grande. Él es temible, realmente aterrador. Es poderoso. Él posee todas las llaves de la vida y la muerte, del éxtasis y de la agonía. Nuestro futuro está completamente en Sus manos. Él es soberano, y no rinde cuentas a nadie. Él recoge los océanos en las palmas de Sus manos. El relámpago se reporta ante Él. Si no fuera por Su misericordia, todos nosotros habríamos sido consumidos. Él es Santo y no consiente la maldad. Él levanta y Él abate. Él hace la mente y puede quebrantarla. Cuando Él sube a Su trono, Sus enemigos son esparcidos. No tiene igual. Él es completo, puro, sin adulterar, *en completa alteridad.* ª

«El principio de la sabiduría es el temor de Jehová; Los insensatos desprecian la sabiduría y la enseñanza».

—Proverbios 1.7

«El temor de Jehová es el principio de la sabiduría, Y el conocimiento del Santísimo es la inteligencia».

—Proverbios 9.10

«Con misericordia y verdad se corrige el pecado, Y con el temor de Jehová los hombres se apartan del mal».

—Proverbios 16.6

Dios no nos ha perdonado a ti, a mí o a cualquier otro porque nuestros pecados fueran poca cosa. Nos ha perdonado por causa de Su gran amor. Punto. Él nos ama tanto, que echó todas nuestras transgresiones sobre Su propio y perfecto Hijo, y permitió que muriese en una cruz en nuestro lugar. Nosotros simplemente elegimos recibir el regalo. Nunca debemos tomar livianamente nada de lo relacionado con nuestra redención y restauración. Si lo hacemos, deberemos vérnoslas con el Creador del universo. Amo la canción «Cuán profundo es el amor del Padre para con nosotros», escrita por Stuart Townend.[1] Medita en las verdades de estas palabras:

«Cuán profundo es el amor del Padre por nosotros
Cuán inmenso más allá de toda la medida,
Que dio a Su Único Hijo
Para hacer de un desgraciado Su tesoro.
Cuán grande fue el dolor de esa amarga pérdida.
El padre volvió Su rostro
Cuando las heridas que desfiguraron al Elegido

Traen a muchos hijos a la gloria
Miro al hombre que está en la cruz
Con mi pecado sobre Sus hombros.
Avergonzado, yo oigo mi voz mofándose.
En medio de los escarnecedores,
Era mi pecado el que Lo mantuvo allí
Hasta que fue consumado
Su suspiro de muerte me ha traído vida
Yo sé que Su obra está consumada

De nada me gloriaré
De ningún regalo, poder o sabiduría,
Sino en Jesucristo
En Su muerte y resurrección
¿Por qué debería yo participar de Su recompensa?
No puedo dar una respuesta
Pero esto sé con todo mi corazón:
Sus heridas han pagado mi rescate».

«Pues considerad cuán grandes cosas ha hecho por vosotros» (v. 24)

Hace años pedí a Dios, con toda sinceridad, que nunca me permitiera olvidar lo que Él ha hecho por mí. Aún hoy podría volver a llorar por la gracia redentora que me concedió al rescatarme del pozo donde estaba, así como también en el momento de mi liberación. Sus misericordias son nuevas cada mañana. Dios las aplica a mí cada día de mi necesitada vida, pero yo no quiero perder nunca de vista dónde he estado, y algunos de los lugares adonde Él tuvo que ir para rescatarme.

Estoy convencida de que la capacidad para recordar *como si hubiera sido ayer* es un don, aunque algunos días uno la sienta casi como una maldición. Cualquier mal recuerdo vale la pena, si me ayuda a no olvidar la bondad que Dios tuvo para conmigo.

Solamente debo acordarme de llevar todo recuerdo doloroso delante de Su trono, pidiéndole que lo bañe con Su amor y su gracia santificadora. Es mi oración que Él continúe manteniendo en mí una gratitud arrolladora y que haga lo mismo contigo. Él merece gratitud constante, y reconocer las grandes cosas que Dios ha hecho a nuestro favor establece una protección permanente para nosotros. El acusador dice: «Debes sentir culpa y condenación por todas las grandes cosas que el Altísimo tuvo que hacer por ti». Niégate deliberadamente a escucharlo. Cuanto más lo escuches, tanto más te dirá. En vez de eso, cree la Palabra de Dios: «Ahora pues, ninguna condenación hay para los que están en Cristo Jesús, los que no andan conforme a la carne, sino conforme al espíritu» (Ro 8.1).

Por el fruto puedes juzgar si tu valoración de las grandes cosas que Dios ha hecho por ti nacen del Espíritu. La saludable estimación de las grandes cosas que Dios ha hecho, motivada por el Espíritu Santo, libera fuentes de gratitud y alabanza desde tu alma. Las consideraciones que provienen del acusador, envenenan las aguas con culpa y condenación.

«Engrandece mi alma al Señor; Y mi espíritu se regocija en Dios mi Salvador. Porque ha mirado la bajeza de su sierva; Pues he aquí, desde ahora me dirán bienaventurada todas las generaciones. Porque me ha hecho grandes cosas el Poderoso; Santo es su nombre, Y su misericordia es de generación en generación A los que le temen»

—Lucas 1.46–50

«SI PERSISTEN EN LA MALDAD, TANTO USTEDES COMO SU REY SERÁN DESTRUIDOS» (V. 25, NVI)

Dios extendió completa gracia y misericordia a los israelitas, y les dio el remedio perfecto para su restauración. Sin embargo, al final formuló una vital advertencia. En el capítulo 13 te conté sobre mi visita al médico. Mi doctora me recetó un antibiótico, y pegó una etiqueta de advertencia sobre la receta. En un sentido más profundo, eso es exactamente lo que Dios hizo con Su prescripción para la restauración dada a los hijos que confesaron sus pecados. «No persistas en hacer lo malo».

No se me ocurre pensar la forma en que la frase «serán destruidos» podría aplicarse a nosotros, y tampoco quiero averiguarlo. No significó, ni para los israelitas ni para nosotros, ser excluidos de Su paternidad. Dios *todavía* no ha desechado a Israel, y creo que Él redimirá completamente a Su nación escogida a través de su Mesías, Jesucristo. Dios se ha comprometido en un pacto de sangre con nosotros a través de Jesucristo, y nunca nos dejará ni nos desamparará. Ser destruidos podría, sin embargo, aplicarse a nuestra experiencia terrenal de muchas otras maneras dolorosas. Podría significar ser excluidos de la utilidad, de la comunión del Cuerpo de Cristo, de *Su comunión* (qué sería un destino peor que la muerte terrenal), de los dones que nos dio, de nuestros lugares de servicio, o incluso de nuestras vidas terrenales. En casos extremos, Dios no vacila en llevar a un hijo a casa, si esa es la única manera de evitar que se destruya.

El completo perdón y restauración son nuestros —¡también el provecho en el Cuerpo de Cristo y vidas de servicio fiel! Dios puede hacer que todas las cosas nos ayuden a bien, y redimir nuestros fracasos. Él se alegrará de glorificarse en nuestras debilidades y mostrarnos Su benigno favor. Él puede despojar al enemigo y devolvernos lo que Satanás nos robó. Pero *nosotros no podemos persistir en hacer lo malo*. Así como un médico dice que un antibiótico no tendrá plena eficacia si no es tomado en las condiciones prescritas, la prescripción de Dios incluye una advertencia que dice: «Es ineficaz cuando el paciente persiste en hacer lo malo».

Dios no está pidiendo perfección. Ciertamente no puedo presentarme como un ejemplo ideal, pero puedo decirte que no vivo un solo día sin tener algo para confesar, sea que el pecado haya sido de palabra o de hecho, o que quedara en mi interior, como actitud, motivo, u omisión. Dios no hizo decir a los israelitas, ni nos hace decir a nosotros: «Si no recobran la calma y comienzan a actuar perfectamente, serán destruidos». Él dijo que si ellos persistían en el mal que los metió en semejantes problemas, enfrentarían serias consecuencias. Lo mismo vale, indudablemente, para nosotros. A la mujer que fue sorprendida en adulterio, Cristo le dijo: «Ni yo te condeno ... Vete y no peques más» (Jn 8.11). Dios te capacitará para obedecerlo, mediante el Espíritu Santo que está dentro de ti. Si no crees poder dejar la vida de pecado, póstrate delante de Él, pidiéndole que levante un ejército para ayudarte y defenderte contra el enemigo. ¡Pídele que haga lo que sea que deba hacer! Pero tú no puedes persistir en el mal sin padecer sus terribles consecuencias.

¡Dios quiere capacitarte para obedecerlo! «Todo lo puedes en Cristo que te fortalece» (Flp 4.13). Tus sentimientos de desesperación e impotencia vienen directamente del enemigo. Son mentiras. Ríndete totalmente a Dios, sin retener nada, y pídele que haga lo que parece imposible. Humíllate y recibe la ayuda que Él enviará cuando lo busques. «Fiel es el que os llama, el cual también lo hará» (1 Tes 5.24).

Notas a la traducción:
a. Alteridad: la cualidad de ser otro.

Capítulo 17

Un alto en la cruz

Tormento. Esa es la mejor palabra que conozco para describir los dardos de acusación clavados en el centro del blanco de una conciencia sin sosiego. Una vez que pusimos nuestra confianza en Dios, y le permitimos limpiar nuestras conciencias, Satanás pierde ese terreno, y sólo puede *tener la esperanza* de asestar un golpe a un área sensible tocante a nuestro pasado. Pero mientras la conciencia no esté limpia, Satanás no guarda una simple esperanza, sino que tiene la plena certeza. Con su taladro apunta directamente al nervio, donde trepida despiadadamente, exponiéndonos a la agonía de una vergüenza implacable.

Lo que para muchos puede ser nuevo desde el punto de vista teológico (aunque no desde la experiencia), es que podemos confesar sinceramente nuestro pecado, e incluso volvernos de él, y todavía continuar muriendo mil «muertes» por las puñaladas de una conciencia culpable. Es posible que, sin darnos cuenta, llevemos a Dios nuestras confesiones para recibir su perdón, pero no le llevemos nuestras conciencias para que las limpie. De esta manera, siguen estando expuestas a la «inclemencia» del «acusador de los hermanos».

Una conciencia que se siente culpable *antes* de proceder al arrepentimiento sincero, expresa la convicción del Espíritu Santo. Una conciencia que sigue sintiéndose culpable *después* del arrepentimiento sincero, expresa una condenación que *no* procede de Dios. Pero, hasta que hayamos arreglado esto poniendo nuestra fe en Él, nuestras conciencias constituyen un campo de acción propicio para el diablo. Dios es el único que puede purificar una conciencia que ha llegado a ser terreno fértil para la acusación. En el momento en que nos arrepentimos *podemos* y *debemos* recibir una conciencia limpia, pero muchas veces, la incredulidad no admitida nos impide aceptarla.

Una conciencia culpable. ¿Qué podría ser más torturante para un creyente que ha caminado con Dios y ha disfrutado de su dulce comunión? Yo no puedo entender mucho de lo que William Shakespeare escribió, pero estas palabras son claras como el cristal:

> «Mi conciencia tiene mil lenguas diferentes,
> Y de cada lengua brotan diversos cuentos,
> Y cada cuento me condena como villano». [1]

Polibio escribió:

> «No hay ningún testigo tan terrible, ningún acusador tan espantoso como la conciencia que mora en el corazón de cada hombre». [2]

Una conciencia atribulada no respeta a nadie. Los no redimidos pueden, ciertamente, padecer todavía una conciencia culpable, que a menudo indica la obra del Espíritu Santo para traerlos al arrepentimiento y a la salvación. Lamentablemente, sin Cristo ellos no pueden tener ningún remedio real y permanente. Pero es obvio que no solamente los perdidos tienen que batallar con una conciencia atormentada. Los creyentes que voluntariamente han ingresado a una etapa de rebelión, aún pueden sentir las angustiantes punzadas de una conciencia culpable.

Si logras imaginar el dolor de cualquiera de los dos ejemplos precedentes, ¿puedes darte una idea de la angustia de quienes, *siendo sinceramente fieles a Cristo*, fueron inducidos a una etapa de impiedad? Es un *tormento*. Hasta que permitan que Dios los libere de esa conciencia culpable, serán objeto de indecibles torturas.

Muy a menudo, nuestra falta de cooperación con Dios para que termine lo que comenzó, nos convierte, sin darnos cuenta, en colaboradores del enemigo de nuestras almas. Los que permanezcan perdidos tendrán toda la eternidad para sufrir tormentos; pero Satanás sabe que el único tormento que tú y yo recibiremos de él, es el que pueda infligirnos en esta tierra. Nosotros *no* tenemos que cooperar con él. Pero si nuestras conciencias han de ser libres de tormento debemos colaborar con Dios. En este capítulo espero poder compartir contigo la manera de lograrlo.

Quiero que estudiemos la conciencia desde una perspectiva bíblica y descubramos cómo puede ser limpiada en forma verdadera y definitiva. La palabra griega para «conciencia» en el texto bíblico que usaré principalmente en este capítulo es *«sundeidesis»*, definido por una fuente como: «ser testigo de uno mismo, la propia conciencia que actúa como testigo denota un estado permanentemente consciente, cuya naturaleza consiste en asumir la responsabilidad de ser testigo interno de la propia conducta en sentido moral. Es autoconsciencia. Particularmente, un conocimiento consciente de uno mismo».[3]

Espero que hayas captado el concepto de que nuestra propia conciencia se desempeña como testigo. La Palabra de Dios nos enseña que Cristo es nuestro abogado y que defiende nuestra causa ante Dios, el Juez justo. Una vez que nos arrepentimos de nuestros pecados, Cristo no sólo actúa como nuestro abogado; Él también presenta el alegato más glorioso del universo, declarando que todo castigo y pago de multas que merecíamos por nuestros delitos se ha cancelado.

Tanto tú como yo sabemos que aun después de un arrepentimiento sincero, a menudo seguimos siendo atormentados por una conciencia culpable, entonces ¿qué anda mal? Lo que sucede es que *el Cuerpo de Cristo padece de una incredulidad terrible*. A menudo no aceptamos ni creemos la completa obra de redención de Dios. De hecho, nuestras propias conciencias pueden llegar a actuar como testigos, escucha bien, de la *parte acusadora*, más que de la defensa.

Ruego fervientemente que aprendamos a permitir que la verdad de la Palabra de Dios penetre en nuestros corazones y en nuestras mentes, de modo tan profundo y agudo, que nuestras conciencias den el mismo testimonio que el Espíritu Santo. ¡Qué momento glorioso será ése, cuando nuestras conciencias puedan hablar a coro con el Espíritu de Dios!

Uno de los más poderosos nombres que he oído dar a la conciencia es un «grabador». Como el grabador de cintas de audio. Esto adquiere un sentido claro para cualquiera de nosotros que conozca la agonía que se produce cuando nuestra mente rebobina y reproduce continuamente una vieja grabación. *Rebobinar. Reproducir. Rebobinar. Reproducir. Rebobinar. Reproducir. Rebobinar. Reproducir. Es un tormento.*

Seguimos esperando que la cinta se gaste, pero nunca sucede. Algunos todavía albergamos esa vieja culpa, es una cinta sin fin, por el amor de Dios. *Hay un remedio.* Descubriremos esa cura después de recopilar algunos hechos vitales que las Escrituras nos ofrecen sobre el tema de la conciencia. En la Palabra de Dios podemos encontrar al menos cinco verdades al respecto:

1. Las personas con un pasado culpable también pueden disfrutar de una conciencia limpia.

¡Gloria a Dios! Espero que te sientas bendecido al saber que la persona a quien Dios escogió para hablar de la conciencia más que ningún otro en toda la Biblia fue el apóstol Pablo.

¡Cuán apropiado! En todo el Nuevo Testamento no conozco a otra persona que tenga más fundamento para albergar culpa. Según él mismo admite, Pablo persiguió celosamente a los cristianos, encarcelándolos y hasta matando a muchos de ellos.

Se consideró a sí mismo como el último de los apóstoles y el mayor de los pecadores, a pesar de que Dios había purificado completamente su conciencia, de la misma manera que puede limpiar la de cualquiera de nosotros, no importa cuán horrendo haya sido nuestro pecado.

2. *Las buenas obras no pueden lograr una conciencia limpia.*

Refiriéndose al velo que separaba al pueblo de Israel del Lugar Santísimo, Hebreos 9.9 dice lo siguiente: «Lo cual es símbolo para el tiempo presente, según el cual se presentan ofrendas y sacrificios que no pueden hacer perfecto, en cuanto a la conciencia, al que practica ese culto». Ellos todavía no pueden. Podremos hacer ofrenda de talentos, tiempo, dinero, y realizar sacrificios incalculables, pero con todo eso no podremos limpiar nuestras propias conciencias.

Los *Engañados* más bienintencionados pueden consagrarse a una vida de pobreza y perpetuas buenas obras, pero con eso no serán capaces de asegurarse una conciencia limpia. Tratar de ganar nuestro derecho a ser perdonados no constituye sino una obra muerta. Lo mismo sucedería al intentar hacer toda clase de buenas obras después de nuestro fracaso, para asegurarnos de que Dios nunca se arrepentirá de habernos perdonado.

Son obras muertas. Descubriremos que todo lo que podemos hacer para asegurarnos una conciencia limpia es recibir la obra que ya ha sido consumada.

3. *El Espíritu Santo obra con la conciencia del creyente.*

En Romanos 9.1–2, el apóstol que Pablo dijo: «Verdad digo en Cristo, no miento, y mi conciencia me da testimonio en el Espíritu Santo, que tengo gran tristeza y continuo dolor en mi corazón».

Pablo se aferró a Dios y a Su Palabra, y su conciencia confirmó la obra del Espíritu Santo en él. Aunque la conciencia del creyente y el Espíritu Santo ciertamente no son sinónimos, el Espíritu Santo trabaja junto con la conciencia. Dios desea que nosotros, mediante la fe, alcancemos suficiente salud espiritual para tener una conciencia que interprete debidamente la obra del Espíritu Santo.

Una conciencia que está continuamente atormentada por la culpa aun después de un arrepentimiento sincero, puede ser la manera en que el Espíritu Santo nos diga que aún no le hemos creído a Dios lo bastante como para permitirle completar en nosotros la obra que quiere hacer.

4. La conciencia es un indicador, no un transformador.
Por sí misma, la conciencia no tiene poder para cambiarnos. De hecho, sin someterse a la autoridad y disposiciones del Espíritu Santo, a menudo no puede hacer mucho más que condenarnos y conducirnos a conclusiones erróneas. El Espíritu de Dios, liberado para morar abundantemente en nosotros a través de Su palabra, es el único que puede transformar por completo una vida derrotada. ¡Él nos da en abundancia poder, no sólo para reconocer lo que es recto, sino también para hacerlo!

5. La conciencia puede ser cauterizada.
Esta realidad bíblica debe asustarnos casi mortalmente. Puedes volver al pasaje de las Escrituras al que nos hemos referido en la primera parte, donde se describe aquello que el enemigo puede usar para seducir a los creyentes con toda clase de doctrinas demoníacas. En 1 Timoteo 4.2 dice que tales enseñanzas vienen: «por la hipocresía de mentirosos que, teniendo cauterizada la conciencia».

Las personas que estén dispuestas a leer libros como este probablemente no estén entre quienes tienen cauterizada la conciencia, pero sin embargo tú y yo necesitamos recibir una advertencia muy seria sobre esa posibilidad. Si podemos seguir pecando y siendo hipócritas, sin experimentar una conciencia culpable, hay algo que no anda nada bien. ¡Nosotros queremos sentir tristeza por el pecado!

Esa tristeza que conduce al arrepentimiento, es la manera en que el Espíritu Santo nos da testimonio de que pertenecemos a Dios. Si no tienes esa clase de tristeza, quizá el Espíritu de Dios no esté morando en tu vida, y puede que no tengas la salvación.

Como dice 2 Corintios 13.5: «Examinaos a vosotros mismos si estáis en la fe; probaos a vosotros mismos». Si sabemos que estamos «en la fe», pero empezamos a notar que nuestra conciencia parece estar poco sensible cuando pecamos y no nos arrepentimos, de algún modo nos hemos distanciado de Dios, y corremos el riesgo de que nos ocurra un desastre. Si este es tu caso, clama al Señor con todas sus fuerzas y pídele que te muestre lo que está mal. Busca consejo piadoso y la llenura del Espíritu, quien trae la tristeza que conduce al arrepentimiento.

Con estas cinco realidades como base, veamos si podemos definir bíblicamente lo que significa tener una conciencia limpia, antes de ver cómo podemos recibirla. El apóstol Pablo nos ofrece una maravillosa definición en 2 Corintios 1.12:

«Para nosotros, el motivo de satisfacción es el testimonio de nuestra conciencia: Nos hemos comportado en el mundo, y especialmente entre ustedes, con la santidad y sinceridad que vienen de Dios. Nuestra conducta no se ha ajustado a la sabiduría humana sino a la gracia de Dios» (NVI).

Veo dos elementos cruciales que deben estar presentes si vamos a vivir cada día con el gozo y el sosiego de una conciencia limpia: *santificación (santidad) y sinceridad.*

1. *Busca y practica la vida santa y genuina en el mundo.*
Esto significa comportarse de modo consistente, sea que estemos en el mundo o en la iglesia. Practicar los hábitos del camaleón para adaptarse al ambiente que lo rodea, produce mucha culpa en la vida del creyente. El alivio viene cuando nos decidimos a pedirle a Dios que invada nuestra vida y personalidad tan completamente que, si un desconocido miembro de la iglesia nos encuentra en el centro comercial o en el restaurante, ve a la misma persona que él o ella observa en la iglesia.

Para dar otro ejemplo, algo no anda bien si nuestros compañeros de trabajo se sorprenden al saber que vamos a la iglesia. La mayoría de los creyentes no trabaja en ambientes en los cuales predicar a los compañeros de trabajo se cuente entre las tareas que tiene asignadas, pero esos compañeros ¿encuentran que nuestra conducta es inconsistente con las creencias que profesamos en la iglesia? La coherencia produce un tremendo alivio, y es un componente vital de una conciencia limpia.

2. *Busca y practica la vida santa y genuina en tu relación con otros cristianos.* Observa que el apóstol Pablo dijo: «Y especialmente con ustedes». Oh, amados, tenemos que ser *auténticos*. ¡Jugamos tantos juegos en la iglesia y en nuestra vida religiosa! Estamos presos en esas trampas. Nuestras mascaradas son tan importantes para nosotros que dejamos que nos convenzan de escoger la desdicha en vez de la libertad. No obtenemos la ayuda que necesitamos en la iglesia, porque muy pocos están dispuestos a admitir que alguna vez tuvieron un problema. ¡Que Dios nos ayude! La libertad fluye como una cascada desde el cielo cuando derramamos nuestras vidas, con absoluta autenticidad, ante Dios y ante otros, particularmente los de la iglesia. *Engañado*, permíteme hablarte sin tapujos por un momento. Dios bendecirá inmensamente tu vida si estás dispuesto a mostrarte tal como eres, y no actuando como si nunca hubieras sido *Engañado*. De hecho, Él puede bendecir tu futuro con una cosecha mayor que tu pasado, si estás dispuesto a ser sincero.

No creo que esa sinceridad implique contar cada detalle de tu desvío, sobre todo si eso causa daño al Cuerpo de Cristo en vez de ser de edificación para él. Creo que los *ex Engañados* no deberían pretender ser mucho más que *ex Engañados* que han conocido la misericordia y restauración de Dios. Cuando todo está dicho y hecho, y has experimentado la sanidad y victoria permanentes, ¡cuenta lo que aprendiste!

¡Testifica! ¡Nuestras iglesias, nuestros barrios, y nuestros lugares de trabajo están llenos de *Engañados* que agonizan anhelando encontrar una salida y algo de esperanza!

Me encantan las palabras del apóstol Pablo en 1 Corintios 4.4: «Porque aunque la conciencia no me remuerde, no por eso quedo absuelto; el que me juzga es el Señor» (NVI). Este versículo constituye una parte importante de mi propio testimonio personal. No he sido inocente, te lo aseguro. Por el amor de Dios, ¡no recuerdo haber tenido en la vida la *oportunidad* de ser inocente! La inocencia me fue robada tan prematuramente ni siquiera sé cómo se siente la inocencia.

Como si no bastara con haber sido víctima, reaccioné equivocadamente, acumulando pecado sobre pecado y derrota sobre derrota. No, no he sido inocente. Pero puedo decirte esto: *mi conciencia está limpia.*

¡No puedo escribir esas palabras sin fluctuar entre los deseos de llorar como un bebé y de gritar aleluya!

Oye este testimonio, *Engañado.* Yo he creído y permitido que Dios limpiara mi conciencia de todos mis pecados pasados, aunque eran enormes, cualquiera fuese el sistema con que los midiera. Por eso sé que puedes puede tener una conciencia limpia, y ahora veamos cómo.

Medita en las libertadoras palabras de transformación que se encuentran en Hebreos 10.19–23:

> «Así que, hermanos, teniendo libertad para entrar en el Lugar Santísimo por la sangre de Jesucristo, por el camino nuevo y vivo que él nos abrió a través del velo, esto es, de su carne, y teniendo un gran sacerdote sobre la casa de Dios, acerquémonos con corazón sincero, en plena certidumbre de fe, purificados los corazones de mala conciencia, y lavados los cuerpos con agua pura. Mantengamos firme, sin fluctuar, la profesión de nuestra esperanza, porque fiel es el que prometió».

Por favor observa a quién se está dirigiendo el escritor de Hebreos: *¡hermanos! (¡Y hermanas!).* Se está dirigiendo a creyentes en Cristo que obviamente todavía tienen necesidad de ser limpiados de una conciencia culpable.

¡Gloria a Dios! ¡Me alegro tanto de no ser la única! ¡Ni lo eres tú, *Engañado*! Así que, ¿cuáles son los pasos bíblicos para tener una conciencia renovada y limpia?

1. Cree lo que Dios ya ha hecho por ti.

El camino ya fue abierto por la sangre de Jesús. El velo que separaba al hombre de Dios fue rasgado por completo de arriba a abajo, por la laceración de la preciosa carne de Jesucristo.

2. *Ve sin demora al Lugar Santísimo y deja allí tu conciencia agobiada.*

En otras palabras, acércate a Dios con cada gramo del equipaje que pesa sobre tu conciencia. Hebreos 10.22 dice: «Acerquémonos». Hebreos 4.16 incluso dice que, puesto que Cristo ha ido delante de nosotros, podemos dejar atrás nuestra vergüenza y timidez cuando venimos: «Acerquémonos, pues, confiadamente al trono de la gracia, para alcanzar misericordia y hallar gracia para el oportuno socorro».

3. *Acércate a Dios con absoluta sinceridad y arrepentimiento.*

Hebreos 10.22 dice: «Acerquémonos a Dios con corazón since-ro». Me refiero a un acercamiento «sin evasivas». Revela tu secreto.

Dile exactamente qué lo que te está molestando y por qué crees que tu conciencia te sigue remordiendo. Si llegas a la conclusión de que la raíz de esa ansiedad es la incredulidad, confiesala como peca-do. No llegues al altar con una actitud de orgullo y, si te das cuen-ta de que nunca te habías arrepentido del pecado, arrepiéntete con todas tus fuerzas. Derrama tu corazón ante Dios. Él es un refugio para ti (Sal 62.8). No te rechazará ni te desamparará, sino que está esperando que vengas a Él en busca de socorro . Dios sabe mejor que tú que una conciencia culpable te impedirá que prosigas para ver si logras asir aquello para lo cual fuiste también asido por Cristo Jesús. (Flp 3.12, DHH).

Echa todo ese ácido fuera de tu sistema. Reproduce esa vieja cin-ta para Él (diciéndole todo sobre cómo te sientes y lo que te parece que no puedes soltar) y déjalo escuchar lo que sigues oyendo en tu propia mente, corazón, o conciencia, palabra por la palabra. No retengas absolutamente nada.

4. *Ahora, pídele a Dios que limpie tu conciencia, tal como dice Su Palabra.*

Presta atención a las palabras: «purificados los corazones de mala conciencia» (Heb 10.22). De estas palabras podemos extraer dos ilustraciones del contexto de los israelitas de la época del taber-náculo en el Antiguo Testamento.

El más obvio es la sangre rociada por el sumo sacerdote una vez al año, en el Día de la Expiación. Levítico 16.15–16 dice:

«Después degollará el macho cabrío en expiación por el pecado del pueblo, y llevará la sangre detrás del velo adentro, y hará de la sangre como hizo con la sangre del becerro, y la esparcirá sobre el propiciatorio y delante del propiciatorio. Así purificará el santuario, a causa de las impurezas de los hijos de Israel, de sus rebeliones y de todos sus pecados; de la misma manera hará también al tabernáculo de reunión, el cual reside entre ellos en medio de sus impurezas».

Nuestra expiación, por supuesto, fue lograda por el sacrificio de la sangre del perfecto Cordero de Dios.

La segunda imagen aparece en una sorprendente rociadura de sangre en Éxodo 24. Los versículos 3 y 4 dicen:

Y Moisés vino y contó al pueblo todas las palabras de Jehová, y todas las leyes; y todo el pueblo respondió a una voz, y dijo: Haremos todas las palabras que JEHOVÁ ha dicho. Y Moisés escribió todas las palabras de JEHOVÁ.

Pienso que cuanto más escribió Moisés, más reconsideró todo cuanto los israelitas habían jurado que harían, y comprendió que no tenían posibilidad de obedecerlo completamente. Lo que las Escrituras dicen a continuación es que Moisés «levantándose de mañana edificó un altar al pie del monte, y doce columnas, según las doce tribus de Israel. Y envió jóvenes de los hijos de Israel, los cuales ofrecieron holocaustos y becerros como sacrificios de paz a Jehová. Y Moisés tomó la mitad de la sangre, y la puso en tazones, y esparció la otra mitad de la sangre sobre el altar. Y tomó el libro del pacto y lo leyó a oídos del pueblo, el cual dijo: Haremos todas las cosas que Jehová ha dicho, y obedeceremos. Entonces Moisés tomó la sangre y roció sobre el pueblo, y dijo: He aquí la sangre del pacto que Jehová ha hecho con vosotros sobre todas estas cosas» (Éx 24.4–8).

¿Puedes imaginar eso? El pueblo de Israel acababa de comprometerse a obedecer lo que Dios le había mandado, cuando Moisés metió sus manos en un tazón de sangre y empezó a rociarlos con ella. ¿Puedes imaginarte sus caras? Ellos deben haberse espantado, pero ¿ves la coherencia del plan redentor de Dios? Toda aceptación y acercamiento a Dios está basado en la sangre del sacrificio.

Teológicamente, yo creo que las acciones de Moisés demuestran que la sangre (que prefiguró a la misma sangre de Cristo) era la base de su relación de pacto con Dios. Ellos eran impotentes para guardar la letra de la ley, tanto como nosotros.

Tú y yo comprendemos que la sangre que Cristo vertió en la cruz es el medio de remisión para nuestros pecados. Pero Hebreos 10.22 dice que también es el medio para limpiar completamente las conciencias de los que ya conocen a Cristo.

En el Día de la Expiación, la sangre no sólo era rociada sobre el propiciatorio y delante de él; también era rociada sobre el altar del sacrificio (descrito en Levítico 16.19). De hecho, el sumo sacerdote rociaba la sangre siete veces. Siete es el número de lo completo o de la perfección en la Palabra de Dios y creo que este acto prefiguró el sacrificio perfecto por el pecado, ofrecido siglos después cuando Cristo dio Su vida en la cruz.

Ahora te pido que entres en un tiempo de intensa oración e intimidad con Dios, diciéndole cuánto anhelas ser libre de tu carga de culpa y cuán desesperado estás por recibir una conciencia limpia. Por medio de la oración, pídele que, te lleve a la cruz, donde por primera vez recibiste la salvación Esta vez no vas por la salvación; te estás acercando a la cruz para que tu conciencia sea rociada y purificada por esa sangre.

Varios de los escritores, tanto del Antiguo como del Nuevo Testamento, hablaron de que Dios los llevó «en el espíritu» a algún lugar. Con esto no quiero significar nada místico o insensato, simplemente estoy sugiriendo que, por medio de la oración y la reflexión, le pidas a Dios que te lleve en el espíritu hasta la cruz de Su precioso Hijo. En todo sentido, la cruz fue la suprema expresión del altar del sacrificio.

Ora pidiéndole a Dios que te lleve a la escena del Calvario y que te ayude a acercarte tanto a la cruz de Cristo, que puedas ver en tu mente como la sangre de Su cabeza herida es directamente rociada sobre tu corazón. Imagina por un momento la cruz de Cristo. Cuando Él entregó Su espíritu, Su cabeza debe haber colgado hacia adelante. Las víctimas de crucifixión generalmente morían de asfixia, porque ya no podían levantar los hombros y sostener sus cabezas. Como Cristo dio Su vida por tus pecados y los míos, la sangre debe haber goteado desde Su cabeza herida por las espinas de Su «corona».

Para mí las espinas son muy significativas, porque en Génesis 3.18 fueron la señal de la maldición que el pecado trajo sobre la tierra. Creo que cuando Cristo llevó la corona de espinas, representó llevar la maldición del pecado sobre la tierra. Cuando la sangre goteó desde las espinas hacia la tierra, delante de la cruz se cumplió el perfecto derramamiento delante del verdadero altar de sacrificio.

Quédate allí orando. Confiesa tu maldad como yo confesé la mía. Dile a Dios cuál es tu necesidad. Espiritualmente hablando, pídele que permita que la sangre que cayó de la cabeza herida de Cristo rocíe de nuevo tu corazón, mente y alma, limpiándote de una conciencia culpable. Pasa un tiempo con Él allí.

No creo que haya nada objetable en tratar de representar mentalmente lo que Dios hizo por nosotros espiritualmente. Se nos ha dicho que nos acerquemos al trono de gracia, que es un trono al cual no podemos ver con nuestros ojos. No puedo imaginar que no sea agradable poder representarlo en nuestras mentes lo mejor que podamos. De la misma manera en que soy ayudada cuando permito que las Escrituras cautiven mi imaginación al acercarme al trono de la gracia, soy ayudada cuando permito que las Escrituras cautiven mi *imaginación al acercarme a la cruz de Cristo*.

De ninguna manera estoy sugiriendo alguna experiencia «extracorpórea». El apóstol Pablo nunca vio la cruz de Cristo con sus propios ojos ni estuvo literalmente de pie ante ella para ser rociado con la sangre de Cristo, pero escribió: «En cuanto a mí, jamás se me ocurra jactarme de otra cosa sino de la cruz de nuestro Señor Jesucristo, por quien el mundo ha sido crucificado para mí, y yo para el mundo» (Gl 6.14, NVI). ¿Puedes creer que el apóstol Pablo nunca se haya imaginado estar de pie ante esa cruz? Estoy convencida de que lo hizo, así como yo lo he hecho muchas veces, sin una sola señal de desaprobación de Dios.

5. Acércate a Dios con plena certidumbre de fe.
Hebreos 10.22 dice: «Acerquémonos con corazón sincero, en plena certidumbre de fe, purificados los corazones de mala conciencia, y lavados los cuerpos con agua pura». Amados, cuando nos hemos arrepentido ¡Dios está más que deseoso de limpiarnos de la culpa del pecado! *Nunca* nos rechazará si nos acercamos a Él por medio de la obra consumada por Cristo en el Calvario.

Sin embargo, para aplicar esa obra cumplida en forma personal a nuestras vidas, debemos acercarnos a Él con plena certidumbre. En otras palabras, ¡debemos creer que Dios hará lo que dijo que hará! Cristo ya ha hecho toda la obra, pero nosotros la recibimos por fe.

Cristo vino con el propósito expreso de perdonar el pecado y limpiarnos de toda injusticia. Él no quiere sino darnos a ti y a mí la gracia del don de una conciencia renovada, limpia, con la cual podamos disfrutar de nuestra redención plena, pero nosotros tenemos que aceptarlo ¡por fe! Hebreos 10.23 dice: «Porque fiel es el que prometió». Tú y yo debemos aferrarnos firmemente, sin dudas ni fluctuaciones, a lo que nuestro fiel Dios prometió.

Cree esto: Satanás ha sacado mucha ventaja de tu conciencia culpable y no aceptará tan fácilmente abandonar su campo de juego. Cuando él vuelva a acusarte, deberás aferrarte *firmemente y sin vacilaciones* a lo que Dios te ha dicho en Su Palabra. La sangre que Cristo vertió en la cruz no sólo alcanzó para la remisión de tus pecados; también te compró una conciencia limpia de todo pecado del cual te arrepientas. Mediante la fe debes apropiártelo y aferrarte firmemente a lo que la cruz de Cristo te ha provisto.

6. «Regraba» todo este proceso sobre la vieja cinta.
Anteriormente en este capítulo, comparamos la conciencia con una cinta para grabar, y hablamos de cuánto deseamos que esas viejas grabaciones mentales se gasten de una vez por todas. Tristemente,

incontables personas mueren con su vieja cinta que aún se rebobina y vuelve a sonar en su mente, atormentando sus conciencias. Como ves, la cinta quedó grabada en nuestra memoria y no tenemos ninguna manera de librarnos de ella. Hacemos toda clase de promesas, como: «Hoy no voy a pensar ni una sola vez en esta área de mi pasado o en mi antiguo pecado», y aun hacemos el compromiso ante Dios en oración. Entonces, a eso de las 10:00 de la mañana regresan los viejos hábitos mentales e involuntariamente nos encontramos rebobinado y reproduciendo de nuevo la grabación. Como podrás ver, ningún monto de determinación o de *tiempo* pueden lograr que esa vieja cinta deje de sonar en el grabador de nuestras mentes y conciencias.

¿Cuál es la respuesta? ¡Debemos grabar la verdad de la Palabra de Dios y el testimonio de Su obra renovada sobre la cinta vieja! Yo no puedo deshacer mis pecados pasados, pero puedo permitir que Dios me perdone, me restaure, redima cada error que hice, y limpie mi conciencia culpable. Por eso, a través del poder del Espíritu Santo mi pasado es reconstruido, y su poder destructivo se desvanece.

Cuando Satanás intenta volver para mofarse de mí, yo reproduzco la vieja cinta con la nueva grabación del perdón de Dios y la redención en Él. Le he dicho al acusador: «Sólo tienes razón acerca de una cosa. Yo cometí ese pecado, pero Dios me ha perdonado por gracia. Él me ha dado poder para vivir de manera diferente e incluso redimió mis errores. Él ha usado mis experiencias pasadas para hacerme compasiva y misericordiosa. Tú no puedes ensuciar lo que mi Dios ha limpiado. Yo fui a la cruz confiando en que Cristo no sólo me salve de mis pecados, sino también que limpie mi conciencia culpable. Llegaste demasiado tarde, diablo. Ya no tienes terreno para atormentarme. Tu voz es fuerte y ruidosa, pero me niego a creerte. Le creo a Dios, y me aferro sin vacilar a la obra que Él ha hecho en mí».

¿Qué acabo de demostrar? Lo que suena cuando rebobinamos y hacemos sonar la vieja cinta, pero ahora con información nueva grabada encima de la anterior. Satanás odia tanto oír nuestros testimonios de la redención de Dios que, si cada vez que el demonio te acusa tú se lo haces oír, él se detendrá. Oh, amados, dejemos de cooperar con el enemigo y empecemos a cooperar con nuestro fiel Dios. Él detesta ver que somos atormentados.

¡Cuán innecesaria es la agonía que atormenta nuestra conciencia si ya hemos abandonado el pecado! ¡Muy a menudo rehusamos creer que la cruz tiene poder suficiente como para limpiar nuestras conciencias! Vuelve a la cruz donde creíste por primera vez, y confía en que tu Salvador te liberará no sólo de tu pecado sino también de tu culpa. Veamos un último paso hacia una conciencia limpia y renovada:

7. *Cuando sea posible y apropiado, haz reparación o restitución.*

Con respecto a esta cuestión, te animo a que recibas el consejo sano y piadoso de alguien en quien confíes. Por lo general, no queremos deshacernos de nuestra culpa a costa de causarle a otro un daño innecesario. Con frecuencia, sin embargo, aquellos a quienes hicimos mal son conscientes de nuestra transgresión.

Hay ocasiones en que no nos sentimos libres de un pecado pasado, que ya hemos confesado y abandonado, porque Dios desea que pidamos perdón a otro o que «reparemos el daño».

Una cosa que aprendí sin sombra de duda mientras escribía *Libre* y es que el orgulloso nunca será libre. Nunca en la vida, puesto que la humildad es el punto de partida hacia la libertad. ¿Has hecho todo cuanto está a tu alcance para hacer restitución de cualquier mal que hayas causado? Pídele a Dios que te muestre si hay algo que aún no hiciste, no importa cuán pequeño pueda parecer desde una perspectiva humana.

Al comienzo dije que no he sido inocente, pero que mi conciencia está limpia. Sólo durante la última década he comenzado a experimentar manifestaciones de «inocencia» cuando comencé a caminar con Dios en victoria y a creer la Palabra respecto a mi nueva identidad. ¡Ha sido indescriptiblemente maravilloso! En algunos aspectos, hoy me siento más una niña que lo que me sentí cuando era joven.

El proceso para llegar a tener mi mente, alma, y corazón completamente limpios y santificados por Dios ha sido largo, pero incomparable en mi peregrinación personal. Mis pecados han sido grandes, por lo que Dios demandó no poco de mi parte para llegar a experimentar plenamente Su redención en cada área. Te aseguro que he tenido que humillarme y pedir perdón a gran número de personas. En algunos casos, mi carne quería agregar las palabras: «¡Y *usted me* debe *a mí* una gran disculpa! ¡Su pecado contra mí fue peor que mi pecado contra usted!»

Todos son pecados, amado. Y, al reflexionar, puedo decirte que me alegro tanto de que Dios no me haya permitido sino seguir el camino de la obediencia. La cosecha de gracia ha sido tremenda.

Hubo momentos en que Dios me dijo que me acercara a otros sin esperar (y a veces sin obtener) nada a cambio. Simplemente me dijo: «Hija, vas a pedir perdón y a asumir la plena responsabilidad por tu pecado. Pregunta si hay alguna manera en que puedas reparar el daño que hiciste, y luego, si yo te lo confirmo, *házlo*».

Cuanto más me concentré en ver la viga en mi propio ojo, dejando de buscar la paja en los de otros, más fácil se hizo el proceso. Hoy soy libre ¡Aleluya! Sin embargo, Dios ha ordenado soberanamente que, en mi vida, mi propia libertad personal no sea suficiente. Yo quiero que también tú puedas ser libre.

Y tú ¿quieres serlo? ¿Harás todo lo que sea necesario? Oh, amado, vale tanto la pena. Él es digno de esto y te dará gracia de maneras que nunca soñaste que fueran posibles. ¡La obra de la cruz permanece! ¡Ve, amado, y permite que tu corazón sea rociado!

¡Alivio bendito!
Yo elijo creer
Me aferro fervientemente
a lo que he recibido
Dios ha prometido
Serme fiel
¡Alivio bendito!
Yo elijo creer.

Capítulo 18

De vuelta a casa

Querido, querido *Engañado*, aquí es donde me detengo para que continúes el camino sin mí. Allí está la casa de tu Padre. Muchos podrán acompañarte en el camino hacia la restauración, pero ninguno podrá recorrer contigo ese último trecho hasta los brazos de tu Padre. Nadie puede ir allí excepto tú; y nunca serás sano hasta que lo hagas.

Quizá a otros les parezca que has logrado dominar la situación. Puede que nunca vuelvas a caer en la trampa de la seducción y que comiences a vivir con la mayor humildad que jamás hayas tenido. Tal vez sirvas al Señor con la mayor pureza de corazón que un ser mortal jamás pudiera experimentar. Pero no serás sanado.

Antes de que cada uno continúe por su lado, querría que te sientes conmigo durante unos minutos de este lado de la colina con vista a las tierras de tu Padre; y quiero decirte por qué. La respuesta está entretejida como una hebra de hilo de oro en la túnica de un hijo descarriado.

Estabas esperando la historia del hijo prodigo, ¿no es así? Sin duda, todo libro cristiano que trate el tema de la restauración estaría incompleto sin ella. Lo extraño es que, a pesar de ser una de las historias más conocidas y predilectas, la del hijo errante que vuelve a los brazos de Dios, es una de las que menos experimentamos personalmente. Muchos hijos pródigos vuelven a casa, pero eso no es suficiente para sanar sus heridas infectadas.

Engañado, no quiero que simplemente leas esta historia o que la aprendas de memoria, quiero que dejes tus huellas a lo largo de cada una de sus páginas y que vivas cada pedacito de ella. Olvídate de que ya la conoces y de todo aquel que se haya referido a ella en su testimonio. Tienes una cita con Dios.

Voy a compartir esta conocida historia tomando como base una versión parafraseada, para que no te adelantes a cada versículo. Imagina cada escena y trata de visualizar la expresión en el rostro de tu Padre cuando ensillaste el caballo de tu orgullo, lo montaste de un salto y abandonaste la seguridad de tu hogar. Imagina la euforia que sentiste en el momento en que dejaste tus vínculos familiares. Reflexiona sobre cada una de las cosas que hiciste fuera de esos lazos. Luego revive por un momento la caída a pique y la angustia que se apoderó de ti cuando comenzaste a tomar conciencia. Siente el temor y la terrible angustia de un hambre insaciable. Recuerda cuando estuviste en el abismo. Luego, recupera el llamado de tu alma para que vuelvas a casa.

Esta es tu historia, y hasta que cortes tu cordón umbilical y te sumerjas en ella por completo, permanecerás atado, no por tu seducción, sino por tu autocondenación.

Les refirió las siguientes palabras:

«Un hombre tenía dos hijos. Un día el menor se le acercó y le dijo: "Quiero que me entregues la parte de los bienes que me corresponde. No deseo tener que esperar hasta que mueras." El padre accedió y dividió sus bienes entre sus hijos. Días después el menor empaquetó sus pertenencias y se fue a una tierra lejana, donde malgastó el dinero en fiestas y mujeres malas. Cuando se le acabó, hubo una gran escasez en aquel país, y el joven comenzó a pasar hambre.

Tuvo que suplicarle a un granjero de los alrededores que lo empleara para cuidar cerdos. Tanta era el hambre que tenía, que le habría gustado comerse las algarrobas que comían los cerdos. Y nadie le daba nada. Un día reflexionó y se dijo: «En mi casa los jornaleros tienen comida en abundancia, y yo aquí me estoy muriendo de hambre. Iré a mi padre y le diré: "Padre, he pecado contra el cielo y contra ti. Ya no soy digno de que me llames hijo. Tómame como a uno de tus jornaleros." Y así lo hizo. Cuando todavía estaba lejos, el padre lo vio acercarse y, lleno de compasión, corrió, lo abrazó y lo besó. "Padre, he pecado contra el cielo y contra ti', dijo el joven. "Ya no soy digno de que me llames hijo". "¡Pronto!". Lo interrumpió el padre, dirigiéndose a sus esclavos. "Traigan la mejor ropa que encuentren y póngansela. Y denle también un anillo y zapatos. Y maten el becerro más gordo. ¡Tenemos que celebrar ésto! ¡Este hijo mío estaba muerto, y ha revivido, estaba perdido y apareció!" Y comenzó la fiesta. Mientras tanto, el hijo mayor, que había estado trabajando, regresó a la casa y oyó la música y las danzas, y le preguntó a uno de los esclavos qué estaba pasando. "Tu hermano ha regresado", le dijo, "y tu padre mandó matar el becerro más gordo y ha organizado una gran fiesta para celebrar que regresó bueno y sano". El hermano mayor se enojó tanto que se negó a entrar. El padre tuvo que salir a suplicarle que entrara, pero él le respondió: "Todos estos años he trabajado sin descanso para ti y jamás me he negado a hacer lo que me has pedido. Sin embargo, nunca me has dado ni un cabrito para que me lo coma con mis amigos. En cambio, cuando este otro regresa después de gastar tu dinero con mujeres por ahí, matas el becerro más gordo para celebrarlo".

"Mira hijo", le respondió el padre, "tú siempre estás conmigo y todo lo que tengo es tuyo. Pero tu hermano estaba muerto y ha revivido, estaba perdido y apareció. ¡Eso hay que celebrarlo!"».

Lucas 15.11-32, LBLA

¿Te acuerdas, *Engañado*? Cuando te diste cuenta de que te habían embaucado y tomaste una decisión tan necia, ¿intentaste *acercarte* a uno de los ciudadanos de esa tierra lejana para que te ayudara? Y no pudieron hacerlo, ¿verdad? ¿Fue un consejero o un amigo el que te dijo que estaba todo bien y luego te mandó a alimentar cerdos? Vas a encontrar a muchos que te ayudarán a quedarte exactamente donde estás, pero la brújula que hay en tu alma está diciéndote que no perteneces a ese lugar. La única salida es volver a casa. Un verdadero hijo puede permanecer lejos sólo hasta que un hambre irresistible, que nadie puede satisfacer, comienza a torturar su alma.

Si quieres regresar a casa pero, como el hijo pródigo te sentirías mejor si volvieras como esclavo en vez de como un hijo, nunca va a resultar. Miles de personas lo hacen, pero nunca les trae alivio. Trabajan enloquecidos tratando de compensar a Dios por lo que han hecho. «Ya no soy digno de que me llames hijo». Nunca lo fueron, sólo que no lo sabían. Se sentirían mejor si les dieran una paliza como a un esclavo que es traído de vuelta a su amo. ¿No te das cuenta, *Engañado*, de que ya has recibido una paliza?

Ah, ya veo. Quieres cumplir alguna clase de penitencia por lo que has hecho. Todavía eres demasiado orgulloso. ¿Cuándo vamos a entender de una vez por todas que nuestra pena ya ha sido pagada? Para nuestro lastimoso ego sería verdaderamente humillante que la única manera de volver a casa fuera quedarse ahí parado, recibiendo y dejando que el Padre haga una fiesta para celebrar nuestro regreso. Pero aún queremos hacer las cosas nosotros mismos, ¿no es cierto? Bueno, la *buena noticia* es que no.

Cuando eres restaurado, si eres verdaderamente restaurado, serás libre del yugo más seductivo de todos: cada gramo de confianza que tenías en tu propia carne.

¿Crees que Dios va a restaurarte en una forma en que estés orgulloso de tu duro trabajo? No. No va a suceder de esa manera.

Seguro, te queda demasiado por hacer para permitir que el Espíritu Santo te santifique *por completo* y te fortalezca de manera que no vuelvas a montarte sobre otro caballo de orgullo para alejarte de la casa de tu Padre. Yo lo tuve que hacer. ¿Y la restauración? Dios mismo se encarga de ese asunto. Sólo tienes que venir delante de Él con total humildad y enfrentarte cara a cara con la gracia. Cuando todo haya terminado, el único alarde que podrás hacer será como el de uno que había sido un asesino y perseguidor implacable, y que disfrutó en Cristo de una libertad mayor que el mejor de los discípulos:

«Pero lejos esté de mí gloriarme, sino en la cruz de nuestro Señor Jesucristo, por quien el mundo me es crucificado a mí, y yo al mundo. De aquí en adelante nadie me cause molestias; Porque yo traigo en mi cuerpo las marcas del Señor Jesús»

—Gálatas 6.14,17

Esto eso todo lo que nos queda: morir a todo lo demás. ¿Y qué decir de ese hermano mayor que está en la casa de tu Padre? Te asusta bastante, ¿no es verdad? Tal vez no te des cuenta, pero él será uno de los obstáculos más grandes que Satanás usará para evitar que regreses a tu hogar de todo corazón. Tal vez te quede mirando. Quizá te juzgue o se resienta al pensar que es totalmente ridículo que Dios elija usarte a ti. Tu hermano podrá ser muy poderoso, pero no es tu Padre y no está en posición de autoridad.

No me malentiendas. El Padre lo ama tanto como a ti, pero si ese hermano tuyo no se quita esa astilla del hombro, tal vez se encuentre que está en la cabaña con Papá. ¡Lo que se pierde al no querer ir a la fiesta!

Espero no volver a ser una hija pródiga nunca más pero, por cierto, espero recibir muchas otras invitaciones a estas fiestas de bienvenida para los pródigos que han regresado a su hogar. El orgulloso es el único que no puede celebrar con el pródigo que ha vuelto a casa; y los que no quieren asistir se están engañando a sí mismos, pensando que hicieron algo bueno para ser amados por su Padre.

No todos los hermanos más grandes son fariseos; no obstante, no puedo evitar reflexionar una ultima vez en la parábola de Lucas 18:

«A unos que confiaban en sí mismos como justos, y menospreciaban a los otros, dijo también esta parábola: "Dos hombres subieron al templo a orar; uno era fariseo, y el otro publicano. El fariseo, puesto en pie, oraba consigo mismo de esta manera: 'Dios, te doy gracias porque no soy como los otros hombres, ladrones, injustos, adúlteros, ni aun como este publicano; ayuno dos veces a la semana, doy diezmos de todo lo que gano'". Mas el publicano, estando lejos, no quería ni aun alzar los ojos al cielo, sino que se golpeaba el pecho, diciendo: "Dios, sé propicio a mí, pecador". Os digo que este descendió a su casa justificado antes que el otro; porque cualquiera que se enaltece, será humillado; y el que se humilla será enaltecido».

—Lucas 18.9-14

Justificado. Esa palabra es tremenda. A decir verdad, realmente no nos gustan las reglas de Dios porque rebajan nuestro ego; y hasta que no estemos crucificados no seremos sino un montón de egos que caminan.

Necesitamos desesperadamente hacer algo con nuestra justificación. Gastamos la energía que no tenemos tratando de justificarnos. ¡Qué libertad experimentamos al darnos por vencidos! ¡Hurga en medio de tus despojos hasta que encuentres la preciada joya de la justificación injustificada!

A tu hermano mayor no le va a molestar que vuelvas, con tal de que bajes la cabeza y cargues con tu vergüenza. Pero cuando Dios tiene la audacia de devolverte un poco de dignidad y te atreves a elevar tu rostro radiante hacia los cielos, en atrevida alabanza redentora, ¡quizá tu hermano se asombre mucho!

«Y sabemos que a los que aman a Dios, todas las cosas les ayudan a bien, esto es, a los que conforme a su propósito son llamados. Porque a los que antes conoció, también los predestinó para que fuesen hechos conformes a la imagen de Su Hijo, para que él sea el primogénito entre muchos hermanos. Y a los que predestinó, a estos también llamó; y a los que llamó, a estos también justificó; y a los que justificó, a estos también glorificó. ¿Qué, pues, diremos a esto? Si Dios es por nosotros, ¿quién contra nosotros? El que no escatimó ni a Su propio Hijo, sino que lo entregó por todos nosotros, ¿cómo no nos dará también con él todas las cosas? ¿Quién acusará a los escogidos de Dios? Dios es el que justifica. ¿Quién es el que condenará? Cristo es el que murió; más aun, el que también resucitó, el que además está a la diestra de Dios, el que también intercede por nosotros».

—Romanos 8.24-34

Dios puede usar a hombres y mujeres para guiar al hijo pródigo a casa, para enseñarle cómo permanecer dentro de los límites de su territorio y aun ayudar a disciplinarlo ... pero *Dios es el que justifica*. ¿Cómo lo hace? Aplicando a tu cuenta el rescate que tu Hermano Mayor pagó con Su muerte. *Engañado*, no tienes que disculparte porque Dios te haya perdonado, y te haya amado como para aceptarte sin cuestionamientos, y te haya restaurado. Si rindes todo aquello que viviste a Sus propósitos, no tienes que disculparte si Él usa tu desastre para tu bien; tampoco tienes que hacerlo si Él decide usarte audazmente «después de lo que has hecho».

Si realmente aprendiste la lección, no llegarás sino a ser profundamente humilde otra vez, pero la humildad ante Dios no quiere decir que tengas que disculparte por Sus efusivas demostraciones de afecto hacia ti.

¡Acéptalo! ¡El amor que Dios tiene por nosotros es asombroso! Si leemos Filipenses 2.7, veremos que dice que Cristo «se despojó a sí mismo» (la Versión inglesa KJV lo traduce como «se despojó de su reputación»), y creo que *el hecho de que Cristo se atreviera a usar a alguien como yo demuestra que no le importaba mucho Su reputación*.

¿Qué está pidiendo Dios de nosotros? Un arrepentimiento decidido, y sin impedimentos. Sin fingimiento. Sin evasivas. Sin echar culpas. Sin excusas. Tan sólo: «Sé propicio a mí, pecador». ¡Eso es lo que Él quiere de cada uno de nosotros!

Dietrich Bonhoeffer escribió:

«Aquel que se queda solo con sus pecados, está totalmente solo. Puede ser que los cristianos —no obstante la adoración colectiva, la oración en común y la comunión unos con otros en cada servicio— aún estén experimentando la soledad. El acceso final a la comunión no tiene lugar porque, aunque tengan comunión unos con otros como creyentes y como gente consagrada, no tienen comunión como los impíos, como pecadores. La comunión piadosa no permite que nadie sea un pecador, por lo que todos deben ocultar su pecado de sí mismos y de sus hermanos. Muchos cristianos se horrorizan cuando, de repente, se descubre que hay un pecador entre los justos. Entonces permanecemos solos con nuestro pecado, viviendo en mentira y en hipocresía. El hecho es que somos pecadores». [1]

En uno de los libros más extraordinarios que jamás haya leído, Brennan Manning continúa la cita de Bonhoeffer con sus propias palabras:

«En la adoración del día domingo, así como en cada una de las dimensiones de nuestra existencia, muchos de nosotros fingimos creer que somos pecadores. En consecuencia, todo lo que podemos hacer es fingir que creemos que hemos sido perdonados. Como resultado, toda nuestra vida espiritual es seudo arrepentimiento y seudo felicidad.

El futuro espiritual de los zaparrastrosos no consiste en negar que somos pecadores, sino en aceptar esa verdad cada vez con mayor claridad, gozándonos en el increíble anhelo que Dios tiene de rescatarnos a pesar de todo». [2]

Manning hace una pregunta realmente inquietante, y una que haríamos muy bien en intentar responder:

«Bíblicamente, no hay nada más detestable que un discípulo justo en su propia opinión. Está tan henchido de vanidad que su sola presencia es insoportable. Sin embargo, surge una pregunta fastidiosa: ¿Me he aislado a mí mismo de tal manera en una ciudad fortificada de justificaciones racionales, que no puedo ver que no soy tan diferente del que se considera justo en su propia opinión como me gustaría creer?» [3]

Afortunadamente, Dios tiene misericordia del fariseo que se arrepiente. Después de todo lo que Dios ha hecho por mí, privar al fariseo del derecho de sumergirse en el río del perdón, me convertiría en uno mayor que él. Si hemos llegado hasta este punto en nuestro viaje y todavía seguimos creyéndonos justos en nuestra propia opinión, nos estamos engañando acerca de nuestro pecado. Aún nos queda un largo trecho para llegar a casa pero, para la gloria de Dios, todavía podemos llegar allí, no sin antes detenernos en el valle del arrepentimiento, inclinándonos a observar nuestro propio reflejo en la laguna.

Quiero contarte una historia, una historia real. Observé los acontecimientos desde una cierta distancia con mis propios ojos. Lo que voy a compartir sucedió en la familia de alguien que he conocido por años. Ni siquiera sé si ellos lograron captar lo que había sucedido. Pero yo sí, y aquí está mi versión de los hechos:

«Había una vez un matrimonio infeliz. Ella decía que era porque eran tan desiguales. Ella se casó con alguien inferior pero, a decir verdad, no eran tan diferentes. Después de todo, la realidad es que los opuestos se atraen. Esto podría compararse con un juego de maletas: el primero se parecería a un bolso de papel marrón mientras que el otro parecía de fino cuero Gucci, pero, al fin y al cabo, todas son maletas.

Su corazón se había endurecido hacia él, porque ella sabía que él tenía que ser malo. En lo profundo de su ser, fue lo primero que la atrajo de él, pero nunca quiso admitirlo. Sí, ella sabía que tenía que ser malo. Y fue tal como lo sospechaba. Sus pecados eran muchos y graves medidos por cualquier criterio. Tan terribles y con consecuencias tan vastas como los truenos que amenazan en un horizonte negro. Ella lo sorprendió en el acto mismo de pecado, y la vergüenza tuvo sus repercusiones en medio de esa familia destrozada. Él cayó de rodillas arrepentido y pidiéndole a Dios que salvara su vida y se compadeciera de su familia. Y lo hizo. Se produjo un cambio evidente en la vida de este hombre; no obstante algunas cosas nunca cambiaron. Ella se aferró a su corazón endurecido y, se vestía con su falta de perdón como si fuera un blusa de rosas muertas. Era una insignia de honor para recordarle a sus hijos que nunca perdonaría. Argumentaba que era por causa de ellos. Él cargó con su castigo por años, como así también los hijos. Si tan sólo ella hubiera sabido que los efectos de su frialdad, de su propia justicia y de su perpetuo castigo eran tan destructivos para ese hogar tambaleante como los terribles pecados de él.

Un día ella murió. Las cadenas de esclavitud que adornaban un cuerpo que había resultado ser tan frío como su corazón y los últimos pétalos ennegrecidos que quedaban en su blusa de rosas muertas, cayeron al suelo. Murió en su amargura.

Él lloró su muerte por un tiempo y, extrañamente, habría querido tenerla de vuelta, si hubiera podido.

Luego, Dios hizo algo muy peculiar. En los años de su vejez —años que pasó alimentando a los hambrientos y ministrando a los necesitados— Dios le trajo otra compañera, una cuyo corazón rebosaba de afecto.

Dios bendijo los años postreros de este hombre ya viejo, con gozo y con un sentido de utilidad; sí, aun después de sus terribles pecados. Su esposa de muchos años jamás había cometido tales pecados, pero terminó ahogándose en la hiel de su autojusticia, orgullosa hasta la última fibra de su ser de que nunca había pecado contra la familia como él.

¿Y él? Bueno, vivió feliz desde entonces».

Peculiar, ¿no es cierto?

Engañado, todo lo que Dios quiere de ti y de mí al volver a casa, es arrepentimiento y humildad. Estas dos cosas son tan ajenas a nuestro síndrome de la modestia del hombre pequeñito, que Dios cree que vale la pena celebrar cada vez que las ve. Francamente, le dan ganas a Dios de celebrar.

¿Recuerdas esa parte de la parábola del hijo pródigo cuando la música y la danza resonaban con su eco en todo aquel campo? La terminología usada por David siempre me ha resultado fascinante al clamar arrepentido después de sus horrendos pecados: «Hazme oír gozo y alegría, y se recrearán los huesos que has abatido» (Sal 51.8).

David amaba verdaderamente a Dios y había tenido una intimidad gloriosa con un Padre celestial cuya gloria había visto y de cuyas obras había oído. Fue él mismo quien escribió estas palabras: «Sabed, pues, que Jehová ha escogido al piadoso para sí; Jehová oirá cuando yo a Él clamare» (Sal 4.3). Pero quizá en ese entonces no sabía que el Señor también oye el clamor de los injustos.

En el Salmo 51, David era un hombre agobiado por la angustia de su propio pecado. Un hombre piadoso que se apartó del camino y, absurdamente, hizo cosas que no son de Dios. Fue seducido no por una mujer, sino por una poderosa fuerza invisible. Él negó su responsabilidad y justificó su conducta tanto tiempo como pudo. Luego, se quebrantó.

David no habría estado satisfecho con una restauración parcial. Él había conocido el sagrado romance, y creo que preferiría haber muerto antes que ser perdonado pero no aceptado en los brazos de un Dios que no le daba una segunda oportunidad. «Hazme oír gozo y alegría, y se recrearán los huesos que has abatido». ¿De quién era el gozo y la alegría que David quería oír? Oh, amados, ¡sin lugar a dudas creo que era la de Dios! ¡De Su Papá! «¡Abba, mi Abba!» Sólo soportaría volver a casa si Tú estuvieras contento de verme. Si tan sólo escucho que te gozas por mí regreso, ¡estos huesos que has abatido se regocijarán! David no podría haberlo soportado de ninguna otra forma. Comparémosla con la parábola del hijo pródigo, y encontraremos el ejemplo perfecto por el cual David era un hombre conforme al corazón de Dios. Si no podía regresar al corazón de Dios, entonces no podía soportar el hecho de volver a la casa de Dios.

Engañado, de otra manera nunca serás sanado. No vuelvas a la mesa de tu Padre para comer, como los perros, las migajas que caen al suelo. Su redención es mucho más que eso. No vuelvas a la casa de tu Padre solamente para estar seguro. Él quiere mucho más que eso para ti. Nunca serás sanado con sólo volver a la *casa* de tu Padre. Debes volver a Su *corazón*, para estar más cerca de lo que hayas estado jamás.

¿Ves? Allí está. Viene cruzando el campo, corriendo hacia ti. Ni siquiera puede verme a mí ahora; sólo tiene ojos para ti. Olvida tus discursos, porque lo que Él quiere es abrazarte y besarte. Tu sanidad tendrá lugar en ese apasionado y estrecho abrazo de tu Abba. Deja que te abrace tan fuerte de manera que puedas escuchar cómo su corazón palpita fuertemente por haber corrido hacia ti.

No lo detengas cuando quiera ponerte un nuevo vestido, un anillo en tu mano y sandalias en tus pies. No le robes ese momento. Disfruta las delicias que ha preparado y luego escucha cómo Él expresa Su gozo y alegría. Apoya tu oreja contra el piso y deja que tu corazón sea cautivado por el ritmo de la danza de tu Padre. Entonces, levántate del suelo y deja que tus huesos abatidos se regocijen. Será la señal más autentica de la gratitud del hijo pródigo.

¡No tengas temor! ¡Él no correría hacia ti de esa manera si no estuviera contento de verte! ¡Mira cómo viene saltando por la colina! Está gritando algo, pero no puedo entender con claridad. Ah, ahora sí puedo oírlo. Está gritando: «¡Hijo!»

¡Este siempre ha sido tu nombre! No *Bueno* ni *Orgulloso*. «¡Hijo!»

Adiós, *Engañado*.

«Tú, enemiga mía, no te alegres de mí, porque aunque me caí, me levantaré; aunque more en tinieblas, Jehová será mi luz».
                                                        —Miqueas 7.8

Logré convencerte de que creyeras que nunca estaría bien.

Yo también lo creí.

Mentí.

Mi Dios pensaba diferente y he decidido creerle a Él

Antes que a ti.

Enemigo mío,

Has sido *Engañado*.

Notas

Capítulo 1

1. Spiro Zodhiates et al., eds., *The Complete Word Study Dictionary: New Testament Word Study Series* (AMG Publishers, 1991), #794, 281.
2. Charles Spurgeon, *Spurgeon on Prayer and Spiritual Warfare* (Whitaker House, 1998), 512.

Capítulo 2

1. Beth Moore, *Praying God's Word: Breaking Free from Spiritual Strongholds* (Broadman & Holman Publishers, 2000), 276–77.
2. Brennan Manning, *Ruthless Trust: The Ragamuffin's Path to God* (HarperSanFrancisco, 2000), 117–18.
3. «A Lust for Profit», *Online U.S. News*, March 2000.
4. Steve Gallagher, «Devastated by Internet Porn», Pure Life Ministries, 15 de diciembre de 2000, www.purelifeministries.org/mensarticle1.htm.
5. Ibidem.

Capítulo 3

1. Zodhiates, ed., *The Complete Word Study Dictionary: New Testament*.
2. Charles Ryrie, *Basic Theology: A Popular Systematic Guide to Understanding Biblical Truth* (Moody Press, 1999), 168.

Capítulo 4

1. Spiro Zodhiates, ed., «Old Testament Lexical Aids» *The Hebrew-Greek Key Study Bible* (AMG Publishers, 1990), 1556.
2. Ibidem.
3. Brennan Manning, *El evangelio de los andrajosos* (Casa Creación).
4. Manning, *Ruthless Trust*, 13.

Capítulo 5

1. *Practical Word Studies in the New Testament*, vol. 2 (Leadership Ministries Worldwide, 2001), 1801.
2. James Strong, *The New Strong's Concise Dictionary of Bible Words* (Nelson Reference, 2000).
3. Zodhiates, ed., *The Complete Word Study Dictionary: New Testament*.

Capítulo 7

1. Darlene Zschech, «Shout to the Lord», © 1993, Darlene Zschech/Hillsong Publishing (adm. en EE. UU. Y Canadá por Integrity's Hosanna! Music)/ ASCAP, a cargo de Integrity Music, Inc., 1000 Cody Road, Mobile, AL 36695. Usado con permiso.
2. Zodhiates, ed., «The New Testament Lexical Aids», *Key Study Bible*.

Capítulo 9

1. Spurgeon, *Spurgeon on Prayer and Spiritual Warfare*, 502.
2. Zodhiates, ed., «New Testament Lexical Aids», *Key Study Bible*.

Capítulo 10

1. *Merriam Webster"s Collegiate Dictionary*, Décima ed. (Merriam-Webster, Inc., 1997), 730.

Capítulo 11

1. Spurgeon, *Spurgeon on Prayer and Spiritual Warfare*, 501.

Capítulo 15

1. Edward Mote, «The Solid Rock», dominio público.

Capítulo 16

1. Stuart Townend, «How Deep the Father's Love for Us», Copyright © 1995 Kingsway"s Thank you Music/PRS/ Todos los derechos en el Occidente administrados por EMI Christian Music. Publishing. Usado con permiso.

Capítulo 17

1. John Bartlett, ed. Justin Kaplan, *Bartlett's Familiar Quotations: A Collection of Passages, Phrases, and Proverbs Traced to Their Sources in Ancient and Modern Literature*, Decimosexta ed. (Little Brown & Co.).
2. Ibidem., #11, 85.
3. Zodhiates, ed., *The Complete Word Study Dictionary: New Testament*.

Capítulo 18

1. Dietrich Bonhoeffer, citado en Manning, *El evangelio de los andrajosos* (Casa Creación).
2. Manning, *The Ragamuffin Gospel* (Casa Creación).
3. Ibidem., 133.

Te invitamos a que visites nuestra página web, donde podrás apreciar la pasión por la publicación de libros y Biblias:

www.casacreacion.com

f @CASACREACION

🐦 @CASACREACION

📷 @CASACREACION

Para vivir la Palabra